Meine schönsten Reisen um die Welt

*Dieses Buch widme ich meiner Tochter Claudia
und meiner Enkelin Lena.*

HANNELORE KLEWS

Meine schönsten Reisen um die Welt

1999-2006

Bibliografische Information der Deutschen Nationalbibliothek
Die Deutsche Nationalbibliothek verzeichnet diese Publikation
in der Deutschen Nationalbibliografie; detaillierte bibliografische
Daten sind im Internet über http://dnb.d-nb.de abrufbar.

Umschlagdesign, Satz, Herstellung und Verlag:
BoD - Books on Demand
ISBN 978-3-7543-8618-7

Inhalt

Vorwort

Ich, Hannelore Klews, und mein Mann Gunter haben in der Vergangenheit sehr schöne Reisen rund um den Globus machen dürfen. Einige Eindrücke, die wir bekommen haben, möchte ich jetzt einfach mitteilen. Wir haben Länder und Orte bereist, die so einmalig und wunderschön sind, dass man sie gesehen haben sollte, insbesondere die landestypischen Sehenswürdigkeiten, die Menschen und ihre Art zu leben.

Viel Spaß beim Lesen.

1. Hawaii

Es war der **19.07.99**, unser erster Urlaubstag.

Aufgestanden bin ich schon um 04:15 Uhr. Länger hätte ich auch nicht schlafen können. Ich habe bestimmt jede Stunde, wenn nicht öfter, auf die Uhr gesehen, denn ich hatte Angst, dass ich verschlafe. Es wäre ja nicht auszudenken, was dann alles passiert wäre: Flugzeug weg, Anschlussflüge weg ... oje, oje!

Da Gunter und mein Schwiegervater die Koffer Gott sei dank gestern Abend schon zum Flugplatz gebracht hatten, waren wir heute Morgen also kofferlos, was sehr angenehm war. Die Dinger waren ja so furchtbar schwer, obwohl sie gar nicht vollgepackt waren. Ich hätte ja noch so viel mehr mitnehmen können! Heute Morgen mussten wir also nur uns in Schwung bringen und den Rest, d. h. die Kulturtaschen, in den Rucksack packen. Im Rucksack befand sich noch für jeden von uns frische Unterwäsche und ein T-Shirt, falls die Koffer nach uns unseren Urlaubsort erreichen würden.

Sekt haben wir zu Hause noch getrunken, eine ganze Flasche! Gunter hatte gehofft, dass dadurch meine Angst vor dem Fliegen zumindest gemildert wurde. Aber eigentlich wurde ich nur müde davon.

Da der Flieger bereits um 06:55 Uhr starten sollte, mussten wir also beizeiten aufbrechen. Das Taxi bestellt und rein. Wir waren natürlich viel zu früh am Flugplatz, um 05:30 Uhr, wir gingen dann gleich zum Gate und vertrieben uns dort die Zeit, indem wir andere Passagiere beobachteten. Das war nicht sehr ergiebig, die waren auch noch müde.

Der Flug war sehr ruhig, Gott sei dank. Ich liebe den Start. Es ist ein tolles Gefühl, wenn das Flugzeug abhebt.

In Frankfurt waren wir um 07:55 Uhr. Der Flughafen ist unglaublich groß und furchtbar weitläufig. Allein wäre ich dort wohl verloren gewesen. Die Beschilderung ist zwar toll, aber es ging mit dem Fahrstuhl nach unten, dann mit der Rolltreppe nach oben usw. Wenn man da nicht gut zu Fuß ist, hat man verdammt schlechte Karten. Wir hatten noch sehr viel Zeit, denn unser Anschlussflug nach San Francisco ging erst um 09:40 Uhr. Wir also mit Rucksack, Beautycase und großer Handtasche (extra für diese Reise gekauft) zum Würstchen essen an einen Stand irgendwo auf dem Weg zu unserem Gate. Das waren unsere teuersten Würstchen, klein, im Brötchen, für **DM 6,80**. Dann sind wir in den Warteraum und wurden aufgerufen. Erst die Nr. 1 und 2, dann 3 und 4. Dann kam der Rest. Das waren wir. Fing ja gut an. Ich war ja so gespannt auf unsere Plätze. So mittendrin sitze ich nicht so gerne und ich vertraute auf Frau Stock vom Reisebüro, dass sie uns einen tollen Platz reserviert hat. Auch im Hinblick auf Gunters lange Beine.

Wir also die Gangway runter und in den Jumbo. Das war schon klasse, denn der Jumbo sieht aus der Nähe noch viel riesiger aus. Wir hatten die Plätze in Reihe 32, Nr. H und J. Klang gut, mal sehen, wo das ist. Da wir vorne eingestiegen sind, mussten wir an den ganzen Reihen vorbei, die waren ja alle schon besetzt mit den 1 und 2 und 3 und 4. Jetzt war es an mir, innerlich (laut durfte ich das ja nicht) zu jubeln: Hatten wir doch glücklicherweise einen Platz am Notausgang. Danke, Frau Stock. Zwar war gleich neben uns das WC und manchmal herrscht hier auch ein Gedränge, aber was ist das alles gegen Beinfreiheit! Und erst die neidischen Blicke, mit denen wir nach Stunden des Fluges bedacht wurden. Immerhin mussten wir hier ca. 11. Stunden sitzen.

Die dicke Tür des Notausgangs konnte ich gut als Ablage benutzen. Beim Start saß der Steward vor uns auf dem für die Crew bestimmten Platz. Er war sehr nett und schien außerordentlich gelassen. Dann musste ich wohl auch keine Angst haben. Auf dem Label stand der Name, er hieß Wegmann.

Der Start war klasse. Ich muss aber gestehen, dass ich froh war, als der Vogel oben war. Man hört ja manchmal auch von missglückten Starts.

Gleich nach dem Start wurden Drinks serviert. Gunter hat für uns dann Whisky bestellt. Auf Langstreckenflügen ist der kostenlos. Dazu gab es kleine Brezeln in der Tüte. War lecker. Bisher war der Flug ganz ruhig. Ich habe mich schon richtig wohlgefühlt. Wenn man nicht unbedingt rausguckt, merkt man nicht einmal, dass man in der Luft ist.

Das Mittagessen wurde um kurz nach 12:00 Uhr serviert. Wir haben Stroganoff gewählt, was sich als ausgezeichnete Wahl herausstellte. Außerdem hatten wir ja genug Platz zum Essen, da wir keinen Vordermann hatten. Zu dem Stroganoff gab es Shrimps auf Salat (ohne Dressing, danke). Die Schale mit dem Essen war unglaublich heiß. Man konnte sie nur mit der Serviette anfassen, wenn man sie hochnahm. Und das musste ich, denn der Weg vom Tablett bis zum Mund war lang und es konnte auf diesem Wege allerhand passieren, es konnte nämlich alles wieder runterfallen. Ich habe das Ding dann in die Hand genommen, während Gunter sich sehr bemüht hat. Als Nachtisch (After Table) gab es Karamell-Mousse. Da ich gerne Mousse esse, Gunter aber nicht so, habe ich versucht, ihm einzureden, dass das völlig ungesund ist. Außerdem wollte ich gerne zwei, war ja ohnehin nicht viel in der kleinen Schale. Völlig irritiert war ich allerdings, als Gunter verlauten ließ, ich sollte ihm meine geben, die würde er auch noch essen. Das hat mir noch gefehlt. So war das eigentlich nicht gedacht. Aber da Gunter ein gutes Herz hat, hatte ich dann letzten Endes doch zwei After Table.

Zum Essen haben wir Sekt getrunken. Ein netter Steward brachte uns noch ein Glas und ließ uns dann die Flasche da mit der Bemerkung: »Sie trinken doch sicherlich noch ein weiteres Glas.« Wie recht er hatte, wusste er gar nicht. Wir beide waren von dieser Geste tief beeindruckt. Hinterher hat Gunter noch einen Cognac getrunken. Er wollte unbedingt müde werden. Bisher war es ein ruhiger, schöner Flug gewesen. Ohne Turbulenzen, bitte lass es so bleiben!

Jetzt, es ist 13:26 Uhr, sehe ich Grönland. Es sind Berge mit Schnee, nur Berge mit Schnee, kleine, große, dicke, dünne, hohe und niedrige, spitze und runde, nur Berge! Aber wunderschön.

In San Francisco sind wir dann fast pünktlich gelandet. Es war eine butterweiche Landung. Und wieder saß der Steward vor uns. Und wieder war er sehr gelassen. Er machte sogar Scherze, was mich sehr beruhigt hat, denn dann war wohl alles in Ordnung. Er erzählte, dass der Pilot schon etwas älter war, wie alle Jumbo-Piloten. Und dass das mit Sicherheit nicht sein erster Flug ist. Nun war auch ich sehr gelassen.

Der Flughafen in San Francisco ist riesig, größer als Frankfurt, und Hamburg kann sich dahinter ein paar Mal verstecken. Da hat jede Airline einen eigenen Terminal mit vielen Gates, unfassbar. Bei den Kontrollen lief alles glatt, die Koffer geholt, wir zum Zoll. Leider hatte ich »vergessen«, die Rückseite des Formulars auszufüllen. Nein, ich hatte es überhaupt nicht vergessen, ich habe schlicht nicht gewusst, dass eine Rückseite auszufüllen war. Warum sollte ich das Ding auch umdrehen? Ich war ja froh, als ich mit der Vorderseite fertig war.

Der Zollbeamte hinter seinem Schalter wies uns an einen gegenüberliegenden Tresen, wo wir die Rückseite ausfüllen sollten. Danach brüllte er mit unbeweglichem Gesicht: »Next.« Aber wie! Ich war richtig erschrocken. Gunter guckte auch so böse und pfiff mich beinahe an, dabei konnte ich doch wirklich nichts dafür. Er kannte doch die Formulare von seinem letzten Flug. Ich nicht! Nach dem Ausfüllen durften wir gleich wieder an den Schalter, wo der Beamte unsere Ausweise und Formulare stempelte. Seinen Beruf kann er nicht geliebt haben. Ganz schnell waren wir durch und gleich hinter dem Schalter wurden wir unsere Koffer los.

Dann haben wir **Gate 85** (!) gesucht. Das ist eigentlich nicht ganz richtig, denn suchen mussten wir ihn nicht, sondern nur der Beschilderung folgen, Kilometer um Kilometer. Es gab auch Laufbänder, also »ebene Rolltreppen«, wie Gunter sagt. Immer direkt am Fenster entlang, so konnten wir die ganze Zeit die Flugzeuge sehen. War schon sehr beeindruckend.

Als wir dann kurz vor Gate 85 waren, vorbei an vielen schönen Läden und Restaurants, fiel Gunter plötzlich ein, dass wir vergessen hatten, unsere Miles & More am Schalter der United Airlines eintragen zu lassen. Also das Ganze zurück. Zeit hatten wir ja und interessant war es auch. Nachdem wir die Daten hatten nachtragen lassen, sind wir ein Bier trinken gegangen, ein Budweiser, riesengroßes Glas, geschenkt in 3 Sekunden. Das Bier war sehr dünn, kein Vergleich mit dem echten Budweiser.

Dann sind wir zum Einchecken. Es waren viele Leute vor uns, erstaunlicherweise, denn ich hatte keine Ahnung, dass so viele Leute nach Hawaii wollten. Nachdem wir unsere Boarding-Cards hatten, mussten wir noch warten, denn erstens war das Flugzeug noch nicht da und zweitens weil … Leider konnten wir die Ansage nicht verstehen. Gunter auch nicht, das soll was heißen. Dann haben wir eben gewartet, ohne zu wissen, warum. Wir haben ja Urlaub!

Endlich war es so weit. Ich hatte einen Fensterplatz!!! Gunter saß am Gang, konnte also seine Beine gelegentlich ausstrecken. Ein phantastischer Platz. Dann nahm das große Unglück seinen Lauf. Es erschien eine Dame vom Bodenpersonal der United Airlines, sprach (für uns nicht zu verstehen) mit einem jungen Mann und seiner Frau, die in der Mitte der ersten Reihe saßen, vor der Wand. Ein Baby hatten sie auch. Leider schrie es fortwährend. Vielleicht für 5 Stunden? Solange sollte nämlich der Flug nach Honolulu dauern. Plötzlich stand die Dame vor Gunter und fragte ihn, ob wir nicht den Platz mit dem Ehepaar plus Kind tauschen könnten. Ich war sicher, dass er es nicht tat. Aber ich sollte mich täuschen. Klar, wir tauschen, großzügig wie »wir« nun mal sind. Mein Mann hat wahrscheinlich nur an seine langen Beine gedacht und sicherlich nicht daran, dass ich so einen tollen Fensterplatz nun tauschen sollte mit einem, wo ich einen hervorragenden Blick auf die Wand habe. Ich war so wütend, dass ich mir die Tränen verkneifen musste. Die Familie war hoch erfreut, wäre ich auch!

Gunter hat nicht einmal bemerkt, dass mir zum Heulen war, meine schöne Aussicht war zum Teufel. Schließlich fliegt man ja nicht alle Tage nach Hawaii. Ich hätte schon gerne den Anflug auf die Insel gesehen. Mindestens eine halbe Stunde habe ich Gunter mit Schweigen gestraft (vielleicht war er froh?). Ich habe einfach meine Augen zugemacht.

Dabei hatte ich mir das alles so schön vorgestellt: Auf die Insel zufliegen, das blaue Wasser sehen. Na gut, war nichts. Dafür haben wir am Ende des Fluges von der Stewardess eine Flasche Kalifornischen Champagner bekommen, eingewickelt in eine Stoffserviette. Vielleicht trinke ich den ganz allein, habe ihn mir schließlich auch allein verdient. Schon mit dem Blick auf die hoch interessante Wand.

Gelandet in Honolulu sind wir um ca. **15:40 Uhr**. Es ging wieder alles ganz schnell.

Hatte ich doch schon so eine Ahnung, denn es war keiner zu sehen, der uns abholte. Wir wussten ja nicht einmal, **w e r** uns abholen sollte. Tolles Gefühl. Dann wurden wir von Bediensteten des Airports in einen Bus verfrachtet. So ein Mist, kein Blütenkranz, und ich hatte mich doch so sehr auf das Ding gefreut. Gunter guckte auch schon ein wenig skeptisch. Zugegeben hat er es allerdings nicht.

Der Bus fuhr ganz langsam, brachte uns wo auch immer hin. Dann mussten wir aussteigen und noch zwei Ebenen runtergehen. Dort war das Fließband mit dem Gepäck. Unsere Koffer waren auch schon da. Wir haben sie gleich entdeckt, denn sie sind nicht zu übersehen: Orange und Gelb. Leuchtende Farben, sehr gut zu finden.

Es war nur immer noch niemand zu sehen, der uns abholte. Ich suchte nach jemandem, der vielleicht ein Schild mit unserem Namen hochhielt. Aber nichts! Andere Namen, Reisegesellschaften, aber nicht für uns. Das konnte ja lustig werden. Als wir da so rumsaßen, kam ein kleiner Einheimischer auf uns zu. Himmel, er war es!!! Mit Blütenkränzen!!! Toll. Endlich hatte ich so ein Ding. Sie dufteten wundervoll. Dieser Mann war ein sogenannter »Greeter«, ein Begrüßer! Das stand auf seinem Label. Dieser nette Mann half uns mit unserem Gepäck und brachte uns zu einem kleinen, aber komfortablen Kleinbus. In diesem saßen bereits 4 Personen. Vorne zwei ältere Leute und hinten ein junges Paar. Der Busfahrer guckte von einem zum anderen, verglich die Namen auf seiner Liste mit denen auf einem Zettel, den er von dem »Greeter« erhalten hatte, fragte uns nach unserem Namen und nach der Schreibweise desselben. Nun stellte sich heraus, dass unser Name ähnlich klang, wie der des jungen Paares, nicht viel, aber immerhin sind sie mit diesen Angaben in den Bus gekommen, und zwar für u n s !! Hätten wir uns auch nur etwas verspätet, wären die vielleicht für uns mitgefahren. Ich mag mir das gar nicht vorstellen. So mussten sie den Bus verlassen und standen einige Zeit ratlos draußen, bis sich aufklärte, dass sie in den Bus auf dem Nachbarsteig gehörten. Nun wurden die beiden älteren Leute in ihr Hotel gebracht.

Für uns war im Hotel **OUTRIGGER MALIA** für die nächsten 3 Tage ein Zimmer gebucht. Ein tolles Hotel. Unser Zimmer liegt in der 12. Etage, hat einen Balkon. Wir haben die Koffer Koffer sein lassen und uns nicht einmal umgezogen. Es zog uns an den Strand von Waikiki! Ein Traum. Mich stören nur die Leute. Es waren viele, zu viele. Blaues Wasser, Strand. Genau wie auf Postkarten, aber, wie gesagt, nur die Leute. Als wir wieder im Hotel waren, begann das Leben aus dem Koffer.

Nachdem wir erst gegen 22:00 Uhr im Bett waren und ich noch »ein paar Runden geflogen bin« (es vibrierte noch alles ein wenig), bin ich doch um Mitternacht wieder aufgewacht. Kein Wunder, denn der Rhythmus war völlig durcheinander. Immerhin beträgt der Zeitunterschied zu Hamburg 12 Stunden. Hellwach war ich, war es doch zu Hause jetzt 12:00 Uhr mittags. Gunter war auch wach. Ich fühlte mich völlig ausgeschlafen. Aber mit Aufstehen war nichts, also Augen zu und durch. Hat ganz gut geklappt. War alle zwei Stunden wach und bin immer wieder eingeschlafen. Trotzdem fühlte ich mich morgens ausgeruht.

20.07.99
Heute sind wir um 07:00 Uhr aufgestanden. Das ist für mich ganz ungewöhnlich früh. Es wird noch an der Zeitumstellung liegen. Allerdings fühlte ich mich total ausgeschlafen. Gefrühstückt haben wir im Hotel, und zwar in der »Blue Lagoon Bar«. Woher dieses Restaurant diesen Namen hat, wird wohl für immer unerfindlich bleiben. Jedenfalls war nichts Blaues und schon gar nichts Lagunenähnliches darin. Es war einfach nur ein großer Raum mit vielen Tischen und Stühlen. Wie ein Restaurant eben so aussieht. Aber mit einem tollen Frühstück.

Es war alles so neu, so fremd, die Leute, das Angebot der Speisekarte, eben alles. So eine Speisekarte mit diesem Angebot habe ich hier zu Hause noch nicht gesehen. Dazu muss ich aber sagen, dass wir zu Hause selten frühstücken gehen. Das ist sicherlich eine Sache der Bequemlichkeit.

Eigentlich sollte ich über mein Frühstück lieber schweigen, aber ich will dennoch berichten, was es gab: Rührei, ein Steak (medium), Hashbrowns (das sind Röstis, aber nicht geformt, sondern lose, lecker!), zwei Pancakes mit Ahornsirup und anschließend noch frische Ananas und Kaffee. Es war alles so wunderbar, dass ich gar nichts übrig lassen konnte. All das Vorstehende habe ich allein gegessen, das muss ich auch noch gestehen. Gunter hat wesentlich weniger gehabt. Er hat ja auch nur einen kleinen Magen.

Um 10:00 Uhr sollten wir zu einer Besprechung im **OUTRIGGER EAST** sein. Das war ein anderes tolles Hotel der Kette, in der wir hier wohnen. Dort wurden wir sehr nett von einer älteren Dame empfangen, die uns einen Ananassaft servierte, der wunderbar gekühlt war. Dann kam eine junge Frau, sie hieß Debbie, und war für uns zuständig. Sie sprach gut Deutsch, so dass die Verständigung auch auf meiner Seite keine Schwierigkeiten bereitete.

Bei ihr haben wir einen Ausflug für morgen früh (leider schon 08:00 Uhr) gebucht, und zwar nach Pearl Harbor. Mit deutscher Führung. War auch gleich $ 10,00 teurer, und zwar pro Person. Aber ein wenig verstehen wollten wir schon, und diese speziellen Ausdrücke kann man sicherlich nicht immer einordnen.

Nach dieser Besprechung sind wir wieder ins Hotel und haben unsere Badesachen geholt. Dann gings zum Waikiki Beach. Normalerweise kennt man den ja nur aus Filmen. Ihn so pur zu erleben, das ist schon was ganz Besonderes. Dort waren viele Surfer, denn die Brandung ist einfach toll. Auch wurde ein Gebiet abgegrenzt für Nichtschwimmer, also für mich. Es war so toll im Wasser, denn normalerweise wage ich mich nicht so weit rein, aber hier war es völlig ungefährlich, auch für mich, denn ich konnte überall stehen und hatte immer genug Grund unter den Füßen. Es war einfach super. Das Wasser war wirklich so blau wie auf Postkarten. Die Luft war warm, fast wie Seide, das Wasser angenehm temperiert. Manchmal dachte ich, dass ich träume, so wunderschön war es, fast unwirklich.

Es gab hier so viele dicke Menschen. So viele auf einmal habe ich in meinen ganzen Leben noch nicht gesehen. Die präsentierten sich alle im Badeanzug bzw. -hose, so dass ich mir herrlich schlank vorkam. Keiner achtete hier auf den anderen, das war auch von Vorteil. Da musste ich mich in meinem Badeanzug nicht verstecken, obwohl ich so dick nun auch wieder nicht war.

Nachdem ich mich denn nun endlich vom Strand und dem herrlichen Wasser losgerissen hatte, gingen wir noch weiter am Strand entlang. Im Beach-House, einem netten Lokal, ließen wir uns nieder und aßen etwas. Es war ja immerhin schon Mittagszeit und etwas Warmes brauchte der Mensch, oder? Gunter aß auch etwas, obwohl er das sonst nie machte, jedenfalls nicht mittags, und zwar einen HOT DOG, für den er seine Liebe entdeckte. Ich könnte mich schütteln. Ich habe eine Wurst und French Fries gegessen. Das waren Pommes, aber anders als zu Hause, eher Kartoffelstreifen, und diese wurden mit Schale frittiert. Das war etwas gewöhnungsbedürftig für mich. Nicht etwas, sehr sogar. Ich habe meistens nicht hingesehen beim Essen, dann gings wesentlich besser.

Auf dem Rückweg ins Hotel waren wir noch im »International Market«. Das war ein Riesenmarkt, hauptsächlich gab es dort Kitsch und noch mal Kitsch. Ich habe dort nichts gefunden, was ich hätte erstehen können. Sehr zu Gunters Freude.

Erst im Hotel habe ich gesehen, was die Sonne für eine Wirkung hatte. Ich habe es nicht bemerkt, aber ich bin sehr schön rot geworden. Hauptsächlich der Rückenausschnitt des Badeanzuges und ein wenig meine Arme. Das musste bei mir auch so sein, denn wenn ich nicht erst einen kleinen Sonnenbrand hatte, würde meine Haut nicht braun werden . Das wird sie eigentlich sowieso nicht so gut, aber wenigstens ein bisschen. Das steigert ja auch das Wohlbefinden.

21.07.99
Heute mussten wir ganz früh aufstehen, weil wir um 08:00 Uhr für die Fahrt nach Pearl Harbor abgeholt wurden. Gefrühstückt haben wir heute

nicht im Hotel, sondern gegenüber. Das Frühstück hat uns dort nicht gefallen, es bestand nur aus vier kleinen Scheiben Wurst, einem kleinen Häufchen trockenen Reis, einem Hauch von Rührei, einer Scheibe Toast, etwas Marmelade und Kaffee satt. Der Kaffee war nicht zu beanstanden, alles andere war mehr als bescheiden.

Um 08:00 Uhr kam ein großes Auto vorgefahren. Darauf stand »Dieters Tour«. Es wurde eine wunderschöne Fahrt, schon allein deswegen, weil wir die einzigen Gäste waren. Das Auto war für 12 Personen, so hatten wir immer genügend Platz. Unser Fahrer hieß Johann. Er war Deutscher und seit vier Jahren mit einer Hawaiianerin verheiratet und hatte eine kleine Tochter. Er hat erzählt, dass die Krankenversicherung für die Familie im Monat $ 360 kostete. Nach einer längeren Fahrt durch Honolulu – ich hatte nicht gedacht, dass Honolulu so groß war, eher, dass es sich auf die Strandregion begrenzte – kamen wir nach Pearl Harbor. Wir gingen auf ein kleines Schiff, das uns zum Wrack der »USS ARIZONA« brachte. Man hat dort eine Gedenkstätte für die 1.177 Besatzungsmitglieder gebaut, die dort am 7. Dezember 1941 ihr Leben lassen mussten. Es sollen sich noch immer eingeschlossene Soldaten im Wrack befinden. Das 184 Fuß lange Denkmal, das sich über den Mittelteil des Schlachtschiffes spannte, bestand aus drei Hauptteilen: dem Eingang mit Versammlungsraum, einem Mitteltrakt für Gedenkfeiern und für die allgemeine Aussicht sowie der Schreinkammer, in der die Namen der auf der »USS ARIZONA« Gefallenen in Marmor eingraviert waren. Das Besucherzentrum und die »USS ARIZONA« lagen im Flottenstützpunkt von Pearl Harbor. Im Besucherzentrum befanden sich u. a. Verwaltungsräume, ein Imbiss und ein Riesenladen für Andenken. Dort habe ich einen Kalender für das laufende Jahr gekauft, nur mit Bildern von Pearl Harbor. Er hängt jetzt bei uns in der Küche und sieht toll aus. Bei seinem Anblick denke ich immer wieder an die schöne Fahrt. Außerdem kann man sich dort in einem kleinen Kinosaal einen Dokumentarfilm ansehen. Das haben wir auch gemacht. Es wurden Originalaufnahmen von Zeitzeugen gezeigt. Wer da nicht zu schlucken anfängt, der muss schon eine ganz schön harte Schale haben. Ich jedenfalls war ziemlich nahe am Wasser gebaut. Es hatte etwas Unheimliches. Man konnte auf die restlichen Wrackteile gucken. An einer Stelle kam auch noch Öl an die Oberfläche, soll aber, nach Auskunft von Johann, nur für die Touristen gemacht worden sein. Kann man sich ja auch vorstellen, dass nach so langer Zeit kein Öl mehr austreten kann.

Das Schiff brachte uns dann wieder zurück und wir fuhren mit Johann weiter. Jetzt folgte eine kleine Stadtrundfahrt durch Honolulu. Da wir allein mit Johann waren und sehr viel Zeit hatten, konnten wir das Zentrum von Honolulu allein ansehen, und zwar zu Fuß.

Gesehen haben wir auch die Statue von **KAMEHAMEHA II**, dem Sohn des letzten Königs von Hawaii. Eine wundervolle Statue. Die Statue von KAMEHAMEHA I steht in North Kohala auf Big Island. Wir haben noch verschiedene öffentliche Gebäude angesehen, waren unter anderem in der Post, im United States Post Office. Das steht an jedem Postgebäude, auch wenn es noch so klein ist. Hört sich doch gewaltig an. In diese Post gelangt man über drei Stufen nach unten. Dann folgt ein Gang nach links, dann einer nach rechts und wieder einer nach links, dann geradeaus und man stand in dem Postraum. In jedem dieser Gänge sind Postfächer untergebracht. Noch nie in meinem Leben habe ich so viele Postfächer gesehen. Auch nicht in Hamburg am Hühnerposten.

Dann haben wir uns noch das »Bezirksamt« von innen angesehen. Dort war es furchtbar voll. Ähnlich wohl wie bei uns. Ich hätte mich dort gerne noch weiter umgesehen, mochte ich aber nicht, weil die Wartenden so komisch geguckt haben. Vielleicht waren sie auch nur genervt vom langen Warten. Wer weiß. Also habe ich es gelassen, feige, wie ich eigentlich gar nicht bin.

Es gab hier sehr viele Stretchlimousinen, und eine sah anders aus als die andere. Die waren so wunderschön, dass ich immer wieder stehen bleiben musste, um sie genau anzusehen und natürlich auch zu fotografieren, sodass es jetzt davon viele Bilder gibt.

Auf der Rückfahrt zum Hotel haben wir auf einem Friedhof namens »PUNCH BOWL« das Grabmal des Astronauten gesehen, der einer der Ersten auf dem Mond war. Johann hielt dann an einer Stelle, von der aus wir einen herrlichen Blick auf Honolulu hatten. Dort standen an der Küste **81 Hotels**. Den Sand des Strandes hat man von Kalifornien eingeführt.

Johann hat uns so gegen 12:00 Uhr wieder am Hotel abgesetzt. Dort haben wir den Champagner getrunken, den uns die Fluggesellschaft im Tausch gegen meinen schönen Fensterplatz gegeben hatte. Und Gunter habe ich auch was abgegeben. Natürlich sind wir dann noch einmal zum Strand gegangen. Die Sonne knallte erbarmungslos. Nur auf mich nicht, denn ich hatte einen Strohhut auf! Sah umwerfend aus, einfach scheußlich, aber Gunter meinte, das sehe gut aus und außerdem kümmere sich hier keiner darum, wie der andere aussah. Dass es darum gar nicht ging, kapierte mein Mann nicht. Ich soll mich doch auch leiden mögen, oder liege ich da so verkehrt? Gunter hatte sogar seine Baseballkappe aufgesetzt, die ihm wirklich ausgezeichnet stand. Wenigstens einer, der gut aussah.

Anschließend haben wir im »International Market« für mich ein T-Shirt gekauft. Für Lenchen haben wir dort auch etwas gesucht, denn mein Gedanke war, dass es in so einem »Market«, und dann noch »International«, auch etwas für kleine, süße Enkelinnen zu kaufen gab. Man konnte dort eine ganze Menge kaufen und die Verkäufer und Verkäuferinnen gaben sich auch alle Mühe, uns den Schiet schmackhaft zu machen, aber es ist ihnen nicht gelungen. Auch deshalb schon nicht, weil Gunter mich immer weiterzog. Vielleicht hätte ich ja den einen oder anderen kitschigen Gegenstand doch gekauft! Aber es war bestimmt besser so, denn Claudi hätte mich damit sicherlich rausgeschmissen. Also haben wir für Lenchen wieder nichts gefunden. Zwischendurch hat es immer mal wieder bei strahlend blauem Himmel gesprüht, eine willkommene. Abkühlung, wenn auch nur von sehr kurzer Dauer.

Zu Abend gegessen haben wir dann wieder bei Denny's. Ich hatte POT ROAST, das ist Rindfleisch, klein geschnitten entlang der Faser, Soße, Kartoffelmus. Gunter hatte ein T-Bone-Steak. Nachtisch habe ich leider nicht mehr geschafft, obwohl es dort eine große Auswahl an schönen Sachen gab. Nach dem Essen wieder in den ABC-Market, der wohl an jeder Ecke zu finden war, eingekauft, und zwar unter anderem die wohl teuersten Papiertaschentücher unseres Lebens: **6 Packungen à 10 Stück – $ 3,19, das sind ca. Euro 3,20.** Und die waren so soft, dass sie gleich gerissen sind.

22.7.99

Heute ging es weiter nach Big Island Hawaii!! Ich war ja so gespannt auf diese Insel. Um 13:15 Uhr wurden wir abgeholt. Gefrühstückt haben wir wieder bei Denny's. Dort gab es wirklich das allerbeste Frühstück. Und nicht nur das, alles andere war auch so toll!

Gerne wollte ich ja so eine Speisekarte »mitnehmen«, aber Gunter hat mich davon abgehalten. Ich hätte sie auch gekauft, nur mochte ich nicht fragen, und Gunter hätte mir dabei ganz sicher nicht geholfen. Meinen Wunsch würde man sicherlich nicht begreifen. Und dann noch mit meinem stümperhaften Englisch. Das wäre was geworden. Zum Totlachen. Außerdem hatte ich nie so eine große Tasche oder Tüte dabei, denn die Karte war bestimmt einen halben Meter hoch und ca. 35 cm breit. Schade!

Gunter hatte mit der Dame an der Rezeption im Hotel vereinbart, dass wir noch bis zum Abholzeitpunkt im Zimmer bleiben konnten, obwohl es eigentlich schon um 11:00 Uhr geräumt werden musste. Es war ja noch eine Ewigkeit bis 13:55 Uhr, denn wenn man wartet, vergeht die Zeit überhaupt nicht. Das haben, glaube ich, alle schon einmal erlebt. Wir sind dann gegen 12:45 Uhr in die Halle gegangen und haben dort gewartet. Zwischendurch hat es geregnet, die Sonne schien, aber der Regen fiel. Gegen 13:30 Uhr, ich wurde schon langsam nervös, kam der V.I.P.-Bus, der uns abholen sollte.

Der Fahrer hat uns am Hawaiian-Airlines-Schalter rausgesetzt. In der Halle waren mehrere Schalter, alle mit einer Schlange davor. Gott sei dank hatten wir wieder viel Zeit. Als wir da so warteten, winkte uns eine »Lady« zu, dass wir auch an ihren Schalter kommen könnten. Gunter blieb noch in der anderen Reihe stehen, weil er das Winken nicht mitbekommen hatte, und ich ging zu ihr. Sehr zu ihrem Ärger fragte ich noch mal nach, ob wir richtig waren bei ihr, denn es stand oben am Schalter sinngemäß nur für Passagiere, die noch **kein** Ticket hatten. Wir hatten aber eines, und zwar jeder! Da stieg sie zornig auf die Waage für die Koffer und drehte ihren Gänsehals nach oben, so, als wolle sie zum Ausdruck bringen, dass ich nicht lesen kann. Gunter, inzwischen auch eingetroffen, gab ihr unser Checkheft mit den Tickets. Sie blätterte, konnte nur das Ticket für einen von uns finden und fragte nach dem anderen Heft, das Gunter schon wieder eingesteckt hatte, was aber für die Hotels und die Mietwagen war. Sie war unbelehrbar, obwohl Gunter ihr immer wieder und immer heftiger erklärte, dass das andere Ticket hinten im Heft sei. Sie blätterte das Heft für die Hotels und die Mietwagen durch und plötzlich fand sie das Ticket in dem Heft, das schon vor ihr lag. Gunter konnte sich nicht verkneifen, von »zu blöd« zu sprechen, was ich sonst von ihm gar nicht kannte. Er ist sonst so wunderbar gelassen und verständnisvoll. Aber dies war wohl auch ihm zu viel.

Nun gingen wir zum **Gate 57**, wo eine Hawaiianerin am Schalter vor der Gangway zum Flugzeug saß und die Tickets kontrollierte. Da die Sitze »frei« waren, d. h., sie waren nicht nummeriert, mussten wir natürlich zusehen, dass wir einen guten Platz bekamen. Johann hatte uns auf der Tour nach Pearl Harbor den Tipp gegeben, im Flugzeug auf der linken Seite zu sitzen, da wir dann beim Anflug alle Inseln gut sehen könnten. Das war ein wundervoller Tipp, wir hatten eine total tolle Aussicht. Der Flug war ruhig und es gab etwas zu trinken, eine rosa Flüssigkeit aus einem Papptopf. Den kenne ich aus Hamburg, nur ist dort Eis drin. Es war übrigens ein Fruchtnektar, den ich nicht besonders mochte. Aber Gunter.

Dann die Landung auf dem Flugplatz in **Kona**. Das musste man gesehen haben. Ein Flugplatz wie im Märchen, sehr unwirklich, sehr klein. Viele Palmen, ein Bretterzaun als Abgrenzung, unglaublich. Mitten auf dem Rollfeld sind wir ausgestiegen, es umgab uns heiße Luft und heißer Wind. Das ganze Gelände war partiell überdacht, sonst überall offen, auch seitlich. Anders war es wohl auch nicht auszuhalten. Da Gunter noch mal wo hin musste, bin ich allein unser Gepäck holen gegangen. Ich konnte die Koffer, gelb und orange, schon von Weitem sehen, war aber nicht schnell genug, sodass sie noch eine Runde auf dem Band gedreht haben. Dann habe ich sie runtergewuchtet, was gar nicht so einfach war. Als die Arbeit getan war, kam Gunter und hat mich vor dem Flugplatz deponiert und den Mietwagen geholt.

Es war warm ohne Ende. Ich saß auf einer kleinen Mauer und hatte die Gepäckstücke, immerhin fünf an der Zahl, um mich herum aufgebaut, damit keines abhandenkam. Von den anderen Fluggästen (ich habe nicht erwartet, dass so viele mit uns die gleiche Idee hatten), die auch warteten, ging einer nach dem anderen zu den wartenden Autos, nur ich saß da noch. Aber irgendwann kam Gunter mit unserem Auto, einem weißen Dodge. Schönes Auto, aber so heiß da drin. Nun machten wir uns auf die Suche nach unserem Hotel, dem **KONA SURF RESORT**. Auf dem Prospekt sah es toll aus, mal sehen, ob unsere Erwartungen zu hoch waren.

Nein, waren sie nicht. Es war ein tolles Hotel, ein schönes Zimmer mit einer großen Loggia, zwei Stühlen und einem Tisch und Palmen direkt davor. Das war ja was für mich, da ich Palmen so liebe. Wir hatten Zimmer 331. Allerdings hatten wir für das große Bett nur eine Decke, was natürlich nicht ging. Es hätte nachts Mord und Totschlag gegeben. Wir haben später eine zweite bekommen. Es gab dort auch noch einen großen eingebauten Schrank und um die Ecke eine Wand mit Spiegel, und davor war das Bad.

Nachts, es war fast stockdunkel, musste ich eine gewisse Örtlichkeit aufsuchen. Weil Gunter schlief, habe ich aus Rücksicht kein Licht gemacht und mich an der Wand entlanggetastet. Ich musste noch nicht ganz wach gewesen sein, denn plötzlich stand ich vor einer Wand, rechts Wand und links Wand. Ich hatte keine Ahnung, wo ich war. Nach einigen panischen Tastversuchen gelang es mir, das »Örtchen« zu finden. Nachher habe ich dann festgestellt, dass ich mich in den Wandschrank verlaufen hatte. Sehr zu Gunters Vergnügen. Er hat mich richtig ausgelacht. Warum hab ich das auch erzählt?

23.07.99
Heute standen wir, d. h., ich zuerst, weil nur ein Badezimmer, schon um 06:00 Uhr auf, denn wir wollten zum **Hawaii Volcanoes National Park**.

Übrigens hat Gunter jeden Abend die Karte der jeweiligen Insel studiert, die Berichte darüber gelesen und dann ausgesucht, wo wir hinfahren und wie wir dort hinkommen. Das war toll, sodass wir jeden Morgen schon wussten, wohin wir wollten, und diese Ziele, dank der guten Vorbereitung, auch immer gefunden haben. Danke, mein Schatz. Wir haben dann wieder bei Denny's gefrühstückt, gefiel uns am besten. Wohl auch deshalb, weil wir noch nichts anderes versucht hatten. Danach haben wir noch bei SAFEWAY für die lange Fahrt eingekauft. Wasser muss immer dabei sein, denn Durst hatte ich immer. Kein Wunder, bei der Hitze. Außerdem haben wir noch Kekse gekauft, weil ich mittags immer so ein Loch im Bauch hatte, und dann, mit Hunger da drin, werde ich gnatterig. Meistens war dann auch kein Restaurant oder Supermarkt in der Nähe.

In einem Prospekt hatte ich gelesen, dass auf dem Weg zum Nationalpark eine Nut & Candy Factory lag. Dort sollte es Macadamianüsse geben. Das sind ganz tolle Nüsse, ähnlich wie Haselnüsse, nur weicher und sehr wohlschmeckend. Wir haben sie auch gefunden und natürlich welche gekauft, denn die sind zu Hause sündhaft teuer. Preiswert waren sie hier auch nicht gerade. Zwei alte Damen waren im Laden und haben uns ermuntert, auch mal in die Fabrikation zu sehen. Wir sind dann hinten aus dem Laden raus und haben uns von oben das Ganze mal angesehen.

Die Weiterfahrt war sehr schön, aber die Straße ging immer geradeaus, mal hoch, mal runter, nachher in Serpentinen. Das ging manchmal arg auf meinen Kreislauf. Leider konnte Gunter nie die schönen Aussichten genießen, denn er musste ja konzentriert fahren. Dafür habe ich viele Bilder gemacht unterwegs, immer und überall, insgesamt ca. 480 Fotos. Vielleicht entschädigt ihn das Angucken der Bilder ein wenig, die übrigens alle wunderschön geworden sind.

Zuerst sind wir zum South Point gefahren, den Highway 11 Richtung Volcano. Dann führte eine kleine Straße zum South Point. Immer, wenn wir dachten, wir sind gleich da, kam eine Kurve und der Weg war noch mal so lang, obwohl das Wasser schon so nah schien. Es war ein sehr rauer Weg, sodass wir schon dachten, wir hätten vielleicht nicht die richtige Strecke. Nun kamen wir an eine eingezäunte Anlage mit etlichen Growianen, von denen allerdings nur jeder zweite funktionierte. Bei dem einen war ein Blatt ab, bei dem anderen zwei und bei dem nächsten sogar alle drei. Einer stand still, war wohl defekt. Glücklicherweise war am Tor ein Mann damit beschäftigt, dieses zu schließen. Gunter konnte ihn gerade noch fragen, ob wir hier auf der Strecke richtig seien. Wir waren auf dem richtigen Pfad. Endlich angekommen parkten wir unseren schönen weißen Dodge. Ein Schild mit der Aufschrift »Visitors Check-in« wies uns den Weg in eine kleine Hütte. Einheimische saßen vor der Tür. Sie nickten uns freundlich zu. In der Hütte eine holde Maid, die uns $ 3,00 abknüpfte mit dem Versprechen, auf unser Auto aufzupassen. Jetzt weiß ich auch, warum die an der Tür so freundlich waren.

Jetzt erst erzählte sie uns, dass es bis zum eigentlichen Strand noch gut 2 ½ bis 3 Meilen zu Fuß über sehr unwegsames, steiniges Gelände sei. Etwa eine knappe Stunde hin und natürlich auch wieder zurück. Zuerst waren wir sehr enttäuscht, denn wir wollten gerne an den Strand, der sehr schön sein sollte, aber dann haben wir uns dazu entschlossen, mit dem »Wasser« vorlieb zu nehmen, das wir schon sehen konnten. Es war dorthin aber auch noch gut 10 Minuten zu laufen. Bei diesen Temperaturen gerade lange genug. Also gingen wir direkt ans Meer. Dieser Abschnitt war kein Badestrand, sondern bestand nur aus Lava. Dort haben wir uns ein wenig umgesehen und dann unseren Namen mit weißen Steinen auf die schwarze Lava gelegt, wie schon viele vor uns. Dann mussten wir den gleichen langen Weg zurück, um den Highway zum National Park zu nehmen. Dieser Park war ein riesiges Gebiet, aber sehr gut ausgeschildert. Es hat natürlich wieder ein wenig geregnet. Nachdem wir den Wagen geparkt hatten, gingen wir der »Menge« – es war gerade ein Bus angekommen – nach und kamen an die sogenannte »Tube«, das ist eine lange Röhre. Wir mussten dazu über eine Brücke und standen in völliger Finsternis. Auch waren wir fast allein, die Busladung hatte wohl einen anderen Weg genommen. In der Röhre waren in Abständen immer Lampen angebracht, nicht hell, aber man konnte, wenn man sich anstrengte, wenigstens so viel sehen, dass man nicht fiel. Die »Tube« war ungefähr 300 m lang, kalt, aber interessant. Am Ende der Röhre führte eine Treppe ins Freie und wir standen im schönsten Tropenregen. Natürlich hatten wir keinen Schirm, auch keinen Regenmantel, wie die anderen. Wir mussten wohl bei der Beschreibung etwas übersehen haben. Oben an der Treppe trafen wir auf eine Deutsche, die auf ihre Familie wartete. So konnten wir uns mal wieder auf Deutsch unterhalten, was mir sehr gut gefiel. Allerdings muss ich sagen, dass ich die Sprache hier immer besser verstand. Beim Sprechen hatte ich immer noch so gewisse Hemmungen.

Natürlich gab es auch hier ein Gebäude mit Restauration und einem Vorführraum. Dort haben wir einen 10-minütigen Film über die speienden Krater mit der glühenden Lava gesehen. Nicht zu vergessen der Laden, wo es Souvenirs gab. Das lassen die sich doch nicht nehmen. Übrigens hat es auch jetzt geregnet. Richtig doll und manchmal fein gesprüht. Gunter fand es erfrischend, ich war allerdings nicht so begeistert, denn meine Frisur, wenn es mal eine war, war natürlich im Eimer. Meine Haare konnte ich hier sowieso nicht richtig frisieren, da es immer ein wenig feucht war. Das ließ sich nicht mit einer guten Frisur vereinbaren, womöglich noch mit Haarspray. Habe ich auch versucht, klebte wie die Pest, wenn es feucht wurde.

Auch auf dem Rückweg hat es geregnet, aber das soll hier im Osten der Insel immer so sein. Also haben wir zugesehen, dass wir wieder in den Westen kommen. Wir sind dann ins Hotel und haben die feuchten Klamotten getauscht. Danach sind wir zum Essen gefahren. Es war nicht so einfach, immer ein passendes Lokal zu finden. Es gab hier sehr viele Fast-Food-Läden, die uns nicht reizten. Also mussten wir immer weiter fahren und suchen. Endlich hatten wir eines gefunden, was uns auch äußerlich gefiel. Ein Tisch wurde uns auch zugewiesen und die Bedienung war gerade dabei, uns Eiswasser einzuschenken, als ich feststellte, dass es sich um ein reines »Nudellokal« handelte. Es gab hier nur Gerichte mit Nudeln und das ist nichts für meinen Mann. Also wir die Bedienung gestoppt und raus. Umgesehen haben wir uns nicht mehr.

Man soll es ja nicht glauben, aber wir waren zum Abendessen wieder bei Denny's. Es war wundervoll! Von den Gerichten habe ich sogar Fotos gemacht.

24.07.99

Heute sind wir spät aufgestanden. So ganz allmählich haben wir wohl den Jetlag überwunden. Wir sind dann auch gleich zum Frühstück, natürlich wieder zu Denny's. Dann sind wir weiter nach Norden gefahren. Es war eine Gluthitze. Auf dem Highway 11, ab Kona Hwy 19, später 270, sind wir zum nördlichsten Punkt der Insel gefahren, um den letzten König von Hawaii, die Originalstatue von **KAMEHAMEHA I** zu sehen. Mehr zufällig haben wir ihn auch gefunden, in der Nähe einer Police Station und eines Gerichtsgebäudes, mitten auf einer Wiese. Die Stadt hieß **Kapa'au** und der District North Kohala. Dort gab es sogar ein **KOHALA DENTAL CENTER**. Vor dem Haus war ein Schild mit dieser Aufschrift und einem riesigen weißen Zahn aufgestellt. Sehr beeindruckend. Wenn man jetzt noch keine Zahnschmerzen spürte, spätestens dann kamen sie.

Die Police Station hatte bestimmte Öffnungszeiten, was uns einigermaßen verblüffte. Es gibt dort Business Hours von 08:00 a.m. to 04:00 p.m., und zwar montags bis freitags. Sollte man auch bei uns mal darüber nachdenken?

Von dort sind wir zum **SPENCERS BEACH** gefahren. Diesen Tipp hatten wir von der Verkäuferin aus einer Galerie in Kapa'au. Dort gab es weißen Sandstrand, traumhaft schön, blaugrünes Wasser, herrliche unbekannte Bäume und einen strahlend blauen Himmel. Wir haben uns eine überwiegend schattige Bank gesucht, was gar nicht so einfach war, denn die Sonne war eigentlich überall. Und so heiß! Zu jeder Bank gehörte ein riesengroßer Tisch. Im WC habe ich mich dann umgezogen. Das ging hervorragend, denn hier gab es überall auch Toiletten für Rollstuhlfahrer und die waren naturgemäß immer größer als die normalen. Dort konnte ich mich wirklich gut umziehen, ohne dass ich über dem WC-Becken stand.

Der Sand war so heiß, dass ich zum Wasser hüpfen musste. Hat sicherlich komisch ausgesehen, was mir ganz egal war, denn der Sand war wirklich tierisch heiß. Aber es waren nicht so viele Leute dort, die mich hätten beobachten können. Und wer wollte das schon? Außerdem achtete hier, wie schon mal festgestellt, niemand auf den anderen. Das Wasser war einfach himmlisch, auch die Wellen hielten sich in Grenzen. Wasser, so weit das Auge reichte. Wunderschön. Wir haben dann einfach die Badeklamotten am Körper trocknen lassen. Das dauerte nicht lange. Dann sind wir in Richtung **PARKERS RANCH** gefahren. Gunter hatte da so bestimmte Vorstellungen, nachdem wir einige Prospekte gesehen hatten. Auch ich war neugierig auf eine hawaiianische Ranch. Diese sogenannte Ranch war eine einzige Enttäuschung. Für $ 15,00 pro Person konnte man ein altes Haus besichtigen und eine einfache Kutschfahrt war inbegriffen. Rinder konnten wir nicht entdecken!

Die Geschäfte des Einkaufszentrums »Parkers Ranch« waren zur Hälfte leer. Die andere Hälfte der Läden war mit Kitsch und Klamotten zu überhöhten Preisen gefüllt. In einem Geschäft konnte man auch etwas trinken und sich draußen auf dem Holzgang auf wackelige Stühle setzen. Gunter wollte so gerne einen Eiskaffee und auch ich habe mich dazu überreden lassen. Ich hatte mich schon hingesetzt, denn es waren nur vier Tische da und zwei waren schon besetzt, sodass wir uns entscheiden mussten, ob wir uns setzen wollten oder nicht. Ich habe also auf Gunter und den Eiskaffee gewartet. Als er damit ankam, haben wir uns bald schlappgelacht, obwohl Gunter enttäuscht war. Es war nämlich ein großer Pappbecher mit Kaffee und darin waren EISWÜRFEL, ganz normale Eiswürfel. Und ganz viele. Es schmeckte scheußlich.

Gunter hat sich meinen Kaffee noch mit viel Zucker reingewürgt und mir einen richtigen heißen Kaffee geholt. Dieser Irrtum unsererseits lag sicherlich an der genauen Definierung des Wortes »Ice«. Ice ist eben dort gefrorenes Wasser, aber Icecream ist das, was wir unter (Speise-)Eis verstehen. Nur so lernt man dazu.

Schließlich sind wir Richtung **Kona**, Einkaufszentrum, zurück und haben dort chinesisch gegessen. Da war es mittlerweile auch schon 17:30 Uhr. Ich habe Chicken with Mushrooms gegessen und Gunter Pork sweat and sour with Mandarin-Flavour. Konnte ich leider nicht probieren, da ich süß-sauer nicht mag.

Dann sind wir zum WAL-MART gefahren und haben T-Shirts für Gitta und für mich gekauft. Im Hotel waren wir wieder gegen 19:05 Uhr und haben dort einen phantastischen Sonnenuntergang erlebt, den ich auch fotografiert habe. Anschließend haben wir auf dem Balkon noch einen Drink genommen.

25.07.99

Gefrühstückt haben wir heute am Hotelbüfett. Auschecken bis 11:30 Uhr. Wir haben mit Claudi telefoniert. Lenchen ging es besser. Auch haben wir mit meiner Freundin Inge und ihrem Mann Dieter telefoniert. Dieter war völlig fertig, dass ich angerufen habe. Er hatte damit wohl nicht gerechnet. Überraschung!! Zu Hause war alles okay. Dann sind wir wieder ins Zimmer und ich habe die Koffer gepackt.

Bis zum Abflug hatten wir noch vier lange Stunden. Ein wenig sitzen wir noch im Hotelzimmer, dann zieht es uns raus. Das Auschecken war schnell gemacht. Adios, schönes Hotel! Mal sehen, wie das nächste wird.

Auf dem Weg zum Flugplatz lag noch eine Tankstelle. Wir müssen den Wagen immer vollgetankt abgeben, denn so bekommen wir ihn auch. Außerdem lag auf dem Weg noch ein SAFEWAY MARKT. Da wir noch viel Zeit hatten und doch nichts anderes anfangen konnten, beschlossen wir, noch einmal in den Supermarkt zu gehen. Da muss mein lieber Mann wohl sehr über seinen Schatten gesprungen sein, denn er hasste es geradezu, in den Supermarkt zu gehen, schon gar nicht, um nur mal zu gucken. War aber ganz lieb von ihm und ich habe mich ausgiebig überall umgesehen.

Mit unseren Supermärkten kann man diese hier nicht im Entferntesten vergleichen. Diese sind viel größer von den Räumlichkeiten her und außerdem haben sie ein viel größeres Angebot von allem. So gibt es hier ganze Reihen von Kühlschränken, die z. B. immer nur Icecream enthalten, viele Meter lang, oder Gemüse oder oder!

Am Ausgang stand ein Riesengefrierschrank nur mit Plastikbeuteln voller Eiswürfel.

Schade nur, dass man hier nicht mal so richtig einkaufen konnte. Es gab hier so viele Dinge, die es zu Hause nicht gab. Aber mitnehmen konnte ich leider nichts, so viel Platz hatten wir nicht im Koffer. Gunter hat immer schon ganz ängstlich geguckt, wenn ich mal etwas mir Unbekanntes in die Hand nahm. Er hat immer gleich gedacht, ich wollte es kaufen. Dabei habe ich es wirklich nur angesehen. Wenn es auch schwerfiel, manches wieder hinzulegen. Aber ich hatte ja immer Gunters Adlerblick (den hat er von seiner Großmutter) im Nacken.

Aber wenn ich etwas wirklich gewollt hätte, hätte ich es bestimmt auch gekauft.

Wir waren ungefähr um 12:30 Uhr am Flugplatz. Unsere Maschine ging erst um 14:40 Uhr. Also hatten wir immer noch viel Zeit. Es war wirklich ein kleiner netter Flugplatz. Wir haben sogar einen Jumbo gesehen, auch den Start. Es war schon ein Erlebnis, alles aus der Nähe zu sehen. Wir waren ganz froh, als wir endlich in unsere Maschine konnten. Das Warten war doch recht lang, obwohl es auch sehr interessant war, denn dort herrschte wirklich viel Flugverkehr. Hätte ich nicht gedacht.

Nun waren wir auf den Flugplatz von Maui gespannt, der sicherlich noch kleiner war als der von Big Island.

Nach einem sehr ruhigen Flug, der ca. 30 Minuten gedauert hat, landeten wir auf Maui. Wir konnten es kaum glauben, aber es gab ein richtiges festes Flughafengebäude, mehrere Hallen, richtig groß. Das hat uns doch sehr überrascht. Hier war es noch wärmer als auf Big Island. Richtig warmer Wind schlug uns entgegen.

Gunter hat mich wieder in einer Ecke mit dem Gepäck abgestellt und sich nach der Autoverleihfirma erkundigt. Wir mussten aus dem Gebäude raus und dort hat ein Shuttle gewartet, der uns zum Sitz der Firma **Dollar** brachte. Hier wurde ich mit dem Gepäck geparkt und Gunter hat das Auto geholt. Er kam mit einem feuerroten **PLYMOUTH Breeze**, ein schönes Auto. Das passte gut zu Gunter. Er konnte sofort mit dem fremden Ding losfahren, das habe ich doch sehr bewundert.

Dieses Mal musste er bei dem Autoverleih ein bisschen aufpassen. Der junge Mann hinter dem Tresen versuchte – wie Gunter mir später erzählte –, ihm noch eine zusätzliche Versicherung für $ 75,50 anzudrehen, obwohl wir bereits alle notwendigen Versicherungen besaßen. Na, aber da hatte er die Rechnung ohne meinen Mann gemacht, der ihm sehr deutlich klarmachte, dass er »Not One Fucken Cent More« bezahlen wollte, da bereits alle Versicherungen vorhanden waren, die wir benötigten. Gunter musste sehr überzeugend geklungen haben, da er schon kurze Zeit später mit dem Autoschlüssel und den notwendigen Papieren erschien, ohne diese Extraversicherung bezahlt zu haben. Ein Klews lässt sich eben nicht über den Tisch ziehen.

Wie immer hat Gunter den Weg zum **MAUI COAST HOTEL** ohne große Probleme gefunden. Na ja, mit meiner Mithilfe als Co-Pilotin auch nicht weiter verwunderlich.

Uns erwartete ein wunderschönes Hotel. Wir hatten wieder ein großes Zimmer, leider nur EIN Bett, allerdings ein großes. Dieses wirklich schöne Bett – nicht durchgelegen – hatte aber einen zweiten Nachteil: Es hatte nur eine Decke. Gunter hat gleich noch eine zweite an der Rezeption geordert, sonst hätten wir nachts das Hauen gekriegt.

Das Zimmer hatte eine Couch und einen Tisch mit zwei Stühlen. Auch einen schönen Balkon konnten wir für ein paar Tage unser eigen nennen. Wie gewohnt waren in dem Zimmer auch ein Kühlschrank und eine Kaffeemaschine. .

Das Bad war sogar mit einem Fön ausgestattet, der wesentlich mehr Power hatte, als der, den ich mitgebracht hatte. Den Fön hatte man an der Wand mit zwei Schrauben festgemacht. Das lag vielleicht an der schlechten Erfahrung.

Bei der Ankunft hatten wir an der Rezeption ein Fax der Firma bekommen, die uns hier betreute, sogar in deutscher Sprache. Mit diesem Schreiben hat man uns eingeladen, mal in der Agentur vorbeizukommen. Dort würde man uns auf die Sehenswürdigkeiten der Insel hinweisen. Das war doch eine nette Geste. Im Laufe des morgigen Tages wollten wir dort mal hin. Es lag sowieso auf dem Weg zu dem Ort, den wir uns schon ausgeguckt hatten.

Nachdem wir uns ein wenig frisch gemacht hatten, sind wir los zum Essen. Alles fremd, wohin? Auf dem Weg ins Hotel hatten wir irgendwo an der Straße einen **PIZZA HUT** entdeckt. Dort wollten wir jetzt hin. Ich muss ehrlich sagen, dass ich den Laden nicht wiedergefunden hätte. Aber Gunter mit seinem Spürsinn hat Gas gegeben, einmal rechts, geradeaus, wieder links und schon waren wir da. Der Laden war kahl und ungemütlich. Aber der Hunger ließ uns bleiben. Wir haben es nicht bereut, ich jedenfalls nicht. Es gab dort ein Pizzabuffet, das wir hier in dieser Art nicht kennen. Zur Auswahl hatten wir fünf Sorten Pizza sowie Nudeln und die entsprechenden Sauce.

War ein Blech (in Tortenform) mit Pizza leer, wurde sofort ein neues gebracht. Es hat wunderbar geschmeckt. Leider kann man aus Kapazitätsgründen nicht so viel essen, wie das Auge möchte. Es war schon ein Jammer. Trotzdem habe ich 8 (acht) kleine Stücke gegessen, Gunter sogar **11** (elf). Außerdem habe ich noch Nudeln mit Sauce probiert. Wenn man denn schon mal da ist!

Nach dem Essen sind wir zum ABC-Markt gefahren und haben für abends ein paar Getränke eingekauft. Dem Markt gegenüber war gleich der wunderschöne Strand mit dem herrlichen blauen Wasser und wir haben schon mal ein wenig geguckt und spontan beschlossen, hier morgen zu baden. Es war unfassbar, direkt neben der Straße, die übrigens recht gut befahren war. Ein herrlich weißer Sandstrand, der zum Baden einlud.

26.07.99

Es war ja wirklich kaum zu glauben, aber wir waren heute Morgen wieder zum Frühstück bei Denny's. Ich habe Eggs Benedict gegessen. Eigentlich mag ich gar nicht sagen, was das war, aber: unten ein Stück Toast, rund, obendrauf zwei Spiegeleier und über diese Eier Sauce Hollandaise. Es war so schön!

Nach dem Frühstück, was sehr schwer im Magen lag, aber doch so schön war, ging es nach Kaanahali. Dort war die Agentur und dort selbst saß Chris Weininger. Das war ein sehr netter Mensch, der uns viele Tipps gegeben hat. Allerdings waren sie nicht ganz so neu, denn Gunter hatte schon für unsere Touren gute Vorarbeit geleistet.

Danach fuhren wir zurück ins Hotel, da wir dort sowieso vorbeimussten, und haben uns gleich für den Strand umgezogen. Ich wollte dieses Mal mit einem T-Shirt baden, weil die Sonne so gemein immer auf meine Schultern knallte. Bei Gunter nicht, nur immer bei mir. Das ist schon ganz schön fies. Dabei wäre ich auch so gerne ein wenig braun geworden. Muss ja nicht viel sein, nur ein bisschen. Aber leider wird das nichts. Ich bin halt ein heller Typ. Obwohl ich mich viel besser fühle, wenn ich ein wenig Farbe habe.

Übrigens war hier aufgrund der Höhenlage – Höhe der Sahara – die Sonne extrem intensiv. Es bestand große Gefahr für einen Sonnenbrand, da hier auch immer ein starker Wind wehte, sodass man die Hitze der Sonne nicht gleich bemerkte. Meistens erst, wenn es zu spät war und der Sonnenbrand sich zeigte. Wir sind zum **BIG BEACH** gefahren, auf Empfehlung von Chris Weininger. Der lag südlich von Makena. Es war ein herrlicher Strand, weißer Sand und ganz lang der Strand.

Es waren wenige Touristen oder Einheimische hier. Rechts vom Strand lag – aus Lava – Molokini, ganz geradeaus Kanoolawe. Das hatte uns David erzählt. Er lag mit seiner Frau ein Handtuch weiter und sie waren weit und breit die einzigen im Umkreis am Strand. Kaum hatten wir uns dort im Schatten eines Baumes niedergelassen, guckten uns ein wenig um und Gunter wollte gerade ins Wasser, da kam David. Er war furchtbar geschwätzig, hat uns alles erzählt, auch das, was wir nicht wissen wollten. Er hat uns ein Fischrestaurant empfohlen, das wir unbedingt besuchen sollten.

Nachdem David sein Pulver verschossen hatte, legte er sich wieder zu seiner Frau auf das Badelaken. Es war eine Erholung, zumal er ja nur englisch gesprochen hatte und ich mich sehr bemühen musste, ihm zu folgen. Unhöflich kann man ja auch nicht sein, jedenfalls nicht so offensichtlich. Aber wir waren schon froh, als er abzog.

Nach einer Weile kamen zwei Familien mit Kindern, die sich unweit von uns niederließen. Die eine Familie hatte ein süßes kleines Mädchen, das mich sehr an Lenchen erinnerte. Sie mag wohl auch ca. 2 Jahre gewesen sein und versuchte immer, sich der Aufsicht der Eltern zu entziehen, indem sie in einem unbeobachteten Moment – und von denen gab es etliche, es konnte ja auch nichts passieren – zwischen den beiden hindurch gekrabbelt ist. Und schon war sie im Sand anstatt auf dem Badelaken, wo sie sofort die Fingerchen in den Sand und anschließend in den Mund steckte. Das machte ihr zwar nichts aus, nur ihre Mutter war blitzartig dabei, den Sand wieder zu entfernen.

Diese Familien hatten alles dabei: eine Kühltasche mit Getränken, irgendetwas zu essen, konnte aber nicht sehen, was es war. Sie waren zu weit entfernt. Leider. Wir hatten natürlich nichts dabei, jedenfalls nichts zu essen, denn mein Mann isst am Tage nichts. Vielleicht ich? Mir haben schon die Augen getränt. Aber dafür hatten wir was zu trinken dabei. Eine Flasche Selters oder eine Dose Limo war immer in der Tasche. Ist zwar nicht so unbedingt gegen den Hunger, aber verdurstet bin ich jedenfalls nicht.

Es dauerte dann auch nicht lange, da schwang sich David von seinem Handtuch und näherte sich den beiden Familien. Er muss merkwürdige Dinge gesagt haben, denn die junge Frau mit dem Baby wandte sofort den Kopf nach hinten (in unsere Richtung) und musste lachen. Es war aber sehr höflich, dass sie ihn das nicht hat merken lassen. Die anderen guckten in alle Richtungen, nur nicht zu David, der bei dieser Gleichgültigkeit seiner Mitmenschen nur noch den Rückzug antreten konnte.

Später haben wir erfahren, dass dieses süße Mädchen erst 9 Monate alt war. Da sie mich so an Lenchen erinnert hatte, hatte ich richtig Sehnsucht nach unserer kleinen Maus. Aber bald hätte ich sie ja wieder und dann knuddel ich sie, auch wenn sie sich wehrt, denn dafür ist sie – noch – nicht zu haben.

Am Strand haben wir »ausgehalten« bis gegen 16:00 Uhr. Unter einem Baum im Schatten, ein Traum von Hawaii. Einfach wunderschön. Nur das Wasser war unglaublich. Gunter musste mich festhalten, solche Kraft hatten die Wellen.

Heute hatte übrigens GG (meine Ex-Schwiegermutter) Geburtstag. Sie wurde 85 Jahre. Ich musste sie heute Abend unbedingt anrufen, was immer gar nicht so einfach war wegen der Zeitumstellung. Vor 20:00 Uhr hiesiger Zeit konnte man kaum telefonieren, denn dann war es zu Hause erst 08:00 Uhr morgens.

Ich wusste, dass GG heute Morgen einen Empfang gab und daher wohl auch nicht so spät aufstehen würde, sodass ich bestimmt um 20:00 Uhr (bei ihr 08:00 Uhr) anrufen konnte. Das habe ich auch getan und sie hat sich so sehr gefreut. Übrigens war ich die erste Gratulantin. Bei der Zeit wohl auch nicht weiter verwunderlich.

Auf dem Rückweg vom Strand haben wir dann – wie fast immer – im ABC-Markt eingekauft. Es war in diesen Supermarkets immer so schön kühl aufgrund der Aircondition. Ich wunderte mich, dass ich mich noch nicht erkältet hatte von diesen plötzlichen Temperaturschwankungen. Dort haben wir endlich T-Shirts für unsere kleine süße Lena gekauft. Ein kleines in Royalblau, stand HAWAII drauf, was auch sonst, und eine Ananas war auch noch drauf. Das andere war etwas größer und weiß. Ebenfalls haben wir je ein T-Shirt für Claudi, Tom und Jens gekauft. Diese Sorgen waren wir los. Es war nicht einfach, hier ein Mitbringsel zu finden. Es war wirklich alles nur Kitsch.

Wieder im Hotel mussten wir erst einmal das Salzwasser abwaschen. Dann haben wir einen Drink genommen und uns zum Essen umgezogen.

Ich mag das schon gar nicht mehr schreiben, aber wir waren wieder bei Denny's. Beide haben wir ein T-Bone-Steak gegessen, mit Erbsen, die immer von der Gabel kullerten, Kartoffelmus und Soße. Gunter hatte statt der Erbsen drei große Scheiben Tomaten. Warum, weiß ich nicht. Vielleicht kann er Erbsen auch nicht mit der Gabel essen, genau wie ich. Oder die Erbsen waren alle.

Danach haben wir bei Oma angerufen. Es war in Germany 07:30 Uhr. Es hat lange geklingelt, aber zu Hause sein musste sie. Wach war sie auch schon, nur auf dem Klo, darum hat es so lange gedauert. Danach haben wir bei GG angerufen und ihr gratuliert.

27.07.99

Wir haben uns heute wecken lassen, und zwar um 06:30 Uhr, weil wir nach Hana wollten. Das war am anderen Ende der Insel und die reine Fahrtzeit betrug ca. drei Stunden. Außerdem sollte dies die kurvenreichste Strecke der W e l t sein und ging über ca. 32 Meilen.

Wir mussten so früh aufstehen, weil die Strecke (und es gab nur einen Weg dorthin) zwischendurch für ein paar Stunden komplett wegen Bauarbeiten gesperrt war, und zwar vor- und nachmittags.

Auf dem Weg dorthin haben wir versucht, einen Coffee-Shop zu finden. Immerhin hatten wir ja heute noch kein Frühstück. Zu Denny's wollten wir nicht, weil das zu lange gedauert hätte. Mal war der Coffee-Shop oder die Bäckerei auf der »falschen Seite«, d. h., in Fahrtrichtung links und wir hätten abbiegen müssen, was bei dem morgendlichen Verkehr schon eine Unmöglichkeit war. Hinterher wären wir nur mit großen Schwierigkeiten und unter großem Zeitverlust wieder auf unsere Fahrspur gekommen, und mal war der Coffee-Shop schon vorbei, bevor wir ihn richtig bemerkt haben.

Ein »Frühstück«, bestehend aus zwei Hot Dog – Würstchen und Brot – gab es erst in Hana, auf der Hana-Ranch. Ich konnte vor Hunger kaum noch aufrecht sitzen.

Aber der Weg dorthin, mir war manchmal ganz übel. Eine Kurve wurde von der anderen abgelöst. Es gab Brücken, viele Brücken (ca. 40 insgesamt), die nur von einem Fahrzeug aus einer Richtung benutzt werden konnte. Also musste man aufpassen, ob ein Auto entgegenkam, und wenn nicht, konnte man fahren. Es war schon ganz spannend, was nach der nächsten Kurve kam.

Sehr eigenartig war auch das Wetter. Wir befanden uns zwar im Regenwald, aber es hat nur in einem Abschnitt geregnet, aber so heftig, dass man eigentlich nichts mehr sehen konnte. Ich habe mal wieder Gelegenheit gehabt, meinen Mann zu bewundern. Er ist trotzdem weitergefahren, aber eigentlich hatte er auch keine andere Wahl, denn die Straße (es gab wirklich nur eine) war eng, gerade mal für zwei Fahrzeuge nebeneinander.

An den Straßenrändern gab es wunderschöne Bäume mit noch schöneren Blumen in nahezu allen Farben, groß und klein, herunterhängende und andere. Leider konnte ich die nicht fotografieren, weil hier das Halten strengstens verboten war. Auf der gesamten Strecke wurden vielfach am Straßenrand ganz herrliche Blumen angeboten. Die standen einfach in einem großen Eimer auf einem Gestell, das sogar überdacht war. Manchmal konnte man durch die Bäume auch das Meer sehen, blau wie auf den Postkarten. Ich hätte am liebsten alles fotografiert, aber es gab nicht oft eine Gelegenheit zum Halten. Und dort, wo man durfte, gab es nichts zu sehen. Das war so etwas wie eine Emergency-Line. Außerdem gab es unterwegs immer mal wieder Wasserfälle. Einen habe ich doch knipsen können, denn man hatte eine Haltebucht extra für Touristen eingerichtet. Aber dort waren wir in guter Gesellschaft vieler Touristen. Und alle mit Leihwagen. Sehr oft auch noch derselbe Typ wie unserer.

Am Ziel war mir immer noch leicht übel von den vielen Kurven, und diesen Weg mussten wir auch noch zurück, einen anderen gab es nicht!! Oh Gott!! Aber erst einmal sind wir zu den **OHEO POOLS** gefahren. Das sind **sieben** Wasserfälle. Von der Brücke aus hatten wir einen herrlichen Blick auf die oberen vier und die unteren drei Fälle. Man konnte auch Baden darin, aber das haben wir uns verkniffen, so verlockend war es nicht, immer von einem Fall über die Felsen in den nächsten Fall zu klettern. Es waren aber doch einige im Wasser. Das waren wohl ganz kernige Typen.

Diese Fälle gehörten zu einem Naturschutzgebiet vom **Haleakala National Park**. Die **Seven Sacred Pools** sind eine Reihe stufenförmiger, zum Meer hin abfallende Pools. So stand es in der Beschreibung. Nach dieser Besichtigung sind wir wieder zurückgefahren und mir war wieder schlecht, obwohl Gunter ein ganz hervorragender Fahrer ist. Wir haben noch gehalten am **Hokipa Beach Park** und den Windsurfern zugesehen. An dieser Stelle wurden auch Weltmeisterschaften im Surfen ausgetragen. So viele Surfer auf einmal hatten wir noch nie gesehen. Außerdem kamen wir an riesigen Zuckerrohrfeldern vorbei, an einer Zuckerfabrik und einem Zuckermuseum. Leider hatten wir keine Gelegenheit, das Museum zu besichtigen.

Es klingt ja nicht gerade glaubhaft, aber an dem Abend haben wir im **CANTON CHEF RESTAURANT** gegessen und nicht bei Denny's. Es war, wie der Name schon vermuten lässt, ein chinesisches Restaurant. Ich habe dort eine Art Fischteller gehabt, der bestand aus etlichen Fischstückchen und zwei Garnelen. Die waren das Beste am ganzen Teller, aber eben leider nur zwei. Zwischen den Fischstückchen waren einige, da federten die Zähne zurück, wenn man darauf biss. Das war nicht so mein Fall und ich habe sie kurzerhand aussortiert und Gunter auf den Teller gelegt. Der isst auch wirklich alles.

Die Baumstämme in dieser Straße waren umwickelt mit Lichterketten, war ungewohnt, sah aber schön aus. Das kannten wir hier nur zu Weihnachten.

28.07.99

Gegen 08:00 Uhr sind wir heute los nach **KULA**, das heißt, wir mussten dort durch, weil wir nach **Haleakala** wollten. Da stand der höchste Berg von Hawaii, der war **10.023 feet** hoch. Die Straße dorthin war wieder wunderbar, eben und glatt.

Frühstück hatten wir in einer kleinen Hütte, die hieß **SUNRISE MARKETS** und lag auf dem Weg zum höchsten Punkt des Berges. Nach dem Kaffee habe ich einen kleinen Plastiktopf voll frischer Ananas gegessen. Das war ganz wunderbar.

Dort waren wir schon mitten im **Haleakala National Park**. Hier gab es wieder wunderschöne Pflanzen und herrliche Bäume. Nur mit dem Fotografieren war das so eine Sache, denn Gunter konnte an den Stellen, wo ich gerne geknipst hätte, leider wieder nicht anhalten. Es waren dort nur zwei Spuren, eine rauf, eine runter. Man sollte nicht glauben, dass dort auch noch Betrieb war. Ich habe sowieso gedacht, dass die ganzen Inseln nicht so sehr besucht waren, wie sie es waren. Wie ich darauf kam, wusste ich nicht, aber es war halt so meine Vorstellung gewesen.

Oben auf dem Berg hatten wir eine tolle Aussicht, da wir über den Wolken waren. Zwischen den Wolken hindurch konnten wir immer weite Teile der Insel sehen. Es war gigantisch, einfach unglaublich.

Ich habe an diesem herrlichen Fleckchen Erde gestanden und mich unglaublich gefreut, so etwas zu sehen. Gleichzeitig war mir auch klar, dass ich so einen Anblick nie wieder haben werde. Ich denke mal, dass dieses wirklich der aller-schönste Augenblick vielleicht der ganzen Reise gewesen ist. Nicht, dass ich alles andere nicht auch berauschend fand, nein, so ist es nicht. Nur dieser Fleck, hoch über den Wolken, mit Blick auf diese Wolken, dazwischen Insel und Meer, das war es. Und dann noch dieser Mann an meiner Seite. Einfach unglaublich. Es gibt schon herrliche Momente im Leben. Herz, was willst du mehr??

Oben auf dem Berg war wohl eine Wetterstation. Jedenfalls haben wir das angenommen, es stand allerdings nirgendwo etwas darüber, obwohl es ein großes Gelände war. Dort durften wir auch nicht hin. Auf der anderen Seite der Plattform war die Station der Park Ranger. Hört sich das nicht toll an? Sie waren uniformiert und sahen unerhört wichtig aus, was sie wohl auch waren hier oben. Außerdem gab es hier noch etwas, was wir nicht kannten: **Bikes, down the Volcano.** Die mutigen Radfahrer wurden mit einem Wagen für 10 Personen nebst Anhänger für die Fahrräder hier hinaufgefahren, um dann – mit einem windschnittigen Anzug bekleidet – wieder hinunterzufahren. Vorneweg fuhr einer, der das schon gut kennen musste, denn er lotste die anderen, das heißt, er gab Zeichen bei Kurven oder etwaigen Hindernissen. Das war sehr teuer.

Zum Beispiel:

SUNRISE SPECIAL, View Sunrise at the top of Haleakala.
Plus tour of the National Park. $ 69,00.

Es gab auch Touren für $ 99,00. Dann fuhr man wohl mit Super-Fahrrädern.

Dass es dort oben sehr kalt war, hatte ich leider vorher nicht bedacht und natürlich auch keine Jacke mitgenommen. Gott sei dank hatte ich immer ein großes Badelaken im Auto, das habe ich mir umgeschlungen. Ich wusste, wie das aussah, es war mir aber egal. Hauptsache, mir war nicht mehr kalt. Nur Gunter konnte sich das Lachen nicht verkneifen «, denn ich hatte auch noch meinen großen Strohhut auf, da die Sonne dort in der Höhe noch gefährlicher war. Also habe ich so getan, als wenn mich Gunter Lachen nicht störte. Aber ich muss schon zugeben, dass es mich gekränkt hat.

Wie schon beschrieben, hatten wir vom höchsten Punkt des Berges eine ganz fantastische Aussicht über diese Insel. Besonders beeindruckend war der Blick in den Vulkan. Mit Sicherheit hatte dieser Vulkan einen Durchmesser von 20 km. Innerhalb dieses Vulkans waren wiederum einige Krater, die ihrerseits einen Durchmesser von gut einem Kilometer hatten. Von dem oberen Aussichtspunkt wurden zahlreiche Exkursionen in den Vulkan angeboten. Man konnte dorthin zu Fuß gehen oder zu Pferd hineinreiten.

Wir sahen vom obersten Punkt eine Reitergruppe, die sich so langsam in den Krater begab. Selbst nach einer halben Stunde konnten wir die Gruppe, die mit Sicherheit nicht langsam ritt, noch als »Miniaturen« sehen. Es ist wirklich beachtlich, welches Ausmaß das Vulkaninnere mit seinen zahlreichen Kratern hat.

Auf dem Weg nach unten (der gleiche, wie nach oben) war ein weiterer Aussichtspunkt, von dem wir die Krater fast noch besser sehen konnten. Es war wirklich einmalig schön und ich hoffe, dass es auf den Fotos, den zahlreichen, auch gut herauskommt.

Wir haben dann noch einmal in der kleinen Hütte **SUNRISE MARKET** Halt gemacht. Gunter hat dort ein Sandwich gegessen und ich einen kleinen, aber sehr klebrigen Kuchen. Stattdessen hätte ich lieber Ananas essen sollen. Ist auch viel gesünder.

Anschließend haben wir den **KULA BOTANICAL GARDEN** gesucht und irgendwann sogar gefunden, nachdem wir einmal vorbei gefahren sind, da die Beschilderung nicht so toll war. Wir haben pro Nase $ 4,00 Eintritt bezahlt, was sehr dreist war, denn der Garden war äußerst enttäuschend, nicht gut gepflegt und schöne Blumen, auf die ich mich so gefreut hatte, haben wir auch nicht gesehen.

Das einzig Gute war, dass sie ein WC hatten. Die Entfernungen sind ja doch so, dass man nicht immer ein solches findet, wenn man es braucht, und so geht man schon mal präventiv hin.

Dann sind wir weiter nach **Lahaina** gefahren, ca. 22 Meilen von **Kahului** entfernt, wo auch der Flugplatz liegt. Wir haben schon einmal Probefahren für morgen gemacht, damit wir dann nicht solange suchen müssen. Aber damit hat Gunter überhaupt keine Probleme, er findet immer alles und das meistens gleich beim ersten Anlauf.

In **Lahaina** wollte ich so gerne die **FRONT STREET** sehen, da dort alle schönen Geschäfte sein sollen, unter anderem auch das **HARD ROCK CAFE**. Dort waren wir zur Happy Hour. Selbstverständlich habe ich mir dort ein T-Shirt gekauft. Klasse! Das Cafe an sich hat mir weniger gefallen. Es war dort ziemlich dunkel, weil das Inventar und die Wände auch dunkel waren. Man hat den »Laden« für T-Shirts und die anderen Dinge, die man dort kaufen kann, vom eigentlichen Lokal abgetrennt und sogar mit dicken Tampen abgesperrt, so dass man vom Lokal aus erst nach draußen musste, um etwas zu kaufen. Und anschließen muss man, ich konnte es gar nicht fassen, was da für ein Andrang herrschte. Es dauerte richtig lange, bis ich an der Reihe war. Gott sei Dank gab es dort einen Prospekt, so konnte ich der Verkäuferin zeigen, was ich wollte. Es hat auch sehr gut geklappt. Aber man merkt immer erst hinterher, dass man das eine oder andere noch gut hätte kaufen können. Man kommt da ja schließlich nie wieder hin.

Anschließend sind wir auf meinen Wunsch hin ein Eis essen gegangen. Ich hatte Gunter gebeten, mir bei der Bestellung zu helfen. Aus irgendeinem Grund war er dazu nicht bereit. Ich glaube, er wollte kein Eis. Da es ein Selbstbedienungsladen war, musste ich also an der Theke dem jungen Mädchen erzählen, was ich wollte. Ich sagte ihr dann auch, dass ich gerne fünf Kugeln Eis möchte. Sie schaute mich verständnislos an, ging zu ihrem Chef und kam mit diesem wieder. Inzwischen war auch mein Mann da, der wohl gesehen hatte, dass da was nicht stimmte. Vielleicht hatte er auch nur Mitleid mit mir. Nun muss man wissen, dass die Kugeln Eiscreme in den USA fast 3 x so groß sind wie hier. Das wusste ich natürlich nicht, ich Trottel. Darum auch diese ungläubigen Blicke der Bedienung und des Chefs der Eisdiele. Gunter hat sie dann aufgeklärt und ich bekam mein Eis. Allerdings wollte ich jetzt nur noch drei Kugeln und das war mir nachher auch schon zu viel. Aber ich habe es geschafft, obwohl mir danach recht übel war, wohl auch, weil ich zu schnell gegessen hatte. Ich gebe es zu, ich war richtig gierig auf das Eis. Von hier aus sind wir wieder ins Hotel gefahren, haben uns umgezogen und sind an den Pool gegangen. Dort hatten wir das große Glück, dass zwei Liegen frei waren, und das auch noch nebeneinander. Das Wasser war sehr schön warm. Wir waren ungefähr bis gegen 19:00 Uhr am Pool. Dann haben wir uns umgezogen und sind Essen gegangen. Leider war es für die Bedienung bei Denny's kein gutes Geschäft. Ich habe nur eine Broccoli-suppe, die übrigens ausgezeichnet war, gegessen ($ 1,95) und Gunter ein Sandwich für $ 6,95, das nannte sich Charleston.

Gunter wollte ein Bier, was es nicht gab, so blieben wir beide bei Eiswasser.

29.07.99
Heute haben wir mal »ausgeschlafen« und sind erst kurz nach 08:00 Uhr aufgestanden. Nach dem (blöden) Kofferpacken sind wir um 09:30 Uhr zum Flugplatz gefahren, haben den Wagen abgegeben und waren dann immer noch sehr zeitig am Flugplatz.

Da wir uns schon an unserem Abflug-Gate 21 aufgehalten haben, wo wir immer noch saßen, obwohl eine Maschine nach der anderen aufgerufen wurde, wurde man auf uns aufmerksam und jemand fragte und, wo wir denn hin wollten. So bekamen wir schon eine Maschine eher. Wir konnten dort zwar nicht nebeneinander sitzen, aber das war nicht mehr so schlimm, denn Händchenhalten musste ich bei dieser Vielfliegerei nicht mehr. Inzwischen war ich ein echter Profi. Und Angst, ja was war das denn?

Auch in **Honolulu** bekamen wir eine Maschine eher und wir waren echt gespannt, was mit unserem Gepäck war. Da wir diese Flüge ja schon in Hamburg gebucht hatten, gingen wir davon aus, dass unser Gepäck mit der ursprünglich gebuchten Maschine flog. Aber zu unserer größten Freude war unser Gepäck schon da, so hatten wir doch einen echten Zeitgewinn.

Der Flugplatz von Kihue hatte zwei Gepäckförderbänder, die sich in der Mitte einer nicht allzu großen Halle befanden. Eines ging rechts herum, das andere links herum. Dort kam aus einem »Loch« das Gepäck herausgeschossen und landete trotzdem auf einem der Bänder. Ein Bediensteter des Flugplatzes, nehme ich jedenfalls an, nahm die Koffer vom Band, die nicht sofort von den Inhabern geschnappt wurden, und stellte sie einfach mitten in die Halle. Zum Durchgehen war dort kein Platz mehr, nur in Schlangenlinien konnte man sich seinen Weg bahnen, um den Koffer, den man erspäht hatte, zu erhaschen. Bei unseren Koffern hatten wir wieder großes Glück gehabt, denn sie sind ja auffallend gelb und orange. Geile Farben, besonders für Koffer im Gewühl: Man sah sie sofort! Nachdem wir uns dann unsere Koffer geschnappt hatten, gingen wir zum Ausgang. Dort stand ein sehr freundlicher Mann, der unsere Gepäckabschnitte kontrollieren wollte, ob es denn auch wirklich unsere Koffer waren, die wir da raustrugen. Diese Art von Kontrolle war zwar für uns ungewöhnlich, aber trotzdem waren wir begeistert, dass überhaupt so eine Kontrolle durchgeführt wurde.

Mit dem neuen Auto hat es auch gut geklappt. Es war ein goldfarbener **PLYMOUTH BREEZE** mit dem **Kennzeichen KSF 286**. Und darunter stand ALOHA STATE.

Unser Hotel hier hieß **KAUAI SANDS HOTEL** und wir haben es ganz leicht gefunden. Im Vergleich zu den anderen Hotels war dieses etwas einfacher. Unser Zimmer war ganz nett, leider nur mit EINEM Bett, was wirklich nicht so schlaffördernd war, denn wenn einer sich umdrehte, schaukelte der andere mit. Und war natürlich hellwach. Ich hatte Gunter gleich gebeten, uns ein Zimmer mit zwei Betten zu besorgen, denn so ausgebucht sah das Hotel eigentlich nicht aus, sodass das hätte möglich sein müssen. Noch hat sich mein Mann etwas geziert, aber als wir dann rausgingen, um die Gegend zu erkunden, war er doch noch schnell in der Rezeption verschwunden und kam mit einem anderen Schlüssel wieder. Das neue Zimmer war wirklich viel schöner und auch größer. Vor allem hatte es ZWEI Betten. Gut, dass ich noch nichts ausgepackt hatte. Ich hatte zwar das Handtuch im Bad schon benutzt, aber es wieder so hingehängt, dass es taufrisch aussah.

Jetzt wollten wir zum **Pazifik**. Nichts hätte mich jetzt noch aufhalten können, das Wasser war einfach wundervoll. Gesehen hatten wir es schon, denn dieses Hotel war, was die Lage zum Wasser anbetraf, das allerbeste von allen. Wir brauchten nur aus unserem Zimmer raus auf die Terrasse, guckten nach links und da war es schon, das Meer! Gehen mussten wir vielleicht noch 30 Meter, vorbei an einem schönen Pool und unten links am Hotel vorbei an einem Bananenbaum. Es war unglaublich traumhaft, denn der Strand gehörte auch zum Hotel, ebenso die Liegen und Stühle im Sand. Außerdem waren viele Bäume am Strand.

Am Wasser war ich erst einmal sehr vorsichtig, denn es hatte auch hier eine unheimliche Kraft, die man vorher nicht bemerkte. Man stand nur mit den Füßen im Wasser, die Wellen kamen und plötzlich, genau vor einem, wurden sie groß und größer, fliehen konnte man nicht mehr, sich nur noch – wenn man Glück hatte – an seinem Partner festhalten und warten, bis es vorbei war. Vorbei war es ziemlich schnell, aber auch dann, wenn sich das Wasser zurückzog, musste man noch aufpassen, dass man nicht mitgezogen wurde, denn auch der Sand unter den Füßen gab unheimlich schnell und viel nach, sodass man plötzlich bis zu den Knöcheln im Sand versackte.

Wir lagen dann ganz faul auf den hoteleigenen Liegen, als Gunter plötzlich feststellte, dass links von uns ganz dunkle Wolken aufzogen, dort regnete es sicherlich. Er hatte das noch nicht ganz ausgesprochen, schon begann es bei uns wie aus Eimern zu regnen. Völlig unvermittelt, wirklich aus blauem Himmel heraus. Wir waren völlig perplex, konnten nur noch unsere Sachen schnappen und uns an einen Baum drücken, um nicht völlig durchnässt zu werden. Ca. zehn Meter weiter war das Hotelrestaurant mit einem hervorspringenden Dach. Dort stand schon eine junge Frau, auch ziemlich nass. Wir hüpften vorsichtig unter dieses Dach, denn die Gehwegplatten waren ziemlich schlüpfrig. Wir standen keine drei Minuten unter diesem Dach, als der Regen ebenso plötzlich wieder aufhörte, wie er angefangen hatte. Der Himmel war wieder strahlend blau, so, als ob nichts gewesen war. Unglaublich!

Wir sind dann ins Zimmer zurück, trockene Sachen anziehen und haben uns auf die Terrasse gesetzt, vor uns die Palmen und ein schöner Rasen, es war mal wieder ein traumhafter Anblick.

Später sind wir hier in der Anlage essen gewesen und haben danach noch einen kleinen Spaziergang gemacht. Die nebeneinanderliegenden verschiedenen Anlagen waren durch keine Hecken oder Zäune getrennt. Man konnte nahtlos rübergehen, über gepflegten Rasen, und sich an die Poolbar der nächsten Anlage setzen, ohne dass einer etwas sagte. Das haben wir dann auch gemacht und einen Abenddrink genommen. Der Barkeeper war ein bisschen lasch, kein Temperament, nicht Barkeeper-like.

Anschließend sind wir noch ein wenig weiter gegangen. Es war stockdunkel. Das Wasser natürlich auch. Es war sehr unheimlich. Das durfte ich natürlich nicht sagen, dann hätte Gunter mich wieder ausgelacht, und das hatte ich nicht immer so gerne. Also habe ich es gelassen und mich still vor mich hin gegruselt.

Wir sind dann sehr bald zurück ins Hotel, denn mir war ganz schlecht, wahrscheinlich von dem Essen. Gunter ging es auch nicht so gut, aber ihm war noch nicht so schlecht wie mir. Aber nachdem ich mir »das Essen noch einmal durch den Kopf habe gehen lassen«, ging es mir erheblich besser. Nur an den Fisch mit Gemüse und Kartoffelmus durfte ich nicht mehr erinnert werden.

30.07.99

Die letzte Nacht habe ich wundervoll geschlafen. Ganz allein in einem großen Bett. Nicht zu zweit auf einer Matratze. Ich wurde nicht geschaukelt, sondern habe geschlafen.

Wir haben dann (leider) im Hotel gegen 08:00 Uhr gefrühstückt. Es war eine mittlere Katastrophe. Die Rühreier waren viel zu fest, der Toast wahrscheinlich adlig (von gestern), Gunters Bacon von 05:00 Uhr früh, mein Schinken (eine Scheibe) war auch nicht umwerfend. Der Service mit dem Kaffee (satt) klappte auch nur auf Zuruf. An dem Kaffeebecher befand sich jede Menge Lippenstift. Pfui!!!! Alles Mist. Das waren wir so nicht gewohnt.

Nach diesem tollen Frühstück sind wir auf dem Hwy. 56 Richtung **Waimea** gefahren. In Waimea den Hwy. 550 in den **Waimea Canyon** bis zum Kalalau Lookout. Von dort hatten wir einen ganz herrlichen Ausblick. Gunter sagte, das sei ähnlich wie der Grand Canyon in Arizona. Da konnte ich leider nicht mitreden.

Auf dem Hinweg haben wir an der Straße in Fahrtrichtung links einen kleinen, aber über mehrere Ebenen verlaufenden Wasserfall im roten Sand, der hier überall war, gesehen. Leider konnten wir nicht anhalten und Gunter meinte, auf dem Rückweg würden wir uns den genauer ansehen. Ich war gespannt, ob wir ihn wiederfanden.

Auf dem Rückweg haben wir in der **Kokee Lodge** etwas gegessen. Das war ein großes Haus mit Restauration und einem größeren Laden für Souvenirs. Es gab dort einen herrlich erfrischenden Fruchtsalat mit Papaya, Ananas und Passionsfrucht. Lecker!

Gunter hat natürlich wieder einen Hot Dog gegessen (oder waren es zwei??). Ich auch, aber nur die Wurst und das trockene Brötchen. Den anderen Kram dazu mochte ich nicht. In dem Shop habe ich noch einiges als Mitbringsel für eine liebe Kollegin gekauft. Eigentlich gab es dort nur Kitsch. Den konnte man nicht kaufen. Dennoch habe ich zwei Sets erworben, die sogar Gunters Zustimmung fanden. Da war ich ganz überrascht. Vielleicht wollte er auch nur ganz schnell wieder raus.

Auf der Weiterfahrt haben wir angestrengt nach dem kleinen Wasserfall gesucht. Unser Jubel kannte dann keine Grenzen, als wir ihn auch wirklich gefunden haben. Kaum hat Gunter angehalten, war ich mit der Kamera auch schon draußen. Wir sind bis ganz oben zur Quelle gelaufen. Es war wunderschön.

Irgendwann kamen wir zum **Russian Fort Elisabeth** im **State Historial Park**. Es wurde zwischen 1815 und 1817 unter der Allianz zwischen der Russian-American-Company und Kauai King Kaumualii gebaut. Die Russen hatten damals die Insel übernehmen wollen.

Dann sind wir weiter nach **Poipo** gefahren. Dort gab es einen herrlich weißen Strand. Wir haben ihn uns aber nur angesehen und sind dann weitergefahren. Also keine Füße waschen.

Gegen 16:00 Uhr waren wir wieder im Hotel und haben uns blitzartig umgezogen, um zum Strand zu gehen. Es wäre schade, auch nur eine Sekunde dort zu versäumen. Gunter hat sich heute mal weiter ins Wasser getraut, denn hinter den vorderen Wellen war das Wasser ziemlich ruhig. Dort schwammen auch noch mehrere Leute. Die Wellen müssen aber doch wieder sehr stark gewesen sein, denn Gunter schwankte einige Male. Ich habe auf der Liege gelegen, den Anblick genossen und ein wenig geschmunzelt. Dann sind wir zum Pool, wo ich – wie immer – nur am Rand gestanden habe. War aber trotzdem schön.

Nach dem Bad haben wir uns umgezogen und sind zum Essen gefahren. Im Hotel wollten wir es nicht noch einmal riskieren, obwohl es sehr bequem gewesen wäre. Wir sind im **CAMP HOUSE GRILL & BAR** in Kapaa gelandet. Ich habe ein großes Steak mit French Fries gegessen. Das sind Pommes, die mit Schale gegrillt werden. Das war für mich immer noch äußerst gewöhnungsbedürftig. Aber da ich doch ein wenig Hunger hatte, habe ich nicht mehr hingesehen. Dann ging es einigermaßen. Dort habe ich meine Lieblings-Steaksoße gefunden: A.1.!! Ich habe mir eine Flasche mitgenommen, denn ich wusste nicht, ob es die in Hamburg gab. Gab es, aber sehr teuer. Außerdem haben wir jeder einen Mai-Tai getrunken, ein Riesenglas voll. Der war lecker!

Das Restaurant lag in einem Einkaufscenter, wo es unter anderem auch einen kleinen Flusslauf mit einer Brücke gab. Von seinem Platz konnte Gunter gerade auf diese Brücke sehen und plötzlich wurde er aufmerksam: Auf dieser Brücke muss ein kleines Kind sehr schnell gelaufen sein, denn Gunter erzählte, dass es plötzlich durch das untere Brückengeländer rutschte und ins Wasser fiel. Gott sei dank war es nicht tief, aber es hatte dort seinen Schuh verloren, den die Mutter und der Bruder trotz intensiver Suche nicht wieder gefunden haben. Dem Kind ist bei allem nichts passiert. Aber ein Schreck war es für alle doch. Dann sind wir wieder ins Hotel gefahren.

31.07.99

Gunter stand heute zuerst auf, und zwar um 07:15 Uhr. Er wollte heute Morgen unsere Flüge für morgen bestätigen lassen, denn heute war unser letzter Tag auf diesen wunderschönen Inseln, die wir sicherlich niemals wiedersehen werden, denn es gab noch so vieles anderes, was wir sehen wollten.

Die Flüge für morgen waren okay. Wir waren auf allen Flügen gebucht. Das war sehr beruhigend.

Dann sind wir los nach **Hanalei**.

Die erste Zwischenstation haben wir in **Kilauea** gemacht. Dort haben wir eine richtige Bäckerei gefunden, mit Reingucken in die Backstube und einem herrlichen Duft nach frischen Backwaren. Es war wunderbar und die einzige Bakery, die wir auf den hawaiianischen Inseln gesehen haben. Hier haben wir gefrühstückt. Es war herrlich. Natürlich habe ich zu dem großen (Papp-)Becher Kaffee Kuchen gehabt, und zwar einen Kopenhagener, wie ich noch nie einen gegessen hatte. Es war wie ein kleines Stück Heimat. Dann lockte mich noch eine Schnecke mit Cinnamon (Zimt), die auch ganz hervorragend war. Es war auch alles so wunderbar frisch. Das lag sicherlich auch mit daran, dass das kleine Café außerordentlich gut besetzt war. Eigentlich nur von jungen Leuten.

Gunter hatte mir erzählt, dass dieser Ort für seine Hippies bekannt war. Von denen haben wir auch drei gesehen, da sie wahrscheinlich ebenfalls Hunger hatten. Denen wollte ich nicht allein im Dunkeln begegnen, obwohl sie ganz friedlich waren. Nur das Äußere gefiel mir nicht so sehr.

Neben dieser Bäckerei war ein Laden mit Schnick-Schnack, wie Gunter immer sagte. Es gab dort wundervolle Dinge, aber entweder waren sie zu groß zum Mitnehmen oder furchtbar überteuert. Es konnte auch sein, dass mein lieber Mann sie nicht leiden mochte und ich deshalb (leider) von einem Kauf abgesehen habe. Das ist zwar diplomatisch, aber doof. In diesem Laden haben wir Seife für Oma und Schwiegermutter gekauft. Endlich hatten wir etwas für die beiden. Ich habe mich nicht davon abhalten lassen, für mich eine PLUMERIA-Seife mitzunehmen. Das war die Seife mit dem Duft der schönen Blüten der PLUMERIA, wie der Name ja auch sagte. Die Blüten gab es hier überall. Sie waren fünfblättrig, weiß und innen gelb. Wunderschön. Wir haben die heruntergefallenen Blüten oftmals mit ins Hotelzimmer genommen und dort haben sie noch geduftet, auch wenn sie schon ganz schlapp waren.

Nun wollten wir weiter. Gunter steckte den Autoschlüssel ins Schloss, er hakte zwar, die Tür ließ sich aber trotzdem öffnen. Ich schnell ins Auto, weil wir in der Sonne standen und die ganz schön heiß war. Drinnen stockte mir der Atem, was ich sah bzw. nicht sah, war meine schwarze Tasche, die ich immer vorne zu meinen Füßen deponiert hatte. Sie war nicht da! Darin war alles Wesentliche und das alles war jetzt weg! Gunters Sonnenbrillenetui auch. Außerdem lag hinten ein völlig fremdes Badelaken! Dann mussten wir fürchterlich lachen: Wir saßen im falschen Auto und machten, dass wir rauskamen. Wie sollten wir den Besitzern erklären, was wir in ihrem Auto gemacht hatten?

Es war aber kein Wunder, dass wir beide uns so versehen hatten, denn das fremde Auto hatte dieselbe Farbe wie unseres und war zudem auch noch ein PLYMOUTH BREEZE. Außerdem war das Kennzeichen fast identisch: Wir hatten KSF 286 und dieses fremde Fahrzeug KSF 289. Das war uns überhaupt nicht aufgefallen. Zudem war unser Fahrzeug durch einen mittelgroßen Lkw verdeckt.

Das passierte übrigens alles nur, weil der Fahrer sein Fahrzeug nicht abgeschlossen hatte. Denn mit unserem Schlüssel hätten wir das Schloss nicht aufbekommen. Nicht umsonst hatte Gunter »Schwierigkeiten« beim Aufschließen gehabt.

Auf der Weiterfahrt sind wir an wundervoll gepflegten Golfplätzen vorbeigekommen. An einem haben wir angehalten. Er gehörte zu einem fantastischen Hotel, das hieß PRINCEVILLE HOTEL. Dort konnte man in einer Suite übernachten, für $ 3.500.

Wir haben uns das Hotel von innen angesehen, ohne dass uns jemand aufgehalten hat. Gott sei dank, denn ich hatte die ganze Zeit über ein mulmiges Gefühl, denn schließlich kannten die dort mit Sicherheit ihre Gäste und wir gehörten ja nun leider nicht dazu. Es war innen einfach toll: viele Spiegel, ein Gebilde aus eckigen Türmen, an denen Wasser herunterlief. Auch die Lage war wundervoll, direkt am Wasser. In einer Ecke standen große wuchtige Sessel mit einem imposanten Glastisch. Es war wirklich ein tolles Hotel, leider nicht für unsere Gehaltsgruppe.

Unsere Fahrt ging weiter nach **Hanalei**. Dort haben wir an der Straße einen Fruchtsaft getrunken, mit Mango, Ananas und Papaya, natürlich mit Eis, gecrashed.

Danach sind wir zurückgefahren zum Lighthouse, wo wir auf dem Hinweg vorbeigefahren sind. Hier habe ich mir für den Kühlschrank als Magneten eine NENE gekauft. Das sind Gänse/Enten, die wir hier nie gesehen haben, aber doch sind überall Schilder aufgestellt, dass man ihretwegen vorsichtig fahren sollte. Wahrscheinlich hat sich nicht jeder danach gerichtet, denn sonst hätten wir ja mal eine gesehen. Aber wenigstens hatten wir jetzt eine am Kühlschrank.

Vom Lighthouse-Gelände hatten wir einen tollen Ausblick. Eventuell haben wir auch Wale gesehen, aber wir sind uns nicht sicher. Die anderen Besucher meinten, dass das Wale seien. Woran sie das erkannt hatten, wussten wir nicht.

Dann hatten wir die Absicht, die **WAILUA FALLS** zu besichtigen. Aber irgendwie hatten wir beide für heute die »Nase voll« und sind, nach einem Abstecher ins Kaufhaus, um Spielkarten für die Wartezeiten auf dem Rückflug zu kaufen und weil uns immer noch einige Mitbringsel fehlten, ins Hotel gefahren. Vorher haben wir im FOOTLAND noch acht Hühnerbrüste gekauft. Die wollten wir abends im Hotel essen, da wir jetzt schon keine Lust hatten, noch mal wegzufahren.

Es war mit den Souvenirs gar nicht so einfach, denn es gab hier eigentlich nur Kitsch! Den konnte man niemandem zumuten.

Wir sind dann an den Hotelstrand gegangen und haben uns jeder eine Liege geschnappt. Gunter ist toll geschwommen, trotz der enormen Wellen. Ich war nur ganz vorne im Wasser, das reichte auch, bevor die Wellen meiner habhaft wurden. Die hatten wirklich eine unglaublich Kraft. Das musste man erlebt haben, um es nachvollziehen zu können.

Ungefähr 10 m neben uns hatten sich Neuankömmlinge in unbequemen Stühlen niedergelassen. Leider waren es Raucher und unglücklicherweise stand der Wind so, dass der Rauch uns »umzingelte«. Das war was für uns Nichtraucher. Besonders freundlich waren sie auch nicht. Eher ein wenig hochnäsig.

Eine ganze Weile haben wir dort noch gelegen, den Wellen gelauscht und den Wolken zugesehen. Dann wollten wir gehen und haben, boshaft wie wir sind, die Liegen nicht einfach verlassen, sondern sie den älteren Leuten zur rechten Seite angeboten. Die haben sich sehr gefreut. Wir haben uns dann am Pool in die Sonne gesetzt. Die Sonne war noch ganz schön heiß, denn es war erst 16:00 Uhr.

Gunter hatte uns Drinks aus dem Zimmer geholt und für mich eine Hühnerbrust. So konnten wir es gut aushalten. Allerdings war das Zimmer nicht weit entfernt, sodass es kein großes Opfer gewesen war. Die Hühnerbrust hatte er in eine Kleenex-Packung gestopft. Zum Glück hatte er vorher die Tücher entfernt. War doch ganz schön einfallsreich, mein Mann.

Irgendwann wurde mir die Sonne zu viel und ich bin Koffer packen gegangen. Dazu habe ich mir das TV-Gerät angestellt. Es gab einen uralten Film mit Elvis Presley. Irgendwann kam auch Gunter wieder rein, nachdem ich ihn zweimal mit einem Drink versorgt hatte, und wir sind doch noch einmal rausgegangen zu einem in der Nähe gelegenen Einkaufszentrum. Das hatte Gunter von der Anlage nebenan aus gesehen und wir wollten es nun aus der Nähe anschauen. Dieses Einkaufszentrum war völlig anders, als wir es von zu Hause kannten. Es waren alles kleine Geschäfte, flache Bauten und viele Skulpturen dazwischen. Auch kleine Bäche waren zu sehen. Insgesamt gesehen sehr schön. Aber eben anders.

Wir haben dann noch bis ca. 21:00 Uhr auf der kleinen Terrasse gesessen.

01.08.99
Heute haben wir wieder etwas länger geschlafen, was mir nicht weiter schwergefallen ist. Allerdings auch nur bis 07:30 Uhr. Die Koffer waren ja schon gepackt, bis auf die Waschutensilien und die Badetücher, die noch etwas feucht waren.

Dann haben wir ausgecheckt und das KAUAI SANDS HOTEL und somit auch Lihue verlassen.

Am Flugplatz hat Gunter mich dann wieder deponiert und anschließend das Auto zurückgegeben, ganz unkompliziert, einfach so abgegeben.

Kein Mensch kümmerte sich darum, wie das Auto aussah, ob mit oder ohne Beule.

Mit dem DOLLAR-Shuttle sind wir zum Airport gefahren. Es waren keine Entfernungen, die man mit dem Auto zurücklegen musste. Aber derAmerikaner muss sowieso gehfaul sein, denn Gunter hat von seiner Reise nach Eugene/Oregon berichtet, dass er dort wohl fast der einzige Fußgänger gewesen war.

Wir haben dann eingecheckt und unser Gepäck abgegeben. Vor uns war eine riesige Schlange, aber wir hatten ja genügend Zeit.

Wir konnten unser Gepäck durchchecken bis Hamburg. Das war natürlich eine große Erleichterung. Da ich von Natur aus – wie meine Mutter sagte –misstrauisch war, hatte ich natürlich unsere sämtlichen Souvenirs in meinem Beautycase und im Rucksack verstaut. Diese Gepäckstücke hatten wir als Handgepäck immer bei uns. Ich wollte nicht, dass auf dieser langen Strecke unsere mit viel Liebe und Geduld ausgesuchten Souvenirs abhandenkamen. Hatte man ja schon gehört, dass so etwas passieren konnte.

Der Flug nach Honolulu verlief absolut ruhig und dauerte ca. 30 Minuten. In Honolulu sind wir dann los und haben den Schalter von UNITED AIRLINES gesucht. Mithilfe einiger Bediensteter war es relativ einfach. Dann mussten wir wieder durch eine Gepäckkontrolle für unser Handgepäck. Das war jetzt die zweite Kontrolle und dieses Mal ging es schief, d. h., der Customer öffnete meinen Beautycase, in dem sich ja unsere Souvenirs befanden. Oben auf hatte ich mein kleines Kissen für den Flug gelegt. Dieser Mensch vom Zoll packte dann fast alles aus. Ich wäre bald formvollendet zusammengebrochen, nicht, weil ich etwas zu verbergen hatte, nein, sondern weil ich alles ganz kunstvoll gepackt hatte. Ob ich das noch mal wieder hinbekam, wusste ich nicht. Der Zollbeamte versuchte dann, nachdem er auch noch meine A.1.-Soße in Augenschein genommen hatte (er hatte sie sogar aus der Tüte genommen), alles wieder einzupacken. Konnte er natürlich nicht, war ja vorauszusehen. Ich hatte schließlich lange Zeit dafür gebraucht. Wieso sollte er es in ein paar Minuten schaffen? Er gab dann auch auf und ich durfte weitermachen. Schöner

Schiet, so unter aller Augen seinen Kram wieder einzupacken. Peinlich war das. Gut, dass uns keiner kannte.

Jetzt mussten wir uns ein Restaurant suchen, in dem wir für einige Stunden Unterschlupf finden konnten. Wir haben natürlich eines gefunden. Es war 15:00 Uhr. Unser Flug nach Chicago ging erst um 21:15 Uhr. Dort haben wir gesessen und Rommé gespielt bis zur Bewusstlosigkeit, nämlich bis 20:00 Uhr. Gunter hatte in der Zwischenzeit viele Bloody Mary getrunken und ich einen Cocktail und Wasser. Gegessen haben wir eine Pizza (ich) und ein Sandwich (Gunter). Dann sind wir mit steifen Beinen vom langen Sitzen zum Flieger.

Einchecken ca. 20:35 Uhr, Abflug 21:15 Uhr. Dann ging es mit der DC 10, die mehr Beinplatz hat, nach San Francisco. Dort mussten alle Passagiere aussteigen, nur die, die weiterflogen nach Chicago, konnten bleiben. Das waren fünf Personen mit uns. So ein leeres Flugzeug sah schon komisch aus, sogar die Piloten hatten fluchtartig das Cockpit verlassen. Gut für uns, wir konnten uns überall ungestört umsehen. Das war schon sehr interessant.

Nun kam die Reinigungsgang mit immerhin neun Personen, die blitzartig die Kissen und Decken ordneten und die liegen gebliebenen Flaschen und Zeitungen der ausgestiegenen Passagiere beseitigten. Das ging etwas laut vonstatten, da sie sich von vorne nach hinten – und umgekehrt – unterhielten.

Die neuen Passagiere kamen an Bord und es ging weiter nach Chicago. Flugdauer etwa vier Stunden. In Chicago angekommen habe ich erst einmal den Flughafenduft von Chicago geschnuppert. Chicago erinnerte mich an viele amerikanische Filme mit Robert Stack alias Elliot Ness zur Zeit der Prohibition, die ich immer gerne gesehen hatte. Außerdem hatten die Gangsterbosse hier ihren Sitz. Sagte man. Das musste man doch genießen, auch wenn es nur auf den Flugplatz beschränkt war.

Natürlich haben wir uns sofort eine »Kneipe« gesucht. Was anderes gab es dort nicht. Wir haben dort etwas gegessen, ich wieder mal eine Pizza, Gunter einen heißen Hund. Es war in dieser Kneipe ein wenig schmuddelig.

Dann haben wir im Duty Free eingekauft. Diese Sachen konnten wir nicht gleich mitnehmen, sondern Gunter musste sie gegen Vorlage seines Tickets am Abflug-Gate abholen. Das war eine Sicherungsmaßnahme, damit man nicht mehrfach im Duty Free einkaufte.

Ich habe dann noch für mich ein T-Shirt erworben, natürlich stand dort in großen Lettern CHICAGO drauf. Klar, was sonst? Außerdem habe ich noch einen Magnet für den Kühlschrank gekauft. Leider war mein Versuch, dort eine deutsche Zeitschrift für den langen Flug zu erwerben, erfolglos. Das hat uns doch sehr erstaunt, denn dies war doch ein internationaler Flughafen.

Die deutsche Sprache hörten wir hier schon wieder öfter. Es war ja wohl auch ein Knotenpunkt nach Deutschland.

Jetzt ging es an Bord einer DC 11, das bedeutete breitere Sitze und TV im Vordersitz, mit zwei Programmen und in deutscher Sprache. Ganz toll, das hatte ich noch nicht gesehen. Die Sprache im Flieger, d. h., die der Stewardessen und des Piloten, war Englisch und Deutsch. Endlich musste ich mich nicht mehr so sehr konzentrieren. Gunter machte das nichts aus.

Dann wurde ein tolles Menü serviert, das ich hier eigentlich aufführen wollte. Ich habe auch eine Speisekarte mitgenommen, das weiß ich ganz genau, nur wo diese jetzt ist, das weiß ich leider nicht.

Unser Flug nach Frankfurt sollte acht Stunden dauern. Ankunft um 06:30 Uhr am 03.08.99. Während dieses Fluges, wann genau, weiß ich nicht, habe ich die Sonne gesehen. An sich nichts Besonderes, aber sie war nicht weit von uns entfernt, ragte zur Hälfte aus den Wolken heraus, sah aus wie ein halber glutroter Smartie. Leider konnte ich das nicht fotografieren, denn wir waren angeschnallt wegen ein paar bedeutungsloser Turbulenzen und durften nicht aufstehen. Das habe ich sehr bedauert, denn meine Kamera, die ich sonst immer bei mir hatte, lag im Rucksack oben im Gepäckfach.

An Bord schlafen konnten wir beide nicht. Gunter hat eine Stunde im Gang am Notausgang vor dem Klo gestanden, weil er nicht mehr sitzen konnte. Ich habe gelesen, ferngesehen und dann wieder Rätsel geraten. Zwischendurch fielen mir dann auch mal für ein paar Minuten die Augen zu.

Irgendwie haben wir diese acht Stunden dann auch überstanden und sind in Frankfurt gelandet, durch die Passkontrolle und im Laufschritt zum Gate A 17, über viele Laufbänder, mit dem Fahrstuhl rauf und dann irgendwo wieder runter. Um ca. 06:40 Uhr waren wir an Gate A 17. Wir hatten im Flugzeug blöde Plätze, zwar am Fenster, aber vor einem dicken Vorhang, der uns von der Business-Class trennte. Wenn man den zur Seite nahm, konnte man all die (Glatz-)Köpfe der Geschäftsreisenden sehen. Alle haben gelesen oder so getan als ob.

Das Flugzeug war gut besetzt. Die Flugdauer betrug 45 Minuten. Auch die gingen vorbei. Müde waren wir nicht.

Pünktlich um 08:00 Uhr waren wir in **H A M B U R G !!** Wieder zu Hause!

Mit den Koffern hatten wir auch wieder großes Glück, denn die waren mit unter den ersten auf dem Laufband.

Am Ausgang wurden wir von unserer Freundin Katja erwartet, was eine große Freude und auch Überraschung war, da sie nichts versprochen hatte. Aber es war so lieb, dass sie uns abgeholt hat. Wir sind dann mit ihr im WINGS im Flughafengebäude frühstücken gegangen. Anschließend fuhren wir mit dem Taxi nach Hause.

Es war schön, wieder zu Hause zu sein. Urlaub ist toll, aber zu Hause ist es doch am schönsten. Ein wunderschöner, unvergesslicher Urlaub war zu Ende.

2. Australien

Dieses Jahr hatten wir uns für Australien entschieden. Gebucht hatte Gunter natürlich wieder sehr rechtzeitig, nämlich im April.

16.07.00
Heute ging es endlich los. Um 05:47 Uhr klingelte Curt, um uns zum Flugplatz zu fahren. Es war ganz lieb von ihm, für uns so früh aufzustehen.

In unseren Koffern war mal wieder viel zu viel und Gunter musste schwer schleppen. Am Airport waren wir um diese Zeit auch ganz fix und hatten, da das Einchecken schnell ging, noch viel Zeit übrig.

Gestartet sind wir um 08:35 Uhr und in Frankfurt nach einem ruhigen Flug mit der Lufthansa um 09:45 Uhr gelandet. Beim Zoll musste ich meinen Rucksack auspacken. Die Beamtin stellte mit eigenartiger Miene fest, dass ich »ein bisschen zu viel Körperpflege« dabei hatte. Sie erläuterte uns dann, was pro Person üblich war. Hat uns aber nicht interessiert.

Um 12.35 Uhr sind wir mit einem Singapore Airlines Jumbojet nach Singapur geflogen. Den konnten wir schon sehen, als wir auf dem sehr langen Weg zu unserem Abflug-Gate waren. Der sah gigantisch aus und vorne stand MEGATOP. In diesem Jumbo saßen wir so viele Stunden, bis wir in Singapur waren, wo wir für fast zwei Tage zwischen gelandet waren. Er war auch von innen ganz riesig, unheimlich viele Sitze.

Wir hatten unsere Plätze in einer Dreierreihe. Leider saß am Fenster schon jemand, Deborah, die aber sehr nett war. Sie kam aus Surabaya und sie lud uns ein, sie dort zu besuchen. So eine Einladung hatten wir noch nie bekommen, nur schade, dass wir dieser nicht nachkommen konnten.

Was mir so gut gefiel, war, dass jeder in dem Sitz des Vordermannes einen kleinen Bildschirm hatte.

Ich konnte beobachten, was alles in den Jumbo geladen wurde. Es waren ganz viele Container, dann das Gepäck dieser unzähligen Passagiere und jetzt auch noch die Container mit den Fressalien, die wir für den langen Flug brauchten. Dass der nachher abheben würde, war und blieb für mich ein Wunder.

Als dann alle Passagiere ihren Platz hatten und alles okay war, ging es an den Start. Mein Gott, war das ein Gefühl. Ich glaube, ich habe wieder Gunters Hand zerquetscht vor Aufregung und, das muss ich zugeben, ein wenig Angst war auch dabei. Aber das gab sich alles, als wir unsere Flugposition eingenommen hatten und der Flieger ganz ruhig dahinflog. Jetzt war es nur noch schön.

Natürlich gab es auch etwas zu essen. An Bord genommen wurde ja genug, das habe ich selbst gesehen. Es gab hier auch eine tolle Speisekarte. Klar, dass ich diese als Souvenir mitgenommen habe. Das war ein Muss. Die war aber auch wirklich sehr schön: mehrseitig, eingebunden in einen Umschlag mit aufgedruckten aufgeschnittenen grünen Äpfeln. Darüber stand »MENU«. Als Breackfast gab es Fruit appetiser, Yoghurt, Braised egg noodles with beef oder Omelette with mixed herbs, grilled tomato, Chicken chipolatea, Potatoes und mushrooms and Chinese Greened Assortes breakfirst rolls, Butter – Fruit preserve und Kaffee oder Tee.

Ich habe das Omelette gegessen. War sehr lecker. Ich war gespannt, was da noch alles so in den Containern steckte.

Da es ein Nachtflug war, bekamen wir alle eine kleine Plastiktasche mit roten Socken, einer Zahnbürste und Zahnpasta. An Getränken gab es, was wir wollten, und ich wollte Champagner, den ich auch bekommen habe. Es war Piper Heidsieck.

Der Flug war ruhig. Manche haben geschlafen, Gunter hat es auch versucht. Wir waren ja immerhin schon seit 04:00 Uhr auf den Beinen.

Irgendwann gab es dann auch wieder etwas zu essen. Wir konnten von der Speisekarte wählen:

Feiner Meeresfrüchtecocktail oder Fischküchlein mit Lachs und Gemüseragout oder

Hühnchen-Curry nach Siam-Art, gebratenes buntes Gemüse und gedämpfter Reis, Cracker mit Käse, Mokka-Walnuss-Kuchen, Brötchen mit Butter, Kaffee und Tee.

Dieses Mahl wurde exklusiv kreiert von Dietmar Sawyere, Forty One Restaurant, Sydney. So stand es jedenfalls auf der Karte.

Nach einem wundervollen Flug landeten wir gegen 06:30 Uhr Ortszeit in Singapur. Hier war schon der 17.07.2000.

17.07.00

Der Airport innen war überwältigend: überall Pflanzen, große und kleine, der Boden blanker Marmor. Wunderschön. Hier wurden wir von einer Deutsch sprechenden Asiatin in Empfang genommen und zum Hotel ROYAL PLAZA ON SCOTTS gefahren.

Beim Verlassen des Flughafengeländes hat uns fast der Schlag getroffen: Es war so heiß und die Luftfeuchtigkeit war so hoch.

Die Hotelhalle hat mir fast die Sprache verschlagen. Ich kann den Eindruck des Hotels auf mich nicht in Worte fassen. Es war einfach nur großartig. Eine Halle mit hellem Marmorboden, hoher Decke, einer großen Freitreppe, überall Sessel und kleine Tische, viele Pflanzen und wunderschöne exotische Blumen auf einem großen Tisch in der Mitte der Halle.

Unser Zimmer war wunderschön, mit zwei großen Betten und einem Marmorbad. Nur den Lichtschalter haben wir nicht gefunden. Da es morgens noch sehr dunkel war, wäre es schon schön gewesen, wenn wir etwas Licht gehabt hätten. Da es uns beiden auch nach intensiver Suche nicht gelungen war, den Schalter zu finden, ging Gunter los und fragte das Zimmermädchen, das ein paar Zimmer weiter war. Darauf wären wir nicht gekommen: Gleich an der Tür war eine Vorrichtung, in die man die Code-Karte (Zimmerschlüssel) steckte und sofort danach ging das Licht an, und zwar alle Lampen. Daneben war ein Schalter mit vier Symbolen. Man konnte dort das Licht individuell regeln.

Nachdem wir uns frisch gemacht hatten, gingen wir los, um Singapur zu erkunden. Von einem Portier wurde uns die Tür geöffnet, welch ein Luxus. Und wieder traf uns die geballte feuchte Hitze, als wir das Hotel verließen.

Gleich um die Ecke war die Orchard Road. Das war eine große Einkaufsstraße. Dort sind wir wegen der Hitze immer von einem Geschäftseingang zum anderen geflitzt, weil es da wegen der Aircondition an den offenen Türen immer so schön kühl war. Gunter hat uns eine Telefonkarte gekauft. Hier führte eine Rolltreppe zu der Brücke über die Straße. Das war auch notwendig, denn die Autos rauschten nur so vorbei.

Die Straßen waren hier so sauber, als seien sie eben noch gefegt worden. Es lag dort überhaupt nichts. Das lag daran, dass es hier sehr teuer war, wenn man etwas auf die Straße warf. Hunde haben wir auch nicht gesehen. Da es nach Auskunft auch sehr sehr teuer war, wenn ein Hund die Straße beschmutzte, blieben diese zu Hause.

Wir sind dann in ein großes Kaufhaus gegangen, wie wir angenommen haben. Es war zwar groß, aber es war kein Kaufhaus, sondern es waren alles kleine Läden. Ganz toll. Hier gab es eine Rolltreppe, wie wir sie noch nie gesehen hatten: Sie ging im linken Bogen nach oben! Von diesem »Kaufhaus« konnte man direkt in ein Hotel gehen.

In der Orchard Road gab es auch McDonald's und mein geliebtes Denny's.

Weil uns der Durst quälte, sind wir ins PLANET HOLLYWOOD gegangen. Das lag im 1. Stock. Den Restroom dort werde ich nie vergessen: Ich machte die Tür auf, ging rein und gleich war mir irgendwie schwindelig. Das lag daran, dass die Wände schräg gekachelt waren. Das gab mir das Gefühl, betrunken zu sein. Die Spiegel über den Waschbecken waren riesige Haifischmäuler.

Wir haben auch eine Stadtrundfahrt gemacht und dabei Folgendes erfahren:

Singapur ist 22 km breit und 44 km lang und hat 1,8 Mio. Einwohner.

Singapur kauft 60 % des Wasserbedarfs von Malaysia.

Jungen in kurzen Hosen sind maximal 15 Jahre alt, die älteren tragen nur lange Hosen.

Dienstmädchen werden alle drei Monate untersucht, ob sie schwanger sind. Wenn ja, werden sie nach Hause geschickt.

Häuser mir schwarz-weißen Markisen sind staatlich.

Die grünen Containerbrücken im Hafen sind unter zehn Jahre alt und die gelben über zehn Jahre alt.

Die Miete für eine Zweizimmerwohnung mit Küche beträgt 75.000,00 Singapore-Dollar (ca. DM 92.300).

Der Arbeitgeber übernimmt die Kosten für Medikamente, Krankenhaus und OP, obwohl die Arbeitnehmer krankenversichert sind.

Die Autos kosten hier 200 % mehr als bei uns.

Das billigste Auto kostet 75.000,00 Singapore-Dollar.

TÜV alle 3 Jahre.

Die Fahrer müssen ab dem 60. Lebensjahr jedes Jahr zur Prüfung, ob fahrtauglich.

Alle Pkw haben auf dem Dach ein orangefarbenes Blinklicht, das immer dann angeht, wenn das Auto über 50 km/h fährt (wollte uns die Reiseleiterin mit dieser Aussage auf den Arm nehmen?). Das konnte ich nicht mehr klären.

Der Autofahrer, der seinen Führerschein erst ein Jahr hat, muss am Auto eine Plakette haben: gelber Untergrund mit einem orangefarbenen Dreieck. Die anderen Autofahrer sind dann besonders rücksichtsvoll mit ihm.

Das HARD ROCK CAFÉ haben wir auch gefunden, und zwar in der Cascaden Road. Dort tranken wir ebenfalls etwas, denn Durst hat man hier ohne Ende. Ein T-Shirt haben wir auch gekauft.

Dann waren wir in einer sogenannten Food-Street. Wie der Name schon sagt, war es eine »Straße« in einem Center, wo es nur »Fress-Läden« gab. Es war sehr interessant, das alles anzusehen. Natürlich waren da auch einige Gerüche, die mir nicht so gefielen.

An der Straße war ein kleiner Park, der aus kaskadenförmig angelegten Sitzgelegenheiten bestand. Sah toll aus, zwischendurch immer wieder Pflanzen. Vielleicht hat die Straße sogar hiernach ihren Namen.

Wir sind dann in ein Einkaufs-Center gegangen. Das bestand aus vier Ebenen, in denen einzelne Läden untergebracht waren. Es gab hier viel Glas und blank geputztes, wunderschön glänzendes Messing. Im Erdgeschoss waren sehr viele Garküchen mit tollen Gerichten. Dort haben wir auch etwas gegessen.

Beim weiteren Erkunden der Stadt sind wir durch die Straßen gelaufen und haben auch noch Denny's entdeckt, wo wir in den Staaten so gerne gegessen hatten. Den gab es also auch hier.

Als wir durch ein Kaufhaus gingen, standen wir plötzlich in einem Hotel. Wir konnten von oben in die Empfangshalle gucken, die in einem dunklen Holz gehalten war. Durch das gedämpfte Licht sah es sehr gemütlich aus.

Wir sind nach einem Drink im PLANET HOLLYWOOD noch weitergegangen bis zur Seilbahn, die zur Insel Sentosa führte. Leider konnten wir aus Zeitmangel nicht rüberfahren. Außerdem hat es jetzt geregnet. Wir konnten von hier aber trotzdem einen Blick auf Singapur werfen.

Dann sind wir durch Chinatown gefahren und hatten ein wenig Zeit, um uns die Läden anzusehen. Hier gab es sehr viele Gewürze. Die losen Gewürze wurden in Tonnen und andere in Plastiktüten angeboten.

Endlos viele kleine Geschäfte reihten sich aneinander, die keine Schaufenster hatten, sondern sich in einem länglichen Raum befanden und wo die Waren vom Eingang an bis hinten durch aufgebaut waren. Hier wurde jeder Raum genutzt, es hingen sogar Waren an der Decke und die Wände waren bis oben hin voller Regale.

Etwas gegessen haben wir hier auch. Das mussten wir unbedingt, denn alles, was hier in den Auslagen zu sehen war, kannten wir so in Deutschland nicht.

Als wir noch beim Aussuchen waren, setzte sich ein Mann an einen Tisch, der hatte seine Speise auf einem Blatt. Da ich das noch nie gesehen hatte, bin ich einfach zu ihm hin und habe ihn gefragt, was das sei und ob ich davon ein Foto machen könne. Er war sehr freundlich und hat mir erklärt, dass das Essen auf einem Bananenblatt liege. Ein Foto durfte ich auch machen. Was er gegessen hat, habe ich leider nicht verstanden und nachfragen mochte ich nicht.

Unsere chinesische Fremdenführerin hat uns dann noch alles über die Gewürze erklärt. Auch eine Apotheke hat sie uns gezeigt.

Dann kamen wir zum SRI MARIAMMAN TEMPLE. Der befand sich in der South Bridge Road und war reich verziert und wunderschön. Den durften wir auch besichtigen, mussten allerdings vorher unsere Schuhe ausziehen. Ich hatte mich mal verstohlen umgesehen, als ich extra ganz lange meine Schuhe öffnete, ob vielleicht einer der Herren eine Lüftung in den Socken hatte. Habe aber nichts entdeckt. Innen durften wir keine Aufnahmen machen. Schade. Die Mauer außen um den Tempel war mit großen weißen liegenden Kühen verziert.

Mit dem Bus sind wir dann weitergefahren. Ich habe unterwegs ein Hochhaus entdeckt, an dessen Fenstern lange Stangen, wie Fahnenstangen, herausragten. Diese waren zum Trocknen der Wäsche.

Unser nächster Halt war der NATIONAL ORCHID GARDEN. Es war THE LARGEST ORCHID SHOWCASE IN THE WORLD. Der Park war toll, vor allem für mich, da ich Pflanzen sehr liebe.

Es gab hier Pflanzen, die es in Deutschland nicht gab, auch nicht geben konnte. Das lag am Klima. Ich habe sogar eine Alokasie gesehen. Das war eine Grünpflanze, die ich in Hamburg schon einmal hatte, die aber leider eingegangen war, denn es war ihr bestimmt zu kühl gewesen. Ich hätte stundenlang die Pflanzen ansehen können, aber das ging nicht, denn wir mussten weiter.

Am letzten Abend in Singapur waren wir für einen Abschiedsdrink im CROSSROAD CAFÉ des Marriott Hotels. Das war aufgemacht wie eine Bar, mit einem langen Tresen direkt an der Straße

Anschließend haben wir die letzten Stunden im Hotel verbracht, bis wir für die Fahrt zum Airport abgeholt wurden.

Um 22:10 Uhr ging es – abermals mit Singapore Airlines – nach CAIRNS. Wir hatten gute Plätze, Nr. 43 H und 43 K.

Auf diesem Flug gab es wieder die tollen Speisekarten und folgende Auswahl:

SUPPER, DuckTerrine with pistachio nuts and coleslaw salad, Lamb curry with white beans and pilaff rice oder Brised Oriental fillet of fish »Boon chang« style, Leafy greens with cauliflower and red capsicums, Egg noodles, Cheese and crackers, Seasonal berry strudel with vanilla sauce, Roll and Butter, Coffee – Tea.

Dieses wurde kreiert von Mr. Georges Blanc, Vonnas.

Ich habe wieder Champagner (Piper Heidsiek) getrunken. Gefiel mir sehr gut.

18.07.00

Nach einem ruhigen Flug landeten wir gegen 06:40 Uhr in **CAIRNS**. Abgeholt wurden wir von Frau Ingrid Bernd und waren etwa um 07:30 Uhr im NOVOTEL PALM COVE Resort Hotel. Das Hotel lag wunderschön und wir wurden mit einem Drink begrüßt.

Um ca. 08:00 Uhr waren die Formalitäten erledigt. Ins Zimmer konnten wir aber erst um 14:00 Uhr, weil wir (und alle anderen auch, bis auf ein Paar) nicht gewillt waren, DM 168,00 zu zahlen, damit wir sofort ins Zimmer konnten.

Einige hatten sich auf den Liegen am Pool niedergelassen, aber da ich ja einen kreativen Mann habe, gingen wir los, um uns PALM COVE anzusehen, denn das Hotel war nicht direkt in Cairns.

Es war feuchtwarm, die Sonne knallte schon um diese frühe Zeit auf unsere unbedeckten Köpfe. Wir sind am Strand entlang zum Ortskern gegangen. Wir hatten hier einen herrlichen Panoramablick über die ganze Bucht. Traumhaft schön. Der Ort selbst war klein, mit vielen schönen Geschäften.

Gunter schlug für den Rückweg einen anderen Weg zum Hotel vor. Es ging durch einen Wald und wir kamen an dem hoteleigenen Golfplatz vorbei. Auf diesem Weg lag ein Grundstück, auf dessen Tor war ein Schild mit folgenden Worten angebracht: LIFT KNOB TO OPEN. Den KNOB fand ich ganz witzig.

Als wir wieder im Hotel waren, haben wir Herrn und Frau Meier getroffen und dann zusammen etwas gegessen..

Auch die beiden waren empört über die Verfahrensweise mit der Zimmervergabe. Als wir beim Essen waren, kam einer vom Hotel und hat uns »schon« um 13:00 Uhr unseren Zimmerschlüssel gegeben.

Haben dann Singapur »abgeduscht« und gut 2 ½ Stunden geschlafen, Das hat uns sehr gut getan.

Danach sind wir wieder in den kleinen Ort gegangen und haben in einem Restaurant im 1. Stock etwas gegessen: Scampis mit Knobisauce, Gemüse und Reis. Sehr lecker. Auf dem Rückweg, so gegen 19:00 Uhr, war es schon dunkel. Im Hotel haben wir wieder Meiers getroffen und mit ihnen noch bei einem Cocktail etwas zusammengesessen. Das war sehr nett. Im Bett waren wir ca. 22:30 Uhr.

19.07.00

Heute mussten wir schon um 05:00 Uhr aufstehen, da wir mit dem Schiff zu einer Insel wollten, die »Normanby Island« heißt. Wir konnten sie schon vom Strand aus sehen. Aber vorher wollten wir noch zum GREAT BARRIER REEF. Darauf hatten wir uns schon zu Hause gefreut.

Zuerst haben wir eine Bootsfahrt auf dem MULGRAVE RIVER durch eine wunderschöne Regenwaldlandschaft zu den Frankland-Inseln gemacht. »Unsere« Insel dort hieß NORMANBY ISLAND. Die Insel war wunderschön. Wir haben zuerst mit einigen aus unserer Reisegruppe eine kleine »Begehung« der Insel entlang am Strand gemacht.

Mit einem Glasbodenboot mit einem ganz hohen Ausguck fuhren wir zum BARRIER REEF. Wir mussten in den Rumpf krabbeln und quer zur Fahrtrichtung sitzen. Hier war mir auf einem Boot zum ersten Mal richtig schlecht. Das lag daran, dass das Boot öfter auf der Stelle dümpelte, damit wir die Aussicht auf die einzige Schildkröte und wunderschöne Fische genießen konnten. Es war wunderschön.

Um wieder zur NOMANBY ISLAND zu gelangen, mussten wir auf

einen Katamaran umsteigen, da der keinen Tiefgang hat und das Wasser vor der Insel sehr flach ist. Wir mussten aber trotzdem noch ein Stück durch das Wasser, sodass meine Hose, obwohl ich diese bis zum Knie hochgekrempelt hatte, ganz nass wurde. Da es eine Crinklehose war, sah sie dann im trockenen Zustand furchtbar aus.

Auf der Insel konnte gebadet werden. Jeder konnte machen, was er wollte. Wir haben mit Meiers ein schattiges Plätzchen unter einer großen Palme gefunden. Die beiden sind geschwommen, Gunter ist spazieren gegangen und ich habe auf die Sachen aufgepasst. Auch gut.

Dann erwartete uns am Strand ein Mittagsbuffet. Es wurde von der Crew des Schiffes aufgebaut. Ganz toll, mit Porzellantellern, richtigem Besteck und Weingläsern. Es gab Würstchen, Rindfleisch, Schweinefleisch und Putenfleisch, alles gegrillt. Außerdem konnten wir wählen unter Hähnchenspieß, gebratenem Fisch und Steak. Dazu gab es Wein aus einem silberfarbenen gekühlten »Sack«. Wirklich, der wurde aus einem Sack direkt in die Gläser gefüllt. Aber geschmeckt hat er trotzdem.

Nach dem vorzüglichen Essen haben wir einen Rundgang um die Insel gemacht. Die Baumwurzeln lagen hier kreuz und quer vor den Bäumen. Einige hatten an den freischwebenden Wurzeln wieder hängende Wurzeln gebildet. Das war sehr interessant. Gunter hat eine Riesenmuschel am Strand gefunden. Leider durften wir diese nicht mitnehmen. Die wäre ganz toll auf unserer Fensterbank zur Geltung gekommen. Schade. Außerdem habe ich hier zum ersten Mal eine Seegurke gesehen. Die war vielleicht hässlich!

Da alles Schöne auch mal ein Ende hatte, mussten wir wieder zurück mit dem schönen weißen Schiff und wieder wurde meine Hose nass. Tee und Kaffee wurde dort gratis ausgeschenkt. Während der Fahrt konnten wir in der Ferne einen Waldbrand sehen. Riesige Rauchschwaden haben uns darauf aufmerksam gemacht.

Es dämmerte schon, als wir in den Hafen von Cairns einliefen.

20.07.00

Heute konnten wir »fakultativ«, wie auch schon gestern die Bootsfahrt, mit einer alten Minenbahn nach KURANDA fahren, in das Hinterland von Cairns. Das haben wir gemacht und auch das Museum der Bahnstation Cairns besichtigt. Die Bahn nannte sich KURANDA SCENIC RAIL und hatte auf einer Seite wunderschöne Bänke, bezogen mit rotbraunem Leder. Diese waren jeweils für mindestens vier Personen.

Wir sind durch eine landschaftlich wunderschöne Gegend gefahren, vorbei an Schluchten und kleinen Wasserfällen. Die Aussicht war streckenweise ganz wunderbar. In BARRON FALLS haben wir Station gemacht. Hier floss auch der gleichnamige Fluss.

Dann ging es weiter zur KURANDA RAILWAY STATION. Dort war für uns Endstation. Hier an der Bahnstation habe ich einen Weihnachtsstern entdeckt, und zwar als Busch! Das sah so toll aus.

Der Ort KURANDA befand sich bei der Skyrail Station. Das Ortszentrum lag 400 Meter bergan von der Station entfernt. Wir haben uns dann ein wenig die Gegend angesehen und in einem Garten über einer Leine Kängurufelle hängen sehen.

Im KURANDA RAINFOREST VIEW RESTAURANT haben wir nach hinten raus auf einem großen Holzbalkon zum Regenwald hin gesessen und ich habe dort ein Croissant mit Käse und Schinken gegessen.

An einem Fußgängerüberweg stand ein gelbes, auf dem Kopf stehendes Schild, quadratisch, , oben mit einem Pfeil in Richtung Himmel und darunter ein Kreis mit zwei Beinen und Füßen dran. Sah schon komisch aus.

Wir mussten bis zur SKYRAIL, auf die ich mich schon sehr gefreut hatte, noch ein Stückchen gehen. Endlich hatten wir es geschafft und konnten in die kleine grüne Gondel klettern. Es passten nur vier Leute hinein, wo sich zwei gegenübersitzen. Während des Einsteigens fuhr die Gondel ganz langsam weiter. Wir haben es aber alle geschafft, gut und vor allem rechtzeitig in die Gondel zu kommen. Während der Fahrt hatten wir einen wunderschönen Blick in den Regenwald. Laut Prospekt sollte es das »schönste Regenwalderlebnis der Welt« sein. Da dies der erste Regenwald war, den wir von oben sehen und bei dem wir manchmal auch die Wipfel gestreift haben, konnte ich das nicht beurteilen. Aber es war wunderschön.

Die Tragpfeiler für die Skyrail waren von Hubschraubern an ihren Standort gehoben worden, um einen störenden Eingriff in den Regenwald zu vermeiden. So hatten für den Bau der Skyrail keine Bäume gefällt werden müssen. Das wurde uns jedenfalls erzählt.

Die Strecke der Seilbahn war 7,5 km lang und wurde von 114 Gondeln befahren. Der höchste Tragpfeiler war ein Turm mit 40,5 m Höhe. Wir hatten wirklich eine wunderbare Sicht und ich habe viele Fotos gemacht.

Wir mussten einmal umsteigen, um wieder nach Cairns zu kommen. Endstation war CARAVONICA TERMINAL. Dort habe ich mir eine gekauft. Sie hatte ein dunkelgrünes Plastikarmband und auch ein dunkelgrünes Gehäuse. Der Sekundenzeiger war eine grüne kleine Gondel. Die war wunderschön und ein tolles Andenken an die Fahrt über und durch den Regenwald.

Unser Ziel jetzt war die TJAPUKAI ART GALLERY. Die Eingangshalle hatte einen sehr interessanten Fußboden: Hier waren in drei verschiedenen Farben, und zwar sandfarben, ein helles Braun und so eine Art Natogrün, Echsen von oben gesehen in den Boden eingelegt. Die Echsen lagen so zusammen, dass es keinen Zwischenraum gab. Interessant gemacht.

Die Gallery hatte überdachte Sitzreihen. Davor war unter freiem Himmel eine Art Bühne. Dort waren später tanzende und musizierende Aborigines zu sehen. Diese Veranstaltung war ein bisschen langweilig, aber als diese zu Ende war, wurden die Aborigines ganz rege, denn sie wollten uns viel verkaufen. Anschließend konnten wir noch Pfeile werfen und mit dem Bumerang unser Glück versuchen. Gunters kam zurück, meiner nicht.

Wir sind dann mit dem Bus ins Hotel zurückgefahren und haben von dort aus noch einen Spaziergang gemacht. Auf dem Weg haben wir eine Flaschenpalme gesehen. Der untere Teil des Stammes sieht wirklich aus wie eine Flasche.

In dem Ort haben wir bei GILLGENS Fisch gegessen. Das war ein BA-

RAMUNDI und war ganz köstlich. Er wurde serviert auf einem großen quadratischen Teller mit Kartoffeln und grünen Bohnen. Die Kartoffeln waren »schick in Schale«, d. h. die Pelle war noch dran. Das mag ich nicht so sehr.

Da hier Winterzeit war, wurde auch geheizt, und zwar mit einem Ofen, der ausssah wie eine große bauchige Vase. Vorne war ein Loch zum Feuermachen. Und das bei 23 Grad!!

Abends haben wir dann noch auf der zu unserem Zimmer gehörenden Terrasse gesessen. Der Blick ging auf den Pool. Aber dort war nun keiner mehr und es war wunderbar ruhig.

In unserer Minibar war unter anderem auch eine ganz kleine Flasche Gordons Gin, mit der ich mich hätte anfreunden können, aber der Preis betrug 8,00 australische Dollar (ca. DM 9,84),. Obwohl ich nicht geizig war, war mir das zu viel. Nun musste sie bleiben, wo sie war.

22.07.00

Heute haben wir einen Zoo besucht, der nannte sich WILDWORLD – THE TROPICAL ZOO. Dort waren Koalas, Echsen und anderes Getier.

Am besten hat mir HARRY gefallen. Das war ein Koala, den ich auf dem Arm hatte. Er hatte ein weiches Kuschelfell und war sooo süß!! Angst hatte ich nicht, aber er hat mich mit seinen kleinen Krallen schon ein bisschen gepiekst.

Kängurus haben wir auch gesehen, kleine und große. Die haben wir sogar füttern dürfen. Ich habe zwei schöne Fotos gemacht, wo man die Kängurukinder im Beutel der Mama sehen konnte. Ein Albino-Känguru gab es dort auch. Dann ging es zu den Krokodilen, die ganz schön furchterregend aussahen. Dingos, die aussehen wie Füchse, konnten wir auch sehen.

Wir sind dann von Cairns nach DARWIN mit einer kleinen viermotorigen Maschine von ANSETT AUSTRALIA geflogen. Dazu mussten wir auf das Rollfeld gehen, denn der Flugplatz war sehr klein. Wir hatten einen herrlichen Blick auf Cairns.

Bei einer nicht geplanten Zwischenlandung in GOVE, wo der Pilot etwas abholen sollte, konnte ich das Cockpit fotografieren. Natürlich habe ich vorher den Piloten gefragt, der hat nur gesagt: »No problem«.

In DARWIN war es auch feucht und heiß. Dort haben wir im CENTRA DARWIN gewohnt und auch hier hatten wir wieder ein sehr schönes Zimmer.

23.07.00

Heute sind wir in den **KAKADU NATIONAL PARK** gefahren. Hier gab es viel zu sehen, u. a. Zeichnungen der Aborigines an Felswänden. Ein Ranger ist uns auch begegnet.

Gegen Abend wurden wir zur **GAGUDJU LODGE COOINDA** gefahren. Dort hatten wir ein schönes Zimmer zu ebener Erde. Vor unserem Eingang lag ein großer Waran. Natürlich bin ich näher rangegangen, um ihn zu fotografieren, obwohl diese Viecher sehr gefährlich waren. Die großen von ihnen könnten mit ihrer Kralle einen Menschen aufschlitzen. Gut, dass ich das nicht vorher gewusst habe.

Abends haben wir dann im Rorke's Drift gegessen.

24.07.00

Am nächsten Morgen gab es ein gutes Frühstück: 2 Spiegeleier, Würstchen, Bacon und Pancakes. Lecker.

Nach dem Frühstück sind wir zum Anleger für eine Bootsfahrt durch das **VELLOW WATER** gefahren. Es war ein flaches Boot mit Plane. Wir haben an den Ufern viele Krokodile gesehen, zum Teil waren sie einige Meter lang. Viele Mangroven konnten wir bestaunen.

25.07.00

Heute um 15:30 Uhr sind wir mit ANSETT AUSTRALIA nach **ALICE SPRINGS** geflogen, wo wir um ca. 17:25 Uhr gelandet sind. Alice Springs lag in der Mitte vom NICHTS.

Hier haben wir im Hotel ALICE SPRINGS VISTA HOTEL ein schönes Zimmer bezogen. Dieses hatte einen Raum mit zwei Betten und noch einen Raum mit einem Bett. Die Wände waren aus rotem Ziegel.

Auf unserem Spaziergang haben wir im Stadtkern einige Aborigines gesehen. Sie waren zum größten Teil zerlumpt und häufig auch betrunken. Sie lagen auf den Wiesen bzw. Bänken. Sie konnten einem leidtun. Seit 1976 waren die Aborigines gleichberechtigt.

26.07.00

Um 08:45 Uhr sind wir mit dem Bus der DOWN UNDER TOURS zu der OLD TELEGRAPH STATION gefahren, um diese zu besichtigen.

Dann ging es weiter zur **SCHOOL OF THE AIR**. Diese Schule wurde 1951 als erste Funkschule in Australien gegründet und bedient ein Einzugsgebiet von 1,3 Millionen Quadratkilometern bis nach Queensland, Süd- und West-Australien. Es nehmen pro Schuljahr ca. 140 Schüler im Alter von 4 ½ (Vorschule) bis 12/13 Jahren am Unterricht teil. Diese werden von 14 Lehrern unterrichtet. Die Klassen haben 8 bis 18 Schüler. Die Kosten für diese Schule sind ungefähr doppelt so hoch wie die einer städtischen Schule. Die Finanzierung erfolgt immr durch das Erziehungsministerium NT (Northern Territorium). Geräte und Schulmaterial stellt die Schule. Die Eltern können Funkgeräte, Fernseh- und Videogeräte, Kassettenrekorder und tragbare Computer von der Schule leihen. Die Kosten dafür betrugen damals A$ 550,00 (ca. DM 667,00) pro Jahr. Die Schule s sendet über Kurzwelle über eine eigene Frequenz. Die Eltern zahlten für die ersten beiden Kinder jeweils A$ 580,00(ca. DM 713,00) pro Jahr und für das dritte und vierte Kind jeweils A$ 560,00(ca. DM 629,00) pro Jahr. Über 1 000 km weit weg wohnte der am weitesten von der Schule entfernte Schüler. Die Kinder verbrachten bis zu einer halben Stunde täglich am Radio. Außerdem gab der Lehrer noch zehn Minuten Privatunterricht pro Woche für jeden einzelnen Schüler.

Dann sind wir weitergefahren zum **ROYAL FLYING DOCTOR SERVICE**. Der erste Stützpunkt des Flying Doctor Service wurde 1928 in

Cloncurry/Queensland eingerichtet. Der Stützpunkt in ALICE SPRINGS wurde 1939 auf Betreiben des Landfrauenverbandes als Tribut an die Pionierfrauen im Outback und zur Feier ihres 100. Geburtstages gebaut und eröffnet. Zusammen mit den Stützpunkten in Port Augusta, Yulara und Adelaide bildete der Flying Doctor Service in Alice Springs die Zentralsektion des Königlichen Fliegenden Doktor-Dienstes. Dieser betreute ein Gebiet von 1 1/4 Millionen km mit einem Radius von 600 km von Alice Springs aus. Hier lebten ca. 16 000 Menschen, 90 % von ihnen waren Ureinwohner. Das medizinische Team bestand aus sechs Ärzten, von denen fünf beim Gesundheitsdienst des Nordterritoriums angestellt waren, und sechs Flugkrankenschwestern. Von Alice Springs aus wurden zwei einmotorige Pilatus PC-12 Flugzeuge und eine Beechcraft King Air, die von sechs Piloten geflogen und von drei Ingenieuren gewartet wurden, eingesetzt. Die laufenden Unterhaltskosten des Flying Doctor Service wurden durch Zuschüsse des Bundes und der Regierung des Territoriums finanziert. Kosten für den Ersatz von Ausrüstungsgegenständen oder von medizinischen Geräten musste der Flying Doctor Service selbst decken. Deshalb war der Flying Doctor Service in starkem Maße auf öffentliche Spenden und andere Aktivitäten wie das Besucherzentrum und das Café angewiesen. In einem Laden wurde eine große Auswahl an qualitativ hochwertigen Geschenken angeboten. Der Erlös hieraus trug dazu bei, dass der Flying Doctor Service auch weiterhin fliegen konnte. Ich habe dort ein Lineal und einen Kühlschrankmagnet gekauft.

In einem urigen Lokal, dem SCOTTYS TAVERN UND ALICES RESTAURANT, haben wir etwas getrunken. Dann haben wir noch den ALICE SPRINGS DESERT PARK besucht. Dort haben wir viele Eukalyptusbäume gesehen. Hier laufen Kängurus und andere Tiere frei herum.

Außerdem haben wir eine Rinderfarm gesehen, die 6 700 qkm groß war. Die Rinder brauchten alle drei Tage Wasser. Die Tiere wurden verkauft, wenn sie drei bis vier Jahre alt waren, und in Adelaide geschlachtet.

Wenn im Outback einer von seinem geplanten Weg abfuhr, musste er jemandem Bescheid geben, wann er wo sein würde. Wenn er dort nicht zu dieser Zeit ankam, wurde er mit dem Hubschrauber gesucht.

Wir sind dann wieder zum Hotel gefahren.

27.07.00

Um 08:00 Uhr sind wir mit dem Bus zum **AYERS ROCK** gefahren. Die Fahrt hat ca. neun Stunden gedauert und war sehr interessant.

Die **OLGAS**, eine Gruppe von »Steinen«, ebenso rot wie der Ayers Rock, haben wir fast umrundet.

Während einer Fahrtunterbrechung hatte ich die Gelegenheit, in FULLERTON für A$ 4,00 (ca. DM 4,90)) auf einem Kamel zu reiten. Andrea, die zu unserer Gruppe gehörte, hat gesagt: »Nur eine mutige Person.« Das war ich. Es war wunderschön und Angst hatte ich nicht.

Danach machten wir einen Fotostopp am MT. CONNER.

Am Abend waren wir am Ayers Rock, gerade rechtzeitig zum Sonnenuntergang. Es war ein wunderbarer Augenblick, den wir mit einem Glas Champagner genießen konnten. Der Koloss war erst blassrosa, dann etwas mehr rot und nach Sonnenuntergang war er richtig dunkel. Ganz toll. Der Ayers Rock hat eine Höhe von ca. 380 m. Er soll aber noch etwa siebenmal so tief nach innen gehen.

Eine Pause haben wir im Mr. Ebenezer Roadhouse N.T. gemacht. Hier waren wir in den **EMU WALK APARTMENTS** untergebracht. Unser Zimmer lag zu ebener Erde und war wieder sehr schön. Wir hatten ein Ess- und ein Schlafzimmer.

Gunter ist dann mal ins Bad gegangen. Plötzlich hörte ich ihn dort toben, obwohl er sonst immer ganz ruhig pinkelte. Er sprang hin und her. Er hatte eine riesige Spinne entdeckt und versuchte, sie tot zu treten. Das ist Gunter auch gelungen. Diesen Vorfall hat er dem Reiseleiter mitgeteilt und dieser hat es der Hotelleitung gemeldet. Es handelte sich nämlich um eine Giftspinne. Im Nachhinein wurde Gunter doch noch etwas blass. Es handelte sich um eine Red Back Spider.

28.07.00

Heute sind wir um 05:45 Uhr mit SUNRISE TOURS auf dem Lasseter Highway zum Ayers Rock gefahren, um dort den Sonnenaufgang zu sehen. Wir mussten 264 km fahren. Um 07:13 Uhr war es soweit. Er leuchtete herrlich in der Sonne.

Nachdem wir den Anblick genossen hatten, gingen wir um den Ayers Rock herum. Dann wurde gefragt, wer auf den Koloss steigen wolle. Die Ureinwohner sahen es nicht gerne, wenn der Ayers Rock bestiegen wurde. Für sie war der Berg ein Heiligtum. Es haben sich ein Ehepaar sowie Gunter und Thomas (15 Jahre) für die Besteigung gemeldet. Das Ehepaar hat nach kurzer Zeit aufgegeben, Gunter und Thomas sind dann aufgestiegen.

Gunter hat später berichtet:

»Die ersten 40 m auf festem Felsen führten freihändig zu einer an zahlreichen Pfählen befestigten Kette. Es war so, als ob man immer Klimmzüge macht. Wenn man nach hinten geguckt hat, ging es teilweise so steil bergab, dass man die Köpfe der nachfolgenden Personen einer anderen Gruppe nicht mehr sehen konnte. Sie verschwanden einfach hinter dem Felsrücken. Mir pfiff ganz schön der Atem, aber wir erreichten den ersten und auch größten Abschnitt und hatten dort einen fantastischen Blick über das gesamte Umland. Schon dieser Weg hat sich gelohnt. Danach ging es weiter. Es war nicht mehr so steil, aber nichts für jemanden, der nicht schwindelfrei ist. Von der erwähnten Anhöhe ging es ohne Hilfsmittel (Kette, Geländer etc.) auf einem weiß markierten ca. 50 cm breiten Pfad nach oben. Links und rechts ging es etwa 50 m nach unten. Ich konzentrierte mich nur auf den Weg und ging, den Blick ausschließlich auf den Boden gerichtet, weiter. Innerhalb dieses Bergpfads ging es auch rauf und runter und nach guten weiteren 20 Minuten erreichten wir den Endpunkt, dargestellt durch einen Kompass. Wir hatten es geschafft! Der Blick entschädigte für alle Mühen. Hier oben blies ein sehr kalter Wind. Wir genossen den Ausblick und machten uns wieder an den Abstieg. Der war, zumindest bis zur Kette, noch anstrengender, denn jetzt konnte man die Tiefen noch viel besser sehen. Der einzige Gedanke war wirklich nur: nicht ausrutschen oder stolpern. Aber auch dieses schafften wir und waren danach sehr stolz.«

Während Gunter auf den Ayers Rock kraxelte, habe ich mit den anderen gewartet. Einer von ihnen hatte ein Fernrohr dabei und ließ mich meinen Mann suchen. Ich habe ihn auch gesehen und das, was ich sah, trieb mir den Angstschweiß auf die Stirn: Gunter kam ganz gebeugt und ganz langsam rückwärts runtergekrabbelt. Ist aber alles gut gegangen.

Wir sind dann um 13:15 Uhr mit ANSETT AUSTRALIA nach **SYD-NEY** geflogen. Den Ayers Rock konnten wir noch einmal aus dem Flieger sehen. Er lag mitten in der Gegend, von der es sehr viel gab, und sah umwerfend aus.

In **SYDNEY** waren wir um 16:40 Uhr. Unser Hotel war das »The Sydney Boulevard« und lag sehr zentral. Auch hier war das Zimmer wieder sehr schön.Wir haben uns ein wenig frisch gemacht und sind dann mit Meiers essen gegangen. Ausgesucht haben wir uns ein nettes Lokal, in dem es auch »Schnitzels« für A$ 12,00 (ca. DM 4,90) gab. Am Fenster dieses Lokals stand »BYO«. Das hieß BRING YOUR OWN und bedeutete, dass wir unsere Getränke selbst mitbringen mussten. Die Gläser wurden allerdings gestellt. Unsere Getränke hatten wir in einem Bottle Shop gekauft.

Da das Lokal gut gefüllt war, mussten wir draußen sitzen. Da es sehr kalt war, habe ich uns von einem nahen Papiercontainer Pappen besorgt, auf denen wir sitzen konnten. Auf den Pappen stand »Mushrooms«.

29.07.00

Auf dem Plan stand eine Stadtrundfahrt, ein »Half Day Sydney Sights«. Unsere Reiseleiterin vermittelte uns den Eindruck, als seien wir ihr lästig und dass sie das Ganze so schnell wie möglich hinter sich bringen wollte. Ich glaube, sie hat auch von uns kein Trinkgeld erhalten. Es war einfach nicht verdient. Aber wir hatten hier in Sydney sehr viel Freizeit, sodass wir sie nicht übermäßig viel gesehen haben.

Wir haben den Fernsehturm, die Oper und die Harbour-Bridge schon von Weitem gesehen. Erblickt haben wir auch den Bondi-Beach, Darling Harbour und die Bank von Mrs. Macquarie. Diese Dame war mit einem Seemann verheiratet gewesen und hatte, wenn er heimkommen sollte, immer auf dieser Bank auf ihn gewartet. So die Sage. Auf dieser Bank haben wir auch gesessen.

In unserer Freizeit haben wir die Stadt auf eigene Faust erkundet: Wir sind über die Harbour-Bridge gegangen und haben von der Mitte aus wunderschöne Fotos in Richtung Stadt und Wasser gemacht. Für das Bridge-Climbing hätten wir uns anmelden müssen. Außerdem sollte das vier Stunden dauern und fotografieren dürften wir dort auch nicht. Ich hätte es gerne gemacht. Die Brücke wurde 1932 vollendet. Sie hat acht Fahrbahnen, zwei Gleise für die Eisenbahn, Fußgänger und Radwege.

Wir sind auf dem 333 m hohen Fernsehturm, dem AMP Tower, gewesen und hatten einen herrlichen Blick. Der Eintritt betrug A$ 16,50 (ca. DM 21,00) pro Person.

Dann sind wir mit der Monorail gefahren. Das war eine ganz schmale Bahn, die auf einer Schiene fuhr. Sie bestand aus einzelnen kleinen Waggons und jeder Waggon hatte acht Sitzplätze. Es wurde dort nicht kontrolliert und so konnten wir ungehindert viele Stationen fahren und die Stadt »von oben« sehen. Es war wunderschön. Außerdem konnten wir hier von oben ausmachen, was wir noch sehen wollten.

Danach haben wir uns die »Rocks« angesehen, den Ursprung Sydneys. Die »Rocks« wurden 1788 besiedelt. Hier waren urige Pubs und sehr viele Stände, die unter einer festen Bedachung, die aussah wie lauter Schirme, wo die Leute alles Mögliche verkauften.

Sehenswert waren auch die vielen Wolkenkratzer, keiner unter 30 Etagen, in außergewöhnlichen Formen, mal spitz zulaufend, mal ganz schmal und furchtbar hoch.

Vor dem SIDNEY HOSPITAL stand eine Skulptur. Ich meine, es war ein Wildschwein in einem Brunnen. Die Sage erzählte, dass das Einwerfen einer Münze und das Streicheln des Mauls einen Wunsch erfüllen würde. Hat nicht so richtig geklappt.

Nun hatten wir uns eine Stärkung verdient und haben uns in den ROCKS in einem Irish Pub – mit Live-Musik – ein dunkles Bier gegönnt.

30.07.00

Heute haben wir eine Hafenrundfahrt mit »Captain Cook Cruises« gemacht. Wir hatten auf dem Achterdeck einen schönen Tisch mit Meiers zusammen. Wir sind an vielen schönen Örtlichkeiten vorbeigefahren. Unter anderem auch an Doublebay, was auch Doublepay genannt wird, weil das Wohnen dort unglaublich teuer war. Gesehen haben wir hier kleine rote Hafentaxis. Die hatten wir noch in keinem Hafen gesehen.

Danach haben wir die berühmte Oper besichtigt. Sie wurde designed by the Danish Architekt Joern Utzon. Mit dem Bau wurde 1959 begonnen, vollendet wurde er 1973, finanziert »by a Serie of lotteries«. Von dem Inneren der Oper waren wir sehr enttäuscht. Von außen architektonisch ganz toll, aber innen wurde wohl an allem gespart: einfaches Gestühl, rot, kleine Konzerträume. Ich konnte mir nicht verkneifen, von den Toiletten ein Foto zu machen, sowas von einfach und billig aussehend. Dafür war wohl kein Geld mehr übrig gewesen. Man könnte es mit einem Bahnhofsklo vergleichen.

Dann haben wir das Aquarium in Darling Harbour besichtigt.

Abends hatten wir ein Abschiedsessen mit den Meiers. Ich hatte ein Steak, Champignons, Pommes, kleine Maiskolben, Wurzeln und drei große gebackene Zwiebelringe.

31.07.00

Heute flogen wir zurück nach Hause. Um 12:35 Uhr haben wir ausgecheckt. Stand auf der Rechnung. Wir hatten noch Zeit und ich habe auf dem Flughafen unsere letzten Dollar ausgegeben, was gar nicht so einfach war. Gunter hat einige Bloody Mary getrunken. Boardingtime war 14:50 Uhr. Wir sind um 15:50 Uhr mit Singapore Airlines nach Singapur geflogen und hatten einen zauberhaften Blick auf Sydney. Auch auf diesem Flug hatten wir wieder eine Menükarte. Es gab als Dinner Smoked fish with lemon and onion salad, smoked Ham and leek isotte Cakes with aioli sauce, Stir fried chicken with allawara plum und sweet Chili Sauce, seasonal vegetables, staemed rite, Cheese and Crackers, Ice cream, Roll and Butter, Coffee and Tea. Als Zwischenmahlzeit gab es Vegetable Pizza, Braised rite vermicelli with Chicken, Chinese Mushrooms and leafy greis. Coffee and Tea.

In Singapur landeten wir um 21:50 Uhr und um 23:50 Uhr ging es, wieder mit Singapore Airlines, weiter nach Frankfurt. Hier hatten wir ebenfalls eine Menükarte. Ich habe dort Roast peppered chicken with gravy potato wedges und Vegetables gewählt. In Frankfurt sind wir am **01.08.00** um 06:30 Uhr gelandet. Ab Frankfurt ging es um 08:20 Uhr weiter nach Hamburg, wo wir um 09:20 Uhr landeten. Hier wurden wir von unserer Freudin Katja und Gunters Schwester Gitta abgeholt. Mit den beiden sind wir dann noch zum Brunch ins Restaurant RED WINGS im Flughafen gegangen.

Katja hat uns mit unserem Gepäck nach Hause gefahren. Dort hat uns ein Willkommensgruß in Form einer Postkarte vom First-Reisebüro erwartet. Ich habe meine 21 Filme für DM 474,29 zum Entwickeln gebracht.

3. Kalifornien – Oregon – Nevada

14.07.01

Nun war es endlich so weit, die schönste Zeit des Jahres!! Unser U r -
l a u b !!

Schon Wochen vorher hatte ich begonnen, den großen Esstisch mit Dingen zu bepflastern, die mir spontan zum Mitnehmen eingefallen waren.

Natürlich war ich wieder aufgeregt, wie jedes Jahr, wenn so ein langer
Flug anstand. Gunter hatte Sekt besorgt, wie jedes Jahr! Das machte müde.

Das Taxi hatten wir früh bestellt, sodass wir auch recht früh am Flugplatz waren. Das war sehr gut, denn wir haben auch auf diesem kurzen
Flug die Plätze am Notausgang bekommen, weil Gunter doch so lang
ist! Gestartet sind wir um eine Viertelstunde verspätet. Das machte aber
nichts, da wir in Frankfurt genug Zeit zum Umsteigen hatten. Der Flug
war ruhig. Ein Glück.

Nachdem wir – Gott sei dank ohne die schweren Koffer – den ganzen
Frankfurter Flughafen durchquert hatten, um an unser Gate zu kommen,
mussten wir noch bis zur Boardingtime warten. Die war um 09:20 Uhr.
Aber auch die Zeit ging vorbei und wir waren endlich im Jumbo. Unsere
Plätze waren vom Reisebüro schon im Januar gebucht worden, sodass wir
auch hier wieder das ganz große Glück hatten, am Notausgang zu sitzen,
gegenüber vom WC. Nach dem Start, der immer wieder toll war, habe ich
Orangensaft und Gin Tonic getrunken, Gunter hielt sich an Whisky und
Bier. Es war schön, wieder zu fliegen. Besonders, wenn man einen so tollen Platz hatte wie wir. Allerdings waren schräg neben uns die Toiletten,
vier an der Zahl, aber das machte uns nichts aus. Uns trafen zahlreiche

neidische Blicke, denn ich hatte die Füße auf meinem Kosmetikkoffer und Gunter hatte sich den gegenüberliegenden Sitz, der für die Stewardessen beim Starten und Landen bestimmt war, heruntergeklappt und lag nun fast. Ein so fantastischer Platz!

Mittags gab es Chicken Piccata, vorher Shrimps auf Salatblättern, Dressing extra (was mir sehr recht war), ein Brötchen, Butter, Nachtisch und Rotwein, Cognac oder Baileys. Kaffee oder Tee, Wasser oder Saft und Kekse mit Schokolade gab es zwischendurch. Der Flug war immer noch wunderbar ruhig. Das WC wurde heftig frequentiert. Wenn dort zu viele warteten, haben manche versucht, in die Lücke zwischen Notausgang und Gunters Beine zu gelangen. Allerdings mussten sie dann über Gunters Beine steigen. Oft ist es nicht gelungen. So verging die Zeit bis zum Abendessen: Tortellini mit Mozzarella, ein Brötchen, Butter, Tatar mit Kräutern, Käse, und, ein Stück Apfelkuchen

Gelandet in SAN FRANCISCO sind wir gegen 13:00 Uhr. Für die Abfertigung zur Einreise brauchten wir über eine Stunde und wir standen in einer Schlange von unübersehbarer Länge. Schrittweise ging es voran. Die persönliche Abfertigung ging sehr zügig, auch der Zoll hatte ein Einsehen mit uns und hat nicht kontrolliert. Außerhalb des Flugplatzgebäudes haben wir nach einem Shuttle zur Autovermietung ALAMO gesucht. Es war dort alles riesig groß und verlaufen konnte man sich allemal. Aber nicht mit Gunter, der fand alles. Es gab einige Bussteige dort. Diese Busse fuhren alle zu diversen Autovermietungen. Unser Shuttle wurde von einer resoluten Frau gesteuert. Sie hatte das Auto aber gut im Griff. Die Fahrt dauerte ziemlich lange, und als wir vor dem Gebäude standen, wo wir unser Auto abholen sollten, hat Gunter mich unten mit unseren schweren Koffern und dem Handgepäck deponiert und ist auf die Suche gegangen. Nach einer ganzen Weile kam er mit den Autopapieren zurück und wir mussten in die 4. Etage. Unser Auto stand dort auf Platz F 19. Es war ein **weißer Chevrolet Malibu**, Kennzeichen 4 SAX 774. Ein sehr schönes Auto, sogar unsere beiden großen Koffer passten aufeinander in den Kofferraum. Dieses Auto hatten wir für den ganzen Urlaub.

Dann fuhren wir los. Gunter konnte gleich toll mit dem Wagen fahren, denn immerhin war er ja neu für ihn. Nun wollten wir zum TRAVE-LODGE, unserem Hotel, das Mike, Gunters Sohn, für uns über seinen Computer gebucht hatte. Es lag in der Market Street mitten in San Francisco. Inzwischen war es ca. 15:00 Uhr. Wir fuhren über nicht hinreichend ausgeschilderte Straßen, wo man nicht wieder herunterkam, hat man sich einmal verfahren. Das haben wir dann auch reichlich gemacht. Wir haben San Francisco gesucht und doch n i c h t gefunden. Wenn wir den Highway 101 endlich hatten, haben wir uns gefreut, sind ein Stück gefahren und plötzlich war die 101 zwei Spuren weiter rechts. Es war schon verflixt und völlig verwirrend. Irgendwie hat Gunter dann unser Motel doch gefunden. Es lag natürlich auf der anderen Straßenseite, sodass wir die Straße, die ziemlich lang war, erst bis zum Ende fahren mussten, um umzukehren. Irgendwann hatte Gunter die Nase voll und hat mitten auf der Straße einen U-Turn gemacht.

Von außen machte das Motel einen guten Eindruck, von innen war es ein wenig alt, aber sauber. Müde war ich, unendlich müde und auch so kaputt. Immerhin waren wir nun schon gut 20 Stunden auf den Beinen. Aber jetzt zu schlafen wäre ja sträflich gewesen. Erstens kann man dann nachts nicht mehr schlafen und zweitens haben wir so noch was vom Tag. So sind wir dann raus und wollten etwas essen. Hier habe ich den ersten Eindruck von San Francisco bekommen: es war schmutzig, überall Bettler mit ihrer Habe und viel viel Dreck.

Im ROUTE 101 haben wir ein Bier getrunken, gezapft in flotten sieben Sekunden. Es war herrlich kalt! Dann sind wir weitergelaufen, fast wie aufgezogen, weil hundemüde und allmählich auch hungrig, zumindest ich, und haben nach längerem Laufen dann in der Ellis Street das RACHA CAFÉ gefunden. BEST OF THAI FOOD stand auf der Karte, das gefiel uns sehr gut. Gunter hat sich eine Komposition aus Meeresfrüchten bestellt, die bestand aus Fisch, Muscheln, Tintenfisch, Garnelen, Pilzen und Knobi. Ich habe Schweinefleisch mit Garnelen bestellt. Es waren viele Garnelen und das Essen war wunderbar. Dazu gab es ein Bier. Anschließend sind wir wieder ins Motel gegangen. Es war schon schummrig und ein wenig unheimlich wegen der vielen merkwürdigen Gestalten, die um uns herum gingen und auch lagen.

15.07.01

Am nächsten Morgen sind wir zur FISHERMANS WHARF gegangen. Dort war alles aus Holz, die Stege und auch die Häuser. Gunters Erzählungen hatten mich schon unheimlich neugierig gemacht, gewisse Vorstellungen hatte ich natürlich auch, und ich war nun sehr gespannt, was mich erwartete. Meine Erwartungen wurden bei Weitem übertroffen. Dort waren Geschäfte und noch mal Geschäfte, unten und oben. Natürlich musste ich sie alle sehen, sehr zu Gunters Leidwesen. Aber damit hätte er rechnen müssen, wenn er mich schon scharf machte und mir alles in den buntesten Farben schilderte.

Zwischendurch, es war wohl gegen 13:00 Uhr, haben wir Fisch gegessen, ohne Chips. Danach gingen wir zur BART-Station EMBARCADERO. BART ist dort die U-Bahn und hieß **BAY AREA RAILWAY TRANSIT**. Die Bahn war mit Teppich ausgelegt, der für den Betrieb, der dort herrschte, sehr sauber war. Überhaupt war die ganze Bahn sauber, nicht beschmiert und bekritzelt. An jeder Station gingen die Türen automatisch auf, ob jemand aussteigen wollte oder nicht. Sie gingen natürlich auch ebenso automatisch wieder zu. Das hat mir gut gefallen.

Gefahren sind wir bis CASTRO VALLEY, weil wir Cathie, Gunters Ex-Frau, besuchen wollten. Die Fahrt dauerte ca. 25 Minuten. Die U-Bahn war großzügig aufgeteilt und fuhr leise. Von der BART-Station CASTRO VALLEY sind wir dann, nachdem Gunter zwei alte Damen nach dem Weg gefragt hatte, zu Fuß gegangen. Das hat lange gedauert, da es sehr weit war. Außerdem war es fürchterlich warm. Wir sind an schönen Bäumen vorbeigegangen, einer trug sogar Apfelsinen. Endlich war dann die Stanton Avenue in Sicht. Cathie hat sich sehr über unseren Besuch gefreut. Gunter hat von dort aus noch mit Mike und Cody telefoniert.

Wir wollten noch mit Cathie essen gehen. Da hatte sie die Idee, mit Barbaras (Gunters Tochter) Auto zu fahren, die im Moment in Europa war. Das war eine gute Idee, denn Cathie konnte und durfte aufgrund ihrer Fußamputation und erneuter Schwierigkeiten nicht so viel laufen. Wir sollten dann auch noch Barbaras und Cathies Arbeitsstelle sehen. Da Gunter nicht wusste, dass er irgendeinen Knopf drücken musste, bevor der Wagen automatisch öffnete, ging die Alarmanlage los. Ha, ha.

Gegessen haben wir in CARROWS Restaurants. Das war nicht weit von Cathies Wohnung entfernt, nur die Straße runter. Habe eine Speisekarte mitgehen lassen. Cathie hat Roastbeef gegessen, Gunter ein Sandwich und ich Pot Roast. War wunderbar. Das musste ich zu Hause mal nachmachen.

Danach haben wir die beiden Arbeitsplätze (von außen) angeschaut und sind dann wieder mit zu Cathie gefahren und von dort mit dem Taxi für $ 6,00 zum Bahnhof. Noch mal diesen Weg hätte ich nicht überstanden. Außerdem war es schon dunkel. Wir mussten lange auf den Zug warten und waren gegen 22:00 Uhr an der Haltestelle CIVIC CENTER. Von dort war es noch ein ganz schön langer Weg bis zum Motel und ich war so müde.

16.07.01
Geschlafen habe ich bis 08:45 Uhr. Das musste sein, denn ich war kaputt. Wir haben die Koffer gepackt und zum Auto gebracht. Gefrühstückt haben wir im »It's Tops«. Das Frühstück ging so, aber das Café war so schön in der Nähe, vorbei an schlafenden Obdachlosen. Da schmeckte einem das Frühstück nicht mehr so. Ich habe trotzdem drei Streifen Ham und zwei Scrambled Eggs gegessen und 1 ½ Pfannkuchen mit Ahornsirup. Lecker!!

Anschließend sind wir zum Highway 101 gefahren und den bis zur »California 1«, die wir erst nicht gefunden haben. Die »California 1« ist die Traumstraße der Welt, immer an der Küste lang, wunderschöne Strecke, viele Kurven, überall traumhafte Buchten und Overlooks (extra eingerichtete Aussichtspunkte). Gehalten haben wir am **MUIR OVER-LOOK**. Von dort hatten wir einen herrlichen Blick auf den Pazifik. Am **STINSON BEACH** haben wir Seehunde gesehen, in **PT. REYES** Pflaster und Zahnpasta gekauft.

Zwischendurch waren immer mal Baustellen mit einer tollen Verkehrsführung. Am Anfang der Baustelle stand ein Mann – oder auch mal eine Frau – mit einem Schild, das auf einer Seite STOP zeigte und auf der anderen SLOW. Bei größeren Baustellen fuhr ein Bauwagen voran, ein PILOT CAR. Der Wagen fuhr bis zum Ende der Baustelle voran und nahm auf dem Rückweg die anderen wartenden Fahrzeuge wieder mit. Das hat immer hervorragend geklappt.

Gefahren sind wir durch **TOMALES** und dann durch **BODEGA BAY**, wo Hitchcocks Film »Die Vögel« gedreht worden war. Stopp war nach **JENNER** in **OCEAN COVE**. Diesen Ort hatte ich auf der Karte nicht gefunden, er war sehr klein und wunderhübsch. Dort haben wir ein Eis gegessen, im Stehen vor dem Laden. Es war wieder sehr heiß. Die Verkäuferin mochte meine Kristallarmbänder sehr. Fast hätte ich ihr eines geschenkt. Hätte ich es mal getan. Nachher habe ich mich geärgert, es nicht getan zu haben.

Weiter gings in Richtung MENDOCINO. Und wieder durch eine Baustelle, die wir auf der linken Fahrspur durchfahren mussten. Dies hat einen entgegenkommenden Radfahrer einigermaßen verwirrt. Er stand mit offenem Mund am Straßenrand und hat uns kopfschüttelnd nachgesehen.

Dann waren wir in Mendocino und haben ein Motel gesucht. Das war nicht leicht, denn Mendocino war ziemlich klein und Motels gab es eigentlich nicht, nur »Bed und Breakfast«. Das wollte ich nicht. Es blieb dann noch das MENDOCINO HOTEL von 1878, lag an der Mainstreet und gegenüber vom Pazifik. Aber es sah verdammt teuer aus. Gunter hat sich das mal angesehen, für gut befunden und genommen. Innen war es plüschig, alles mit dunklem Holz, sehr hübsch, aber eben sehr alt. Es knarrten die Dielen, der Gang zum Zimmer war verwirrend lang und um viele Ecken. Das Zimmer selbst war allerliebst. Durch das einzige Fenster konnten wir in das Zimmer schräg gegenüber gucken. Es war Gott sei dank nicht belegt. Ein sehenswertes schönes Telefon von anno Krug stand dort. Durch eine Tür, die aussah wie eine Schranktür, kamen wir in unser Bad. Das war auch wunderschön. Es lag dort Seife mit dem Aufdruck des Hotels. Eine Rarität, wie ich später feststellen sollte, denn die Motels hatten alle Seifen entweder ohne Aufdruck oder, was ganz gemein war, nur einen Seifenspender!! Wo ich doch ein so glühender Fan dieser Seifen war. Ich nahm sie alle mit!!

Nachdem wir unser Zimmer genügend bestaunt und uns ein wenig restauriert hatten, gingen wir los, ein Restaurant suchen, denn irgendwie machte sich der Hunger bemerkbar. Zumindest bei mir. Bei Gunter wusste ich das immer nicht so genau. Der hatte selten Hunger.

Wir mussten dreimal durch den Ort laufen. Da dieser wirklich nicht groß war, ging es. Dann haben wir im ersten Stock eines Holzhauses endlich etwas gefunden, das BAY VIEW Café. Dort haben wir ein Steak gegessen, und zwar auf dem Holzbalkon mit einer guten Aussicht, obwohl es bereits etwas kühler war.

Dann sind wir ins Hotel, haben uns etwas wärmer angezogen und sind an die Küste gegangen. Dort fanden wir im Cliff einen wunderschönen geschützten Platz und haben dort den Sonnenuntergang beobachtet. Und mit uns eine Seemöwe, ein Riesenvogel, fast schon zum Fürchten. Diese Möwe saß ½ Meter von uns entfernt und schaute uns fortwährend an. Mir war plötzlich so nach den Käsecrackern, die ich irgendwo gekauft hatte. Während ich die Dinger auspackte, wurde der Hals der Möwe immer länger. Da habe ich ihr einen zugeworfen und fortan war sie Käsecracker-Fan. Sie ließ mich nicht aus den Augen. Irgendwie war das unheimlich, auch deshalb, weil sie so groß war. Jede Bewegung wurde registriert, es könnte ja noch ein Cracker abfallen. So war es dann auch. Die Möwe blieb solange wie wir. Zum Abschied habe ich ihr noch drei Cracker spendiert. Das hat ihr gefallen, sie kam einige Meter hinter uns her, aber als sie dann merkte, dass es keine Cracker mehr gab, blieb sie stehen und sah uns noch lange hinterher. Leider konnte ich die Möwe nicht fotografieren, was mich schon sehr geärgert hat, denn unsere Kamera hatte am Nachmittag den Geist aufgegeben. Wir wollten morgen früh in das Fotogeschäft, das es hier Gott sei dank gab, um den Apparat nachsehen zu lassen. Jammerschade, die Möwe wäre ein so lohnendes Objekt gewesen.

Gegenüber dem Hotel war ein Riesenzelt aufgebaut. Dort fand ein Musik-Festival statt. Wir haben uns hier noch umgesehen, aber es war nicht sehr interessant. Dann sind wir ins Hotel gegangen.

17.07.01

Gunter wollte eigentlich heute Morgen recht früh weiter, aber leider mussten wir bis 10:00 Uhr warten, dann erst öffnete das Fotogeschäft. Aufgestanden sind wir um 07:45 Uhr und haben im Hotel Kaffee getrunken. Dann haben wir einen Bäcker aufgesucht, und zwar die Mendocino Cookie Company, wo ich mir ein Croissant und noch zwei Kuchen gekauft habe. Das war mein Frühstück. In der Cookie Company konnte man die Bäcker beim Backen beobachten, da die Backstube unmittelbar hinter dem Verkaufstresen und keine Wand davor war.

Leider mussten wir warten, denn es war noch immer nicht 10:00 Uhr. Da Gunter aber ohnehin die hübsche beige-hellblaue Baseballkappe mit MENDOCINO darauf haben wollte und der Laden auch erst um 10:00 Uhr öffnete, war es nicht so schlimm, dass der Apparat der Auslöser des Wartens war. Eigentlich wollte ich gerne noch ein T-Shirt kaufen, habe aber keines bekommen, dafür Gunter zwei.

Wir warteten schon im Vorgarten des Fotoladens, als die Verkäuferin erschien. Die war furchtbar nett, konnte aber unseren Apparat nicht reparieren, da er nicht zu reparieren war. Ich denke mal, sie hat sich auch nicht sehr bemüht. Man verkauft eben lieber eine neue, als die alte Kamera zu reparieren. Also hat sie sich sehr ins Zeug gelegt, um uns eine neue Kamera zu verkaufen. Es ist ihr auch gelungen und wir haben eine wunderbare PENTAX erstanden, für $136,00 (ca, DM 300,00). Über dieses Geschäft hat sie sich sehr gefreut, aber es war wirklich eine tolle Kamera, mit Zoom und Datum auf dem Bild. Richtig gut!

Natürlich musste ich noch Bilder von Mendocino machen, vor allem von der Küste. Um 11:05 Uhr sind wir dann gefahren. Wir sind durch so schöne Orte wie **FORT BRAGG, WESTPORT** und **JUAN CREEK** gefahren, dann über eine kurvenreiche Strecke nach **LEGGETT**, zum **DRIVE THRU TREE**. Das war ein toller Baum, so riesengroß, dass man fast das Ende nicht sehen konnte. Mit einem unheimlich dicken Stamm, der ausgehöhlt war und durch den Autos fahren konnten. Natürlich gegen eine geringe Gebühr. Es war außerordentlich beeindruckend, vor allem, dass der Baum noch lebte, nachdem man ihn so »misshandelte«.

Dann kamen wir nach **GARBERVILLE**, fuhren durch **EUREKA** bis **KLAMATH**. Dort waren die **TREES OF MYSTERY**, die wir uns gerne ansehen wollten. Da wir aber erst um 17:00 Uhr ankamen, um 18:00 Uhr geschlossen wird und der Rundgang ca. eineinhalb Stunden dauern sollte, haben wir uns entschlossen, nach **CRESCENT CITY** zu fahren, dort ein Motel zu suchen und morgen früh die zehn Meilen wieder hierher zurückzufahren.

In **CRESCENT CITY** haben wir im BAYVIEW MOTEL das letzte Zimmer bekommen. Es war ein herrliches Zimmer, ca. 50 qm groß. Das klingt unglaublich, ist aber so. Es war mit einem SPA ausgerüstet, der an der Wand im Zimmer stand, wirklich wunderschön. Außerdem hatte es einen Balkon mit einer tollen Aussicht.

Gegessen haben wir im THE APPLE PEDDLER RESTAURANT. Das war gleich nebenan. Ich habe den Red Snapper mit Käse überbacken gegessen, der war wunderbar. Gunter hat sich den Captain's Table bestellt. Das waren viele Sorten von Meeresfrüchten mit einem Stück gebratenen Fisch.

18.07.01

Gefrühstückt haben wir im APPLE PEDDLER, zwei Eier mit Schinken, BHash Browns und zwei Scheiben Toast. Dann sind wir die rund 10 Meilen zurückgefahren zu den **TREES OF MYSTERY**. Dort haben wir Bäume in den unterschiedlichsten Formen gesehen. Es waren Redwoods. Einer war vom Blitz getroffen und ausgehöhlt worden, der andere war 297 ft hoch, das sind ca. 99 m. Es war schon toll. Dann waren da drei Bäume, die hatten sich zu einer Kapelle formiert. Außerdem konnten wir ein aus einem Stamm geschnitztes Eichhörnchen und einen riesengroßen Bären bewundern.

Gegen 11:20 Uhr sind wir dann in Richtung **FLORENCE** weitergefahren. Es war eine wunderschöne Strecke, allerdings auch wieder sehr kurvenreich. Gehalten haben wir an **MYERS CREEK**. Dort war ein herrlicher Strand. Leider mussten wir weiter und sind durch **GOLD BEACH** gefahren. Das war ein kleiner hübscher Ort. Dort hatten wir vor uns einen Camper mit einem riesigen Panoramafenster hinten. Das hatte ich noch nie gesehen.

Da ich nunmehr dringend eine gewisse Örtlichkeit aufsuchen musste, hielten wir in PORT ORFORD vor einer Pizzeria. Von außen machte sie den Eindruck einer Bruchbude, von innen auch nicht besser, aber sehr sauber. Eigentlich wollte ich aufs WC und wir wollten deshalb nur etwas trinken. Aber da es Mittagszeit war und ich gut etwas essen konnte (Gunter sagte, das könne ich immer …), haben wir uns eine Pizza bestellt. Es dauerte sehr lange, aber dann kam ein Teller mit einer Riesenpizza, die war so lecker, dass sogar Gunter auch etwas gegessen hat, denn der Wirt hatte ihm schon einen Teller hingestellt. Den Rest haben wir dann noch mitgenommen.

Weitergefahren sind wir durch **BANDON**. Dort habe ich einen Polizeiwagen fotografiert. An der Seite stand CITY OF NORTH BEND. Dann sind wir über die Brücke von **NORTH BEND** gefahren und kamen zu den **OREGON DUNES**. In **REEDSPORT** habe ich ein Haus aufgenommen, das nur aus einem heruntergezogenen Dach bestand. Das sah aus, als hätte man zwei Spielkarten gegeneinander gestellt. Sehr originell, aber bestimmt nicht sehr geräumig. Dann waren wir in **FLORENCE** und mussten wieder über eine Brücke fahren. Als wir kurz vor dieser Brücke waren, sahen wir auf der linken Seite über dem Wasser ganz plötzlich massiven Nebel. Innerhalb kurzer Zeit war er auch auf der Brücke. Es war sehr unheimlich, denn der Nebel war aus dem Nichts aufgetaucht.

In **FLORENCE** haben wir im MONEY SAVER MOTEL übernachtet, Zimmer 133. Das war auch ein sehr schönes Motel. Nachdem wir uns ein wenig eingerichtet und frisch gemacht hatten, sind wir zum Strand gegangen. Es war noch ein ganz schön weiter Weg. Dort sind wir auf einer Landzunge entlanggegangen, die sehr weit ins Meer ragte. Es war neblig und ich konnte plötzlich auf dem rechten Auge nur noch ganz verschwommen sehen. Bis ich herausgefunden hatte, dass sich auf das rechte Brillenglas von innen feiner Nebel niedergeschlagen hatte. Nun musste ich alle paar Meter meine Brille trocknen. Als ich dann mehr zufällig mein Haar berührte, traf mich fast der Schlag, denn die ganze rechte Seite war klitschnass! Auch vom Nebel. Na, das war ja was für mich. Auf dem Rückweg war dann die andere Seite dran, sodass mein Haar gleichmäßig nass war. Ganz toll.

Wir sind wieder ins Motel und haben uns ein bisschen ausgeruht, bevor wir zum Essen in WEBER'S FISH HOUSE COMPLETE RESTAURANT & MARKET gingen. Dort haben wir beide Salmon gegrillt gegessen, der ganz hervorragend war.

Vorher hatten wir noch eine Telefonkarte bei SAFEWAY gekauft, deren Handhabung allerdings nicht einfach gewesen sein muss, denn Gunter hat, nachdem er mit dem Operator gesprochen hatte, doch ein R-Gespräch zu Mike (Gunters Sohn) angemeldet. Mike hatte uns für morgen im SHILO INN ein Zimmer reservieren lassen.

19.07.01
Gefrühstückt haben wir heute bei McDonald's! Gunter Bagel mit geformtem Ei, Käse und Steak, ich Burger mit Käse, Frikadelle und Ei sowie Hash Browns. Kaffee gab es auch. Anschließend sind wir zum Strand gefahren, wo wir einen Seehund gesehen haben und dort bis ca. 11:30 Uhr geblieben sind. Danach fuhren wir Richtung **SPRINGFIELD**, wo Mike wohnte. Wir mussten durch einen Tunnel, in dem bei der Durchfahrt dreimal ein Ton, fast eine Melodie, zu hören war. Wir haben aber nicht herausgefunden, was das war und warum das so war.

Nach einigem Hin und Her in **SPRINGFIELD** haben wir Mikes Haus in der G-Street gefunden. Auf Klingeln wurde zuerst nicht geöffnet. Aber dann kam Janel (Mikes Ehefrau), sie hatte geschlafen und das Klingeln deshalb erst nicht gehört. Mike war nicht da und Cody (Gunters Enkel) schlief noch. Janel hat ihn geweckt mit den Worten »Opa ist da.« Er hat sofort gelächelt, war überhaupt nicht schlecht gelaunt, weil seine Mutter ihn geweckt hatte. Er kam strahlend auf seinen Opa zu und hat erst einmal mit ihm geschmust. Ganz süß, dieses kleine Kerlchen. Nun waren Janel und ich abgemeldet, Opa war dran.

Später haben Opa und Cody hinten im Garten gespielt, gemalt, vorgelesen und und und!!!! Dann kam Cody, der Autos sehr liebte, auf die Idee: »Opa, play car.« Es war brütend heiß, er ließ nicht locker. Opa musste mit Cody ins Auto. Hat der Kleine sich gefreut, gestrahlt über alle Backen, so süß! Er hat Opa gezeigt, wo die Scheibenwaschanlage war. Ca. eine halbe Stunde später kam Mike. Er hatte ein schönes großes Auto, einen Truck. Wir haben uns ein wenig unterhalten, zwischendurch mit Cody gespielt und sind dann mit Mikes Auto zum Spielplatz gefahren. Auf dem Weg dorthin hat Mike noch die Bilder abgeholt, die er gemacht hatte, als Gunter im Juni zu Barbaras (Gunters Tochter) Graduation hier war. Auf dem Spielplatz musste Opa wieder herhalten. Das hat er auch gerne gemacht. Er ist mit Cody geklettert, hat mit ihm im Sand gespielt und ist sogar gerutscht, dies allerdings allein, denn die Rutsche war sehr klein und eng und es war zu befürchten, dass Opa stecken blieb.

Danach sind wir zum Essen ins OUTBACK STEAKHOUSE gefahren. Wir mussten noch etwas warten und Cody ist durchs Lokal geflitzt. Dann wurde uns ein Tisch zugewiesen und wir haben bestellt. Cody hat beim Essen die Gäste am Tisch nebenan, auf dem Sitz stehend, unterhalten. Nach dem Essen sind wir wieder zu Mike gefahren. Nun sollte Cody in die Wanne, aber vorher musste er noch wieder mit Opa schmusen. Das hat beiden gut gefallen. Nach dem Baden war Cody wieder bei Opa auf dem Sofa.

Irgendwann mussten wir dann natürlich auch wieder in unser Motel, aber nicht, bevor wir noch einmal bei SAFEWAY waren. Diese Supermärkte waren wirklich toll. Es gab alles, sogar Pharmazie-Artikel. Außerdem waren sie rund um die Uhr geöffnet.

20.07.01

Aufgestanden sind wir heute erst um 09:30 Uhr. Dann haben wir Claudi (meine Tochter) angerufen und gefragt, wie Lenchens (meine Enkelin) OP verlaufen ist. Ihr wurden die Polypen durch die Nase entfernt. Gott sei dank war alles ok.

Unser Frühstück bestand aus Kaffee und einem großen Keks.

Heute sind wir zur **UNIVERSITY OF OREGON** gefahren, wo Mike studiert hat. Außerdem hat er für die Universität Football gespielt und die Pokale, die bei den Spielen gewonnen wurden, bei denen Mike dabei war, wollten wir uns ansehen. Leider wurde innerhalb des Gebäudes gerade umgebaut und neuer Teppichboden verlegt. Die Frau, die wir danach fragten, war sehr nett. Als Gunter sagte, dass sein Sohn, Michael Klews, hier gespielt hatte, war sie sofort bereit, uns den Zugang zu diesen Pokalen zu ermöglichen. Sie erinnerte sich sogar noch an Mike. Sie brachte uns in den großen Raum, wo wir uns ungestört umsehen konnten. Fotografieren durfte ich auch. Sie hat dann noch eine Aufnahme von uns beiden gemacht. Das war sehr nett. Die Pokale waren in einem einzigen Raum untergebracht und alle ziemlich eng zusammen. Leider ist auf den Aufnahmen Mikes Name nicht zu sehen, weil es blendete, da die Pokale hinter Glas standen. Gunter kannte das alles ja schon und zeigte mir noch ein paar andere Räume. Ich musste natürlich noch in den Fan-Shop, habe dort einen großen Plastikbeutel mit dem Aufdruck der DUCKS bekommen.

Danach sind wir ins **AUTZEN STADIUM** der OREGON DUCKS gegangen. Dort wurde auch gebaut, allerdings außen, sodass wir direkt in das Stadion gehen konnten, ohne dass uns jemand aufhielt. Mir war das erst nicht so recht. Ich hatte Bedenken, dass uns doch jemand aufhalten würde, um den Zugang zu verbieten. Aber es war niemand zu sehen. So sind wir dann die Tribüne runter und direkt auf das Spielfeld. Das war ein eigenartiges Gefühl, denn ich war noch nie auf einem Spielfeld. Wer war das schon?!

Natürlich habe ich diverse Fotos von Gunter gemacht, auf der Treppe, vor dem Spielfeld, auf dem Spielfeld …

Dann sind wir wieder nach **SPRINGFIELD** gefahren und haben dort die Firma gesehen, in der Mike arbeitete. Diese Firma hieß SYMANTEC und war eine Computerfirma. Da war Mike für die Firma PINKERTON tätig, die dort für die Sicherheit zuständig war. Die Straße war schmutzig und es liefen viele dunkle Gestalten herum. Vielleicht war an der Firmentür deshalb das Schild angebracht mit dem Hinweis: THIS AREA IST MONITORED BY THE EUGENE POLICE FOR CRIMINAL ACTIVITY.

Natürlich sind wir wieder zu Mike gefahren, der allerdings noch nicht da war. Anfangs waren Janel und Cody auch nicht da, aber als wir uns umsahen, kamen die beiden gerade vom Nachbarn. Cody auf ROLL-SCHUHEN und mit Helm. Ein Bild zum Knuddeln, so süß. Wir haben mit Cody gespielt. Janel hatte an diesem Tage gerade ein Riesen-Schaukelpferd für Cody auf einem Garagenflohmarkt für $ 10,00 gekauft. Es war ein Gestell, in dessen Aufhängung das große Pferd hing. Cody war sehr geschickt, er krabbelte allein rauf und runter ließ er sich fallen, denn es war sehr hoch. Das tat manchmal weh. Besonders mir, ich mochte nicht sehen, wenn er fiel.

Cody hat Opa wieder voll beschäftigt mit Ballspielen und Spielauto über den Rasen schieben. Da der Kleine so gerne im Auto saß, nahm er Opas Hand und sagte nur knapp »Come.« Daraufhin hat Gunter mit ihm in unserem Auto gesessen und Cody hat sich so gefreut.

Zwischendurch nahm Cody mich bei der Hand, zog mich in den Garten – wo noch der Zwinger mit der großen Hundehütte für die beiden Hunde stand, die Mike hatte weggeben müssen, da sie sein Haus angeknabbert hatten, weil sie das süßliche Holz mochten – und ging mit mir an den Zwinger, zeigte auf die Hundehütte und sagte: »Go.« Na, mein Gesicht hätte selbst ich mal sehen wollen, aber dann musste ich furchtbar lachen. Reingekrabbelt bin ich übrigens nicht, aber Cody, von dem ich sofort wieder ein Bild gemacht habe. Als ich noch eines machen wollte, weil er so süß in der Hütte hockte, meinte er: »No picture!« Da fiel mir nichts mehr ein.

Mike kam so gegen 17:00 Uhr und wir haben noch eine Weile geklönt. Dann kam der Abschied. Es war schade, dass wir wieder weiter mussten. Es war so schön gewesen.

Auf dem Rückweg haben wir uns dann wieder mal verfahren, was auch nicht weiter schwierig war, da die Ortsbezeichnungen für unsere Verhältnisse nicht so übersichtlich waren. Aber wir sind doch angekommen. Gegessen haben wir bei Denny's. Heute hatte ich all meinen Mut zusammengenommen und gefragt, ob ich eine Speisekarte kaufen könne. Die war so toll, alle Speisen bildlich dargestellt. Die Dame hat mich groß angesehen. Aber, nachdem ich ihr erklärt hatte, dass ich meinen Freunden in Germany zeigen möchte, was es hier alles gab, hat sie mir die Karte geschenkt. Ich habe mich so gefreut, denn das wollte ich schon auf Hawaii, hatte mich aber nicht getraut. Vor allem auch deshalb nicht, weil Gunter immer dagegen war. Er hat mir auch nicht geholfen, sondern draußen gewartet, weil es ihm angeblich so peinlich war. Ich habe das auch sehr gut allein geschafft.

21.07.01
08:00 Uhr ab SHILO INN. Wir sind auf der Interstate 5 gefahren. Am Straßenrand stand PATROLLED BY AIRCRAFT. Das war die Geschwindigkeitskontrolle aus der Luft. Sagenhaft.

Kurz vor **REDDING** haben wir den **SACRAMENTO RIVER** überquert. Dann konnten wir, wenn auch im Nebel, die **ROCKY MOUNTAINS** sehen. Stopp dann in **WILLIAMS** bei Denny's. Eine Kleinigkeit haben wir dort gegessen. Um 15:15 Uhr sind wir von Denny's weiter Richtung **SACRAMENTO**. Unterwegs habe ich meine erste Windhose in Natura gesehen. Sah unglaublich aus. Gott sei dank war es nur eine kleine. Dann tat sich vor uns die Skyline von **SACRAMENTO** auf. Ein schönes Bild. Dort haben wir ein Policecar gesehen, nichts Ungewöhnliches, aber dieses hatte das Blaulicht nicht oben drauf, sondern hinten im Rückfenster. Wir sind dann durch **AUBURN**, **EL DORADO** und **PLACERVILLE** gefahren. Alles trocken um uns herum. Das Gras vertrocknet, die Bäume darauf in einem schönen Grün. Sah ungewöhnlich aus.

Wir fuhren nun auf der California 49, nur Kurven, aber alles wunderschön grün und meist schattig, was mal sehr angenehm war. Während der Fahrt ergab sich folgendes Gespräch:

Ich: »Da ist eine Ranger Station, die hätte ich gerne mal gesehen.«

Gunter: »Das ist 'ne Hütte und 'n Spaten, das sind nichts weiter als Parkwächter.«

Ich: »Aber die haben so eine schöne Uniform.«

Gunter: »Das hat die Müllabfuhr auch.«

Und so habe ich sie leider nicht gesehen. Da kann mein Mann unheimlich stur sein. Wenn er das nicht sehen will, warum ich?

Eigentlich wollte Gunter nicht so weit fahren, aber weil wir so hervorragend durchgekommen sind, fuhren wir immer weiter, bis wir schließlich in **SOUTH LAKE TAHOE** landeten, wo wir erst morgen sein wollten.

Das war vielleicht eine tolle Stadt, so voll mit Menschen und Autos, unglaublich. Wir sind hin und her gefahren, um ein Motel zu finden. War nicht einfach, aber ein Stück in eine Straße rein haben wir dann sehr zentral gelegen das STATELINE ECONOMY MOTEL gefunden. Dort war wieder nur noch ein Zimmer frei, und zwar Nr. 36 im 1. Stock. Nach unserer Buchung ging das NO an in NO VACANCY.

Es war ein sehr schönes Zimmer. Essen mussten wir natürlich auch. Wir hatten ein Lokal entdeckt, das hieß WOMACK'S TEXAS STYLE BAR BQ. Das Lokal bestand nur aus einem Raum und hatte zehn Tische, davon ein ganz großer. Der Inhaber war ein ehemaliger Musiker, wie den Zeitungsausschnitten an der Wand zu entnehmen war.

22.07.01

Heute Morgen wollten wir nach **VIRGINIA CITY**. Darauf hatte ich mich schon lange gefreut.

Erst sind wir nach CARSON CITY gekommen. Dort gab es das ORMSBY HOUSE. Das war ein Casino. Sah wunderschön aus, wie eigentlich alle Casinos, pompös und meist ein wenig übertrieben. Und das nicht nur von außen. In Carson City habe ich dann HEIDI'S entdeckt. Das war ein »Family Restaurant« nach bayerischer Art. Drin waren wir allerdings nicht.

Dann mussten wir tanken und weil wir so damit beschäftigt waren, eine Tankstelle zu finden und dort hineinzufahren, haben wir beide das Richtungsschild nach **VIRGINIA CITY** übersehen, das genau vor der Tankstelle angebracht war. So sind wir dann auch prompt in die falsche Richtung gefahren. Da hier nirgends ein Wegweiser war, ist Gunter in einen GUN-SHOP gegangen, um sich nach dem richtigen Weg zu erkundigen. Leider bin ich nicht mitgegangen, aber es war sooo heiß. Gunter erzählte mir dann, dass in dem Laden alles zu finden war, womit geschossen werden konnte. Der ganze Laden war voll mit Gewehren etc.!!!

Nun wurde es noch wärmer: wir fuhren durch die Wüste von **NEVADA**. Das war ein Erlebnis, denn eine Wüste hatte ich noch nicht durchquert. Es war höllisch warm, nur zu ertragen bei geöffnetem Fenster. Nach langer Fahrt kamen wir durch **SILVER CITY**, dann **GOLD HILL** und nun endlich **VIRGINIA CITY!!**

Einen Parkplatz fanden wir schon ganz vorne am Anfang der Straße in der prallen Sonne. Nach ca. 100 m habe ich dann festgestellt, dass ich nicht genügend Filme dabei hatte, weil ich diese immer im Beautycase zu meinen Füßen im Auto verstaute. Diesmal hatte ich sie eben vergessen. Konnte ja mal passieren. Gunter hat sie dann auch geholt, mit ein bisschen Murren zwar, und ich bin schon ganz langsam weitergegangen.

Ich hatte keine Vorstellung von dem Ort, aber der Eindruck war überwältigend. Meist kahle Berge, verbranntes Gras und zwischendurch mal ein Haus, bis wir in den eigentlichen Ort kamen. Der war sagenhaft: nur eine Straße, die aber dicht an dicht bebaut war mit Häusern aus Holz. Alle so, wie man sie aus dem Fernsehen kannte, mit kleinen Säulen um den Balkon, der wiederum auf Säulen stand, unten vor den Läden Gehsteige aus Holz, einfach schön und fast ein bisschen unwirklich, wie Kulisse. Aber der Eindruck verwischte sich schnell, wenn man einen dieser Läden betrat. Dort war ein einzigartiger Touristenrummel. Kaufen konnte man dort auch fast alles. Am meisten aber Kitsch.

Eine wunderschöne Kirche gab es dort auch. Die hieß ST. MARYS IN THE MOUNTAINS und lag vom Ort aus gesehen ein wenig unten, was wohl ungewöhnlich war, denn die Kirchen lagen sonst immer auf dem höchsten Punkt der jeweiligen Orte.

Da uns auch hier der Hunger übermannte (wohl mehr mich als Gunter), suchten wir wieder mal nach einem Restaurant. Wie das, was wir gefunden hatten, hieß, weiß ich leider nicht mehr, da ich auch keinen Beleg darüber gefunden habe. Gunter hat dort jedenfalls einen Burger gegessen. Der wurde serviert in einem kleinen ovalen Korb aus Plastik, bedeckt mit einer Serviette. Darauf befanden sich der Burger und, man glaubte es kaum, auch Pommes. Salat war auch dabei. Alles auf der Serviette in dem kleinen Korb. Da Gunter nicht so einen großen Mund hatte, um in den Burger zu beißen, aß er ihn mit Messer und Gabel. Das hat doch was, oder?

Da ich nun gesehen habe, dass der Burger nur aus Brötchen, Käse und Frikadelle bestand, habe ich mir auch einen bestellt, denn ich mag nichts anderes darauf. Auch gab es hier einen Laden, der hieß »FOREVER Christmas«. Dieses Geschäft hatte das ganze Jahr über geöffnet und verkaufte ausschließlich x-mas-Artikel. Sehr zu meiner Freude konnte ich hier im Ort auch ein Feuerwehrauto bewundern und fotografieren. Es war BLAU und sah wunderschön aus. Darauf stand: STOREY COUNTY FIRE DEPARTMENT. Es war toll!!

Nun verließen wir **VIRGINIA CITY** und sind zum **LAKE TAHOE** zurück. Das war wirklich ein wunderschöner See. Gunter hatte mir davon schon vorgeschwärmt, aber wenn man ihn selbst sah, war man schon beeindruckt.

Kurz vor **SOUTH LAKE TAHOE** sahen wir zu beiden Seiten der Straße die riesigen Gebäude der Casinos, u. a. von HARRAH'S und MIRAGE.

Diese lagen allerdings vor der Staatengrenze, die ganz eigenartig war. Mitten auf dem Gehweg war ein Schild, darauf stand NEVADA STATE-LINE. Diese trennte **KALIFORNIEN** und **NEVADA**, dem Spielerparadies. Wir konnten nun mit einem Bein in **NEVADA** und mit dem anderen in **KALIFORNIEN** stehen. Schon komisch.

Natürlich musste ich auch heute wieder zu SAFEWAY, wo wir doch schon vom Anfang unserer USA-Reise eine Art Kundenkarte hatten. Die wurde uns geradezu aufgedrängt, hatte aber auch ihr Gutes. Denn wir bekamen viele Artikel meist sehr viel günstiger. Gunter hatte mich abgesetzt und ich durfte mal ganz allein einen SAFEWAY-Markt erkunden. Es war traumhaft. Die Supermärkte in den Staaten waren einzigartig. Da gab es meterlange Regale nur mit Chips, alle Sorten! Ebenso mit Bier, Pudding, Joghurt, Brause, Saft etc. Von allem unheimlich viele Sorten. Und erst die Wurstregale. Nicht zu beschreiben. Wurst und Schinken aufgeschnitten in kleinen und großen Packungen, aber wirklich große, die kann man sich hier überhaupt nicht vorstellen. Bei Fleisch sah es ähnlich aus. Alles in Portionen für ganz klein, klein und groß bis riesengroß. Und dann die vielen Sorten an Fleisch und Wurst. Sollte ich mich da nie entscheiden müssen! Sogar Pflaster gab es bei SAFEWAY, und zwar solche, die es hier nicht gab. Natürlich habe ich welche gekauft.

Gunter hatte inzwischen im Motel Karten geschrieben. Ich bin dann zu Fuß zurückgegangen, denn das Motel lag schräg gegenüber von SA-FEWAY. Es gab sogar eine Ampel für Fußgänger, die sonst immer vernachlässigt wurden, und zwar überall, wo wir bisher waren. Man muss meistens rehartig über die Fahrbahn springen.

Gegessen habe ich, Gunter hatte mal wieder keinen Hunger, erneut bei WOMACK'S, und zwar Beef Rips, was ich hinterher bedauert habe, denn die waren nicht gut und außerdem brandteuer.

Dann waren wir im Casino von HARRAH's Ganz klar, dass auch wir hier an dem »einarmigen Bandit« unser Glück versucht haben. Wir hatten beide $10,00 in Quarters. Das waren eine Menge Münzen. Die haben wir auch verspielt, es war richtig toll, immer mal was gewonnen, dann wieder verloren. Gunter hat 2 x 50 Münzen à 25 Cent gewonnen. Mein Gott, war der kleine Plastikeimer schwer. Der war übrigens hübsch, bedruckt mit dem Namen des Casinos. Hier habe ich (leider) keinen mitgenommen, aber vom MIRAGE und später vom HARD ROCK HOTEL. Gunters Gewinn haben wir dann auch wieder verspielt, allerdings nicht an einem Abend. Wir hatten uns für den nächsten Tag etwas aufgehoben. Auf jeden Fall hatten wir einen Riesenspaß, der noch gekrönt wurde von kostenlosen Cocktails, und zwar BLACK RUSSIAN. Natürlich wollte man damit die Spieler halten und mit etwas Alkohol im Blut spielte es sich wahrscheinlich ein wenig leichtsinniger. Aber das traf auf uns nicht zu. Wir waren weder leichtsinnig noch hatten wir Alkohol im Blut.

Gegen 22:00 Uhr waren wir wieder im Motel und haben uns noch einen Film mit Tom Hanks angesehen.

23.07.01

Heute sind wir gegen 09:00 Uhr zur **PONDEROSA RANCH** aufgebrochen. Da ich die Sendungen früher immer gerne gesehen hatte, war ich nun sehr gespannt darauf, den Originalschauplatz zu sehen. Das Wetter war sonnig und angenehm. Ein großer Planwagen mit der Aufschrift »PONDEROSA RANCH« sagte uns, dass wir unser Ziel erreicht hatten. Natürlich mussten wir auch hier Eintritt bezahlen. Nachdem wir schon etwas (bergauf) gegangen waren, stellte ich zu meinem Entsetzen fest, dass mein Film in der Kamera schon wieder fast zu Ende war und die neuen Filme im Auto lagen. Zähneknirschend und fluchend ist Gunter noch mal zum Auto gegangen und hat die Filme geholt. Hoffentlich passierte so was nicht noch einmal. Ich glaube, dann müsste ich selbst gehen.

Bei unserem »Aufstieg« zur Ranch hieß es an einer großen Häuserwand »HOME OF BONANZA«. Dann hatten wir unser Ziel erreicht. Aber ich sah kein Cartwright-Haus, sondern viele Häuser. In einigen wurden Souvenirs verkauft, in den anderen konnte man etwas essen, in einigen wiederum Eis oder Schokolade kaufen. Einen Restroom gab es auch. Klar, dass ich in den GENERAL STORE musste. Dort waren Souvenirs, das konnte ich mir in meinen kühnsten Träumen nicht vorstellen, so kitschig und fürchterlich. Auf dem großen Gelände war ein Stück durch große Heuballen abgeteilt für eine Vorführung. Da diese bald beginnen sollte, haben wir uns schon einmal auf die Ballen gesetzt, da wir noch freie Platzwahl hatten. Leider mochten meine Nasenschleimhäute diese Ballen überhaupt nicht, sodass ich unseren Vorrat an Taschentüchern fast aufgebraucht habe. Es war gar nicht gut. Da wir noch warten mussten, hat Gunter uns noch etwas zu trinken geholt, Cola mit viel Eis!! War lecker.

Nun ging die Vorstellung los: Es erschienen ein Mann und ein Pferd, wobei der Mann auf dem Pferd saß und von dort einige Kunststücke mit einem Seil zeigte. Viel Staub hat der Kerl aufgewirbelt. Dann hat er sich aus dem Publikum zwei Mädchen gesucht, die beide mit einer Hand ein Stück Zeitung halten sollten. Er würde dieses Stück Zeitung mit der Peitsche durchtrennen. Die Mädchen hatten reichlich Angst, aber es hat doch gut geklappt. Dann wurde ein Bankraub vorgeführt. Sehr staubig, aber witzig.

Endlich hatten wir das Haus der Cartwrights erreicht. Dort sollte in wenigen Minuten eine Führung durch das Haus stattfinden. Glück musste man haben. So warteten wir nur einige Minuten und wurden hereingelassen. Es war echt so wie im Fernsehen: die Treppe, die Little Joe immer herunterkam, der große Esstisch, an dem Hop Singh servierte. Es war schon schön. Dann wurde uns ein Film gezeigt, in dem wir auch die Schauspieler, von denen ja einige nicht mehr lebten, sehen konnten. Danach wurden wir hinten wieder herausgeführt. Das war's.

Wir haben uns dann das ganze Gelände angesehen und sind anschließend noch einmal in den GENERAL STORE, um ein paar Souvenirs zu kaufen. Dann hatte ich runde Füße und Hunger. Gunter hat mich in einen kleinen Pavillon gesetzt, in dem Tische und Bänke standen, und sich auf die Suche nach etwas Essbarem gemacht.

Hier haben wir dann eine Weile gesessen. Im Schatten, Beine hoch. Einfach herrlich. Und wir konnten alles um uns herum beobachten, weil die anderen Häuser um den Pavillon herum standen.

Kurz vor dem Ausgang kamen wir an einem kleinen Garten vorbei, in dem ein großes Brett am Zaun lehnte, auf dem stand

WOLFGANG
NATIVE OF GERMANY. ER HAT SEIN GLÜCK GESUCHT,
ABER ER HAT HEISSES BLEI GEFUNDEN.

Darunter lag eine alte Pistole. Das habe ich für Wolfgang (unserem Freund) fotografiert. Katja (seine Frau) hat davon das Negativ mitgenommen, eine Vergrößerung machen lassen und nun hängt das Bild irgendwo bei Katja und Wolfgang zu Hause.

Auf dem Rückweg sind wir am **LAKE TAHOE** entlanggefahren und haben einen schönen VISTA POINT gefunden. Dort habe ich einige Aufnahmen gemacht. Während der Weiterfahrt kamen wir an einem POST OFFICE vorbei. Die waren immer herrlich. Es konnten ganz kleine Bretterbuden sein oder aber großartige Gebäude, immer stand an der Wand: UNITED STATES POST OFFICE. Das fand ich toll. Dieses lag in Glenbrook, Nevada, und wir kauften dort Briefmarken für den Rest unserer Karten. Im Motel angekommen haben wir dann am Pool gesessen und Gunter hat Karten geschrieben. Ich habe ihm dabei zugesehen. Das nennt man Arbeitsteilung.

Gegen 18:00 Uhr sind wir essen gegangen, und zwar im HARRAH'S. Dort waren im Erdgeschoss nur Spielautomaten und -tische. Dort haben wir auch gespielt, immer für 25 Cent, hat unheimlich viel Spaß gemacht. Dann sind wir in den 18. Stock gefahren. Hier gab es ein Buffet für $ 18,50. So etwas hatte ich noch nicht gesehen. Wir hatten einen Superplatz am Fenster, ganz hinten. Dort war es auch schön ruhig, allerdings war der Weg zum Buffet etwas länger, aber das machte nichts. Es gab eine Menge zu essen: Fleisch und noch mal Fleisch. Viel Kuchen, den ich noch nicht kannte. Immer ganz kleine Stücke. War auch gut so, denn große hätte ich nicht mehr geschafft. Ich wollte doch alles probieren, aber nicht nur den Kuchen. Die Auswahl an Nachtisch war ebenfalls sehr groß. Ich habe viel probiert. Vor allem gab es fast bei jedem Buffet Wackelpeter, in rot, grün und orange. Wunderbar!

Nach dem Essen mussten wir wieder durch den Spielsalon und haben noch einmal am Automaten gespielt. Anschließend sind wir ins Motel und haben noch ferngesehen. Es gab 99 Programme, die wir aber nicht alle sehen konnten, nicht einmal durchzappen konnten wir sie. Es war einfach zu viel, aber schön!!

24.07.01

Am nächsten Morgen sind wir dann um ca. 08:10 Uhr Richtung **LAS VEGAS** abgefahren! Mein Gott, war ich auf diese Stadt gespannt, da mir Gunter schon so viel darüber berichtet hatte.

Wir sind die US 50 East nach **FALLON** gefahren. Eine gerade Straße, unendlich weit. Dann mussten wir über die Alt 95 Richtung **YERING-TON**. Das alles zu finden war gar nicht so einfach. Aber es hat geklappt. Plötzlich standen wir vor einem beschrankten Bahnübergang. Die Schranke war herunter und wir mussten warten. Das taten wir auch, und zwar eine sehr lange Zeit, ohne dass sich etwas tat. Dann kam plötzlich von hinten der Sheriff mit seinem Wagen an uns vorbei, bretterte über den Bahnübergang und weg war er. Dahinter ein Wagen, der auch ein rot-blaues Blinklicht hatte wie das Fahrzeug vom Sheriff.

Die sind durchgefahren, dann noch einige andere Autos, die hinter uns gestanden hatten. Dann musste es meinen sonst so korrekten Mann gepackt haben, denn auf einmal setzte Gunter blitzartig hinterher. Das waren fünf Sekunden voller Angst. Glauben kann ich es jetzt immer noch nicht. Aber wahrscheinlich war es richtig, denn wir hätten da bestimmt noch lange gestanden. Einen Grund musste die Schranke ja gehabt haben, aber das werden wir nun nicht mehr herausfinden.

Nach einigen Meilen kamen wir zum **WALKER LAKE**. In **HAW-THORNE** brauchte ich dringend eine kleine P...pause. Dafür hat Gunter McDonald's angesteuert, wo wir bei dieser Gelegenheit gleich etwas gegessen haben. Der Kaffee war hier genauso gut wie in Hamburg. Außerdem habe ich sechs Chicken Nuggets gegessen. Man ist doch längst nicht mehr so hungrig, wenn man etwas gegessen hat (den Spruch habe ich von meiner Mutter).

Gunter als Fahrer hat dann die kleine Windhose entdeckt, ich als Beifahrer habe sie erst gesehen, als Gunter mich darauf aufmerksam gemacht hatte.

Getankt haben wir in **TONOPAH** und eine Eispause gemacht in **BEATTY** im **DEATH VALLEY**. Das war ein sehr hübscher kleiner Ort. Und es war so heiß!

Nun fuhren wir weiter in Richtung **LAS VEGAS**. Ein Schild sagte uns, dass es noch 55 Meilen waren. Es war also ein Ende der Fahrt abzusehen. Ich war gespannt darauf, ob wir auch ein Motel finden würden. Sehen kann man **LAS VEGAS** schon von Weitem, aber die richtige Ausfahrt zu finden, war eine Kunst. So brauchten wir eine Weile, bis wir mittendrin waren. Es war toll. Eine große Menschenmenge wälzte sich durch die Straßen, die wir auf der Suche nach einem Motel durchfuhren. Dann hatten wir eines gefunden, und zwar mitten im Zentrum, gegenüber vom TREASURE ISLAND. Das Motel hieß VAGABOND INN. Unser Zimmer lag im ersten Stock und war wunderschön, mit einem geräumigen Balkon, direkter Blick, allerdings stark nach links auf das TREASURE ISLAND. Vor unserem Balkon lag der Pool und dahinter der Parkplatz, sodass wir auch jederzeit unser Auto im Blick hatten.

Dann sind wir los, **LAS VEGAS** erobern. Spielen wollten wir auch. Das war ein Muss! Wir sind ins TREASURE ISLAND gegangen und haben dort das Buffet für $ 12,50 pro Person gehabt.

25.07.01

Heute sind wir etwas später aufgestanden und haben im Office des Motels gefrühstückt. Es gab Kaffee und Kuchen. Das war im Preis inbegriffen.

Nun wollte ich ja gerne zum HARD ROCK CAFÉ. Es war sehr heiß und der Weg sehr weit. Beides was für mich, besonders der Weg, der wirklich sehr weit war. Von Weitem sahen wir nach endloser Zeit und vielen durchquerten Straßen die berühmte Gitarre des Hard Rock Cafés. Es täuschte doch sehr, der Weg war noch weiter, als ich dachte. Ich war schon beinahe ausgetrocknet, mein Durst war groß, sehr groß. Gunter hielt sich tapfer. Er hat mich motiviert, was ihm auch gelungen ist, sonst hätte ich zwischendurch mal gerne aufgegeben. Dann kam die große Überraschung: Es war kein Hard Rock Café, sondern ein HARD ROCK HOTEL. Wir wussten bis dahin nicht einmal, dass es eines gibt. Es war ein Riesengebäude, wie alle in VEGAS, natürlich war auch ein Spielsalon dabei. Gespielt haben wir auch, mal haben wir gewonnen, mal verloren. Es hielt sich die Waage. Selbstverständlich habe ich so einen Plastikpott mitgenommen, wo die Münzen reinkommen beim Spielen. Über das Ding freue ich mich heute noch. Allerdings steht er, sehr zu Gunters Freude, im Büro. Jedenfalls einer von dreien.

Nachdem wir alles gesehen hatten, haben wir nach einem Shuttle zum STRATOSPHERE TOWER gefragt. Den gab es. Wir mussten wir noch ein Stück gehen und standen zu unserer großen Freude plötzlich auch noch vor dem HARD ROCK CAFÉ. Das war toll. Hier gab es für Claudi und Lenchen je ein T-Shirt. Ich hatte schon eines vom Hotel. Übrigens das einzige, auf dem HARD ROCK HOTEL draufsteht.

Nun fuhr der Shuttle (ein schwarzer Kleinbus mit HARD ROCK CAFÉ-Aufdruck) durch halb LAS VEGAS. Allerdings mussten wir noch ein Stück bis zum Tower gehen. War aber nicht so weit. Dann sind wir mit dem Fahrstuhl raufgefahren. Oben gab es bei allerbester Aussicht einen Drink, der im Ticket enthalten war. Wir haben uns einen Erdbeer Daiquiri ausgesucht. War nicht so ganz Gunters Geschmack. Danach haben wir die traumhafte Aussicht genossen.

Leider konnten wir nicht auf die Spitze dieses Turmes mit dem »BIG SHOOT« fahren, da zu diesem Zeitpunkt die Gefahr des Lightning bestand. Unter »BIG SHOOT« war eine ringförmige, um einen Mast angeordnete Einrichtung aus Sesseln zu verstehen, in der man angeschnallt und anschließend ca. 50 m an einem Mast hochgeschleudert wurde und dann im freien Fall wieder auf die Plattform zurückkehrte. Erst etwa 10 m vor Erreichen der Plattform wwurde dieser Sesselring abgebremst. Es musste ein Wahnsinnsgefühl sein. Es war schade, dass zu diesem Zeitpunkt wegen des Gewitters diese Einrichtung gesperrt war, aber ich war doch ein bisschen froh, denn so hoch über der Stadt und dann mit so einem Gerät hätte sich von mir wahrscheinlich der Daiquiri verabschiedet. Gunter kannte das, er war mit Barbara schon dort gewesen.

Zurück zum Motel haben wir den Strip-Trolley für $1,50 genommen. Der hat uns ein Stück von unserem Motel entfernt abgesetzt. Die Strecke konnten wir trotz der Hitze gerade noch laufen. Gunter ist dann ins Motel und hat auf dem Balkon Karten geschrieben und ich habe ein T-Shirt für Tom gekauft. Anschließend sind wir zusammen zum Pool. Ich war sogar drin, war kalt. Dann haben wir uns »landfein« gemacht, sind ins MIRAGE gegangen und haben dort das Buffet gehabt. Es war wunderbar. Danach haben wir gespielt. Gunter hat 160 Münzen zu 25 Cent gewonnen. Damit hatten wir genug Münzen für den nächsten Tag.

26.07.01

Heute war frühes Aufstehen angesagt, weil wir um 06:00 Uhr mit dem Bus der VISION AIRLINE abgeholt wurden, um zum Flugplatz zu fahren und dann über den **GRAND CANYON** zu fliegen. Wahnsinn, das hatte Gunter gestern beschlossen und auch gleich gebucht. Wir wollten eigentlich mit dem Auto dahin, aber es wäre zu weit und zu anstrengend für Gunter gewesen. Ich freute mich wie verrückt auf den Grand Canyon und auf den Flug.

Wir sollten uns vor dem TREASURE ISLAND einfinden, nur der Bus fuhr an uns vorbei Richtung Eingang TREASURE ISLAND. Gunter ist hinterher. Nach einiger Zeit kam er wieder um die Ecke und winkte heftig, das hieß für mich: auf zum Sprint. Das haben wir noch gut geschafft. Die Fahrt zum Flugplatz dauerte ca. eine Stunde, da wir noch einige Hotels abgeklappert haben, um weitere Fahrgäste aufzunehmen.

Am Flugplatz angekommen mussten wir uns in eine Schlange einreihen, um den Flug und die Busfahrt zwischendurch zu bezahlen. Wir bekamen eine Plakette mit Nummer 43. Die mussten wir uns an unsere Kleidung kleben. Auf der Plakette war noch ein kleines Schild, darauf stand bei mir »A 1« und bei Gunter »C 1«. Auf dem Weg über das Rollfeld zum Flugzeug wurde noch von uns mit der Co-Pilotin ein Foto gemacht. Da mit uns noch ca. 18 andere Personen zum Grand Canyon wollten, war unser Flugzeug etwas größer. Wir hatten so viel Glück bei der Vergabe der Plätze, denn wir saßen genau in der ersten Reihe hinter den Piloten, die wir hätten im Sitzen berühren können. So hatten wir auch das große Glück, dass beim Fotografieren aus dem Flugzeug die Tragflächen hinter uns lagen, sodass wir absolut freie Sicht hatten. Der Flug, der, wie Gunter sagte, eigentlich ein Ritt war, war so wunderschön. Ein Ritt deswegen, weil der Flieger jede Bewegung der Luft mitmachte, also wirklich ziemlich unruhig war. Nicht immer, aber immer öfter. Mir hat das nichts ausgemacht. Ich habe mich bei jeder Bewegung mit in die Kurven gelegt. Angst hatte ich überhaupt nicht. Das wundert mich im Nachhinein aber doch, denn während des gesamten Fluges war es im Flieger ausgesprochen ruhig. Wenn ich mich einmal umschaute, dann saß da ein Mann, dem lief ständig der Schweiß von der Stirn. Eine Frau hatte erhebliche Schweißränder unter ihren Armen und warm war es in dem Flugzeug wirklich nicht. Ich glaube, einigen Passagieren hat dieser Flug nicht so gut gefallen wie mir. Nach ca. 45 Minuten landeten wird auf dem Flugplatz des Grand Canyon, wo wir in einen Bus verfrachtet wurden. Dieser Bus fuhr uns in den Canyon, den wir schon überflogen hatten. Er hielt an einigen sehenswerten Stellen an, wo wir aussteigen und reichlich fotografieren konnten.

Irgendwann kamen wir an ein Restaurant, wo wir ein im Preis enthaltenes Mittagessen einnehmen konnten. Das war eine Art Buffet, und das Restaurant war sehr hübsch. Gegessen habe ich Huhn und Rind in Fladen geschnitten. Etwas gewöhnungsbedürftig, aber dennoch genießbar. Natürlich befand sich hier auch ein Souvenirshop.

Danach ging es wieder zum Flugplatz. Natürlich hatten wir wieder unsere alten Plätze. War das schön!! Der Rückflug war noch etwas heftiger als der Hinflug. Gunter hatte beobachtet, dass einige Passagiere leicht blass waren, er sprach sogar von grün. Ich hatte für die Leute keine Zeit, denn ich musste die Gegend genießen. Das sah ich bestimmt nie wieder und es war doch so schön. Wir kamen in eine kleine Regenwand, die wir, weil wir vorne saßen, schon haben kommen sehen. Es war hochinteressant, ziemlich laut prasselte der Regen auf die Scheiben im Cockpit und geschaukelt hat es mächtig. Mir hat das gut gefallen, denn auch dieses dürfte eine einmalige Erfahrung bleiben und das musste ich einfach nur genießen. Das habe ich getan, fast völlig ohne Angst. Ich habe während des Fluges noch viele Aufnahmen gemacht und gehofft, dass sie trotz der Wackelei noch etwas geworden sind.

Nachdem wir (leider) wieder gelandet waren, konnten wir das vorher gemachte Foto mit der Co-Pilotin kaufen, was wir dann auch taten. Nun ging es mit dem Shuttle wieder zum Motel. Dort ist Gunter, trotz der großen Hitze, an den Pool gegangen. Ich habe mich kurz im Zimmer aufgehalten, bin dann aber doch zum Pool und habe mich ein wenig gesonnt. Lange konnte ich das nicht ab, denn die Sonne brannte hier ganz anders als in Hamburg. Zwischendurch habe ich meine Beine im Pool gekühlt. So konnte ich das aushalten.

Gegen 19:00 Uhr sind wir gut ausgerüstet mit 207 Münzen à 25 Cent »ausgerückt«. Wir haben wieder bei Denny's gegessen, denn das eine Buffet, das wir angeschaut hatten, war für unseren Hunger »nicht groß genug«. Gunter hat ein Sandwich gegessen, das hier mit Pommes gereicht wurde, die noch schick »in Schale« waren. Ich habe mich zu einem T-Bone-Steak hinreißen lassen. Das war wunderbar. Danach sind wir ins TREASURE ISLAND und haben an den Automaten gespielt. Das war richtig schön und in einer tollen Atmosphäre. Anschließend zurück ins Motel und auf den Balkon. Zum Schlafen war es einfach noch zu heiß.

27.07.01

Um 09:45 Uhr haben wir das VAGABOND INN verlassen. Ich habe noch einige Aufnahmen von den Casinogebäuden gemacht, bevor wir auf der Interstate 15 LAS VEGAS verließen. Wir kamen durch einen Ort, der hieß JEAN. Dort war ein Casino, das einem Schiff nachgebaut war. Dann fuhren wir durch PRIMM, dort war die letzte Gelegenheit für Spieler, denn hier war das Spielerparadies im Staat NEVADA zu Ende.

Die Interstate 15 war eine schier endlose, meist gerade Straße Richtung LOS ANGELES. Hier kamen wir an eine Abzweigung, die zur Zzyzx-Road führte. Aussprechen kann ich dies nicht, aber damit ich es notieren konnte, ist Gunter extra langsam gefahren. Dann fuhren wir an BARSTOW vorbei und kamen kurz vor VICTORVILLE an eine Rauchwolke von einem großen Brand, die aber über die Interstate wegzog, sodass wir trotzdem freie Sicht hatten.

Je näher wir VICTORVILLE kamen, desto mehr wurde der Rauch. Sogar eine offene Flamme habe ich fotografiert. Das Feuer, so habe ich später feststellen können, war zwischen **RANCHO CUCAMONGA** und **VICTORVILLE.**

Wir wollten nach **ANAHEIM**, ich wollte so gerne Disneyland sehen. Hier haben wir ein sehr schönes Hotel gefunden, THE ANABELLA HOTEL. Das lag genau gegenüber von Disneyland. Dort hatten wir zwei Schlafzimmer zu ebener Erde, jeweils mit TV und Kühlschrank, der bei diesen Temperaturen selbstverständlich war. Wir hatten sogar eine kleine Terrasse.

Nachdem wir uns von der Fahrt ein wenig ausgeruht hatten, fuhren wir mit einem Shuttle, denn ich wollte unbedingt noch heute zum DISNEYLAND. Dort angekommen wurde ich fast erschlagen von der Größe des Vorgeländes vom DISNEYLAND, das man betreten konnte, ohne Eintritt zu zahlen. Natürlich waren dort auch zahlreiche Geschäfte untergebracht, ebenso Restaurants und Bars. Unter anderem war dort ein Riesenladen nur mit Walt-Disney-Dingen. Einiges war ziemlich hart an der Kitschgrenze und vieles war ganz kitschig. Aber einige Dinge waren so niedlich, dass ich sie doch gerne mitgenommen hätte. Aber ich hatte ja eine Bremse in Form von Gunter.

Am Abend hatten wir uns schon Eintrittskarten (total $ 86,00!!) für morgen gekauft, wer weiß, wie voll es morgen an den Kassen werden würde. Zu Fuß sind wir dann Richtung Hotel, was wohl völlig unamerikanisch war, denn Fußgänger sahen wir nur in Tourismusgebieten. Sonst waren kaum Fußwege zu finden. Zu Abend gegessen haben wir beim Chinesen. Das war so eine Art Garküche, aber sehr viel besser. Es war ein großer Raum mit ca. zehn Tischen. Das Essen wurde – weil auch zum Mitnehmen – in Styropor »serviert«, was dem Geschmack aber keinen Abbruch tat, denn es war unglaublich gut. Man konnte sich sein Essen selbst zusammenstellen, denn die Behälter mit den einzelnen Speisen waren gut einzusehen, da sie gleich hinter der Thekenscheibe standen. Außerdem konnte man wählen zwischen fünf vorgeschlagenen Gerichten, die im Bild über der Theke angebracht waren. Zum Essen haben wir ein Sapporo-Bier getrunken. Das gab es in einer tollen silberfarbenen Dose. Gunter hat die Angewohnheit, eine leere Bierdose zusammenzudrücken.

Hier musste er sich sehr anstrengen, um die Dose zu knicken, denn sie war außerordentlich massiv.

Nach dem Essen hat Gunter Barbara in Hamburg in unserer Wohnung aus dem Bett geholt, denn es war dort erst 04:00 Uhr, als er anrief. Barbara, ihre Freundin und deren Mutter wollten morgens weiter nach Holland, und zwar gegen 06:00 Uhr ab Hauptbahnhof. Vom Hotel aus habe ich dann lange mit Claudi telefoniert. Es war schön, sie mal wieder zu hören. Leider hat das Lenchen noch geschlafen. Nach den Telefonaten haben wir noch ein wenig auf der Terrasse gesessen.

28.07.01

Wecken war heute um 08:00 Uhr. Auf ins Disneyland!! Wir waren gegen 09:00 Uhr am Shuttle, der fast pünktlich um 09.10 Uhr abgefahren ist. Gegen 09.30 Uhr waren wir im Disneyland und mit uns noch viele viele andere. Es war alles sehr beeindruckend. Zuerst ging es durch die Mainstreet. Dort reihte sich ein Shop an den anderen. An den Souvenirläden musste ich schnell vorbei, denn Gunter mag diese Art von Shops nicht. Aber ich hätte sie gerne mal angesehen. Na ja.

Wir haben uns Folgendes angesehen:
Mark Twain Riverboat
Big Thunder Mountain
Jungle Cruise
Indiana Jones Adventure
Tarzan's Treehouse
It's a small world
Disneyland Monorail
Honey, I shrunk the Audience
Stov Tours
Mr. Todd's wild Ride
Pirates of the Caribbean
Innoventions (PC).
Zum Schluss sind wir noch mit der Monorail gefahren. Dann ist Gunter

ins CATAL RESTAURANT & UVA BAR gegangen und ich in den Disneyshop. Dort habe ich einiges gekauft und mir alles genau angesehen. Es war sehr schön und außerordentlich interessant.

Abends sind wir wieder beim Chinesen von gestern gelandet. Das Essen war einfach zu gut. Morgen werden wir bestimmt wieder hingehen, denn ich musste noch einiges probieren.

29.07.01

Heute sollen wir um 09:00 Uhr vom Hotel abgeholt werden, denn wir fahren mit dem Bus nach **HOLLYWOOD, BEVERLY HILLS** und zu den **UNIVERSAL STUDIOS**. Ich malte mir das ganz toll aus. Das Ganze sollte sieben Stunden dauern.

Wir haben im Hotel gefrühstückt. Das hatte Gunter herausgefunden, als er zum Schwimmbad gehen wollte. Wir mussten dazu nur über die Straße und Kaffee und Bagels holen, und auf unserer kleinen Terrasse essen.

Wir wurden pünktlich abgeholt und sind dann mit dem Bus und einem geschwätzigen Fahrer (so Gunter) durch **HOLLYWOOD, BEVERLY HILLS** und **BEL AIR** (wir haben einige Häuser von Prominenten gesehen) gefahren.

In **HOLLYWOOD** haben wir die im Boden eingelegten Stars der Schauspieler gesehen sowie das Chinesische Theater. An diesem Tag liefen die Vorbereitungen für die Premiere des Films »PRINCESS DIARIES«. Ein roter Teppich war ausgebreitet, Absperrgitter aufgestellt und die Leute waren dabei, riesige Dekopflanzen auszuladen. Diesen Film haben wir später mit Cathie und Barbara zusammen in Dublin (liegt in der Nähe von Castro Valley) gesehen.

Nun standen wir vor dem Portal zu den UNIVERSAL STUDIOS. Es war ein eigenartiges Gefühl, das zu sehen, denn ich hatte immer nur davon gehört und im Vorspann diverser Filme von diesen Studios gelesen, und nun stand ich davor. Das war toll.

Hier wurden wir uns selbst überlassen. Das allerdings hatten wir uns anders vorgestellt. Wir dachten da mehr an eine Führung durch die Studios. Aber jetzt mussten wir sehen, wie wir zeitlich alles in die Reihe kriegen. Gunter hatte sich einen Plan besorgt, in dem alle Veranstaltungen aufgeführt waren. Es war bereits 13:15 Uhr. Da, wo wir rein wollten, waren lange Wartezeiten, und es wurde etwas problematisch für uns. Dennoch gelang es uns – unter Gunters Führung – Folgendes zu sehen: Terminator, Jurassic Park, Waterworld und E.T. The Mummy returns. Das war furchtbar, denn hier wurde ich von einer riesengroßen Figur erschreckt, die plötzlich links aus der Wand auf mich zukam. Auch hier war das HARD ROCK CAFÉ vertreten, und zwar in Form eines kleinen Verkaufsanhängers. Natürlich habe ich mir hier ein T-Shirt gekauft.

Um 19:30 Uhr wurden wir mit dem Bus wieder abgeholt. Weil einige nicht pünktlich waren, sind wir erst um 19:50 Uhr abgefahren und waren um ca. 21:35 Uhr wieder in **ANAHEIM**, wo wir uns vom Fahrer eine Ecke nach unserem Hotel haben absetzen lassen, weil wir wieder zum Chinesen wollten. Ich habe Orange Chicken, Lemon Chicken und Onion Beef gegessen.

30.07.01

Um ca. 09:45 Uhr sind wir ab **ANAHEIM** Richtung **MORO BAY** gefahren, und zwar den Cabrillo Highway, vorbei an **BEACH BULSA CHICA**. Dort sind wir auf dem Freeway 1 gefahren und dann den Pacific Coast Hwy. Hier haben wir während der Fahrt einen Haus-Rohbau gesehen, der aus einem »Skelett« aus Holz bestand.

Von **LONG BEACH** hatte ich eine ganz andere Vorstellung. Hier fuhren wir durch nicht sehr attraktive Straßen am Industriegebiet vorbei. Sicher, den Strand haben wir nicht gesehen, dafür war leider keine Zeit, aber die Stadt als solche hatte ich mir auch schöner vorgestellt. **MANHATTAN BEACH** unterschied sich nicht sehr von **LONG BEACH**, war aber etwas schöner anzusehen durch mehr Straßengrün und schönere Häuser.

Vorbei am **L.A. INTERNATIONAL AIRPORT** erreichten wir nun auf Wunsch einer einzelnen Dame, nämlichClaudia, **VENICE**. In Deutschland gab es eine Sportbekleidungsmarke namens VENICE BEACH. Ich hatte gehofft, dass diese vielleicht hier ansässig sein könnte. Wir haben das Auto auf einem PARK & LOOK YOUR CAR-Platz abgestellt und sind am **VENICE BEACH** bummeln gegangen. Der OCEAN FRONT WALK (so hieß die Straße am Strand entlang) war eine sehr lange Straße, an der Häuserseite jede Menge Souvenir- und Bekleidungsgeschäfte. Für Claudia habe ich hier zwei T-Shirts gekauft, ich denke aber, die waren nur von dem Ort und nicht von der Firma VENICE. Aber egal, schön waren sie allemal.

Im CAFE 325 (das war die Hausnummer!) haben wir etwas zu essen bestellt, von dem wir beide nicht wussten, was wir bestellt hatten, denn Gunter kannte das auch nicht. Ich weiß zwar nicht mehr, was es war, ich habe es leider auch nicht aufgeschrieben, aber es war gut. Am Nebentisch saß ein Mann – oben ohne – mit einem Papagei. Der konnte wohl nicht mehr fliegen, denn er hüpfte nur und hüpfte auch zu den Gästen. Na, das war ja was für mich. Ich habe schon die Krallen auf meinem Arm gespürt, aber Gott sei dank hüpfte er nicht zu uns.

Wir sind dann noch ein bisschen weiter gelaufen und auf einen »Masseur« getroffen, der seine Massagebank auf der Straße stehen hatte. Leider hatte er zurzeit keinen Kunden, denn das hätte ich gerne mal gesehen.

Dann sind wir nach **MALIBU** gefahren. Das wollte ich gerne mal sehen. Rockford lief uns nicht über den Weg, eigentlich schade. Der Strand riss uns nicht vom Hocker, war auch nicht so besucht. Dort habe ich mir dann bei GLADSTONE'S ein T-Shirt gekauft, auf dem MALIBU stand, denn kein anderer Laden, auch kein Souvenirgeschäft, war zu sehen. Nur eine Tankstelle, wo wir auch geparkt haben. Die Häuser von **MALIBU**, jedenfalls die, die wir von der Straße aus gesehen haben, waren auch nicht so toll.

Gegen 18:00 Uhr sind wir in **SANTA BARBARA** angekommen. Das erste Motel, das wir fanden, war das HARBOR VIEW MOTEL. Dort sollte ein Guestroom, es hieß OCEAN VIEW PATIO, für eine Nacht $ 245 kosten, die Suite sogar $ 345 bzw. 295. Das hat mein Mann dann doch freundlich abgelehnt und wir haben weiter gesucht. Gefunden haben wir dann das ALA MAR MOTEL, direkt am Strand, wunderschön gelegen. Hier hatten wir wieder zwei Zimmer, Waschbecken und Bad separat. Alles in dunklem Holz eingerichtet, sehr hübsch und gemütlich.

Gunter ist erst mal losgegangen und hat einen Film und eine Briefmarke für Claudis Karte von Venice Beach besorgt. Danach sind wir auf den Steg gegangen. Dieser Steg war groß und breit. Auf diesem befanden sich viele Geschäfte und Restaurants. Er wurde sogar befahren, und nicht nur von Lieferfahrzeugen, sondern auch vom Publikum. Außerdem verfügte er über einen Parkplatz. Hier haben wir Pelikane gesehen. Die saßen ganz friedlich auf dem Steg, guckten und putzten sich. Angst hatten sie nicht, denn sie waren das Publikum gewohnt.

Ein Angler hatte einen Seestern und einen Krebs gefangen. Das musste ich natürlich fotografieren.

Wir haben in einem Restaurant auf dem Steg, und zwar im SANTA BARBARA FISH HOUSE, gegessen. Es war toll. Dieses Lokal hatte ein Bassin für Krebse, das man auch von draußen einsehen konnte.

Von dem Steg hatten wir eine wunderschöne Aussicht auf **SANTA BARBARA** und den ganzen Strand entlang, zu beiden Seiten des Stegs. Es war wunderschön!

31.07.01

Um 10:30 Uhr sind wir Richtung **MORO BAY** die US 1 gefahren, vorbei an **CAVISTA** und **LAS CRUCES**. Auch durchfuhren wir weitere hübsche Orte wie **GUADALUPE** und **NIPOMO** vor **OCEANO**. Dann sahen wir rechts vor uns einen Berg. Jetzt seien wir kurz vor **MORO BAY**, sagte Gunter. Der musste es wissen, denn er war schon mal hier. Dann lag vor uns **MORO BAY** und ich sah wieder einen Berg rechts von der Straße. Es war der berühmte Berg von **MORO BAY**, der vor dem Ort mitten im Wasser lag.

Um 13:20 Uhr haben wir ein Zimmer im BLUE SAIL INN bezogen, und zwar Nr. 2. Es war herrlich gelegen, das Motel und auch unser Zimmer. Oben von der Straße lag es zu ebener Erde und hinten raus im 2. Stock. Ich muss nicht besonders erwähnen, dass auch hier wieder unser Zimmer das letzte freie war. Wir hatten von unserem großen Balkon (mit Tisch und zwei Stühlen) einen Wahnsinnsblick auf die kleine Stadt. Direkt rechts vor uns der Berg im Wasser. Es war wirklich der helle Wahnsinn. Das Zimmer hatte ein Riesenbett, vor der Glastür zum Balkon stand ein Tisch mit Sessel, an der Wand gegenüber dem Bett ein Schrank, in dem ein Fernseher verborgen war. Den konnte man auf einer Platte noch ein Stück herausziehen. Hinter dieser Wand befanden sich die Nasszone und ein Extraraum mit Waschbecken und einem Spiegel über die ganze Wand. Abgeteilt durch eine Wand waren da noch eine Kaffeemaschine, eine Mikrowelle und ein Spülbecken. Dies alles ebenfalls vor einem Spiegel. Auf dem wunderschönen Balkon haben wir gesessen, bis es Zeit wurde, essen zu gehen. Die Lokale schlossen hier relativ früh, gegen 21:00 Uhr. Danach war wohl auch nichts mehr los. Ich habe Fisch mit Knobichips gegessen, Gunter sechs Austern. Chips mit Knobi hatte ich bisher noch nicht gehabt. Waren aber sehr gut.

Nach dem Essen haben wir noch »eine Runde gedreht« und sind durch die Souvenirläden getappert. Sehr zu Gunters Verdruss. Das war nichts für ihn und wird auch nie was für ihn sein. Allerdings sollte er mir solche Touren auch nicht durch sein abfälliges Gerede madig machen. Darüber müssten wir beim nächsten Urlaub noch einmal reden!

Wieder im Motel haben wir eine Folge von J.A.G. gesehen, die wir noch nicht kannten.

01.08.01

Heute haben wir lange geschlafen, das war mal nötig und sehr schön. Gefrühstückt haben wir bei Denny's. Dort habe ich ein »Senioren-Frühstück« bestellt, was ich auch anstandslos bekam. Ich hatte mit einem, wenn auch schwachen, Protest gerechnet, von wegen »So alt sind Sie doch noch nicht.« Das hat mich zwar ein bisschen gewurmt, denn ich dachte bislang, man sah mir mein Alter noch nicht so direkt an. Aber es schien doch so zu sein, oder aber der Bedienung war es egal. Na gut, geschmeckt hat es trotzdem und ausreichend war es auch. Gunter hatte Rührei mit Käse und Toast, Bacon und Würstchen.

Nach dem Frühstück sind wir zum Felsen gefahren und haben den Wagen dort stehen lassen. Dann sind wir den ganzen Strand entlanggelaufen, bis es fast nicht mehr weiter ging. Es war so toll, der Wind, das Wasser. Und das zwei Stunden lang. Die Zeit verging wie im Fluge, ich hatte immer was zu sehen am Strand: Seetang, armdick, man glaubt es kaum. Hätte ich auch nicht, wenn Gunter das nicht bestätigt hätte. Außerdem haben wir viele Möwen und andere Vögel gesehen. Nach diesen zwei Stunden haben wir den Strand verlassen, um nach einer Bar oder Ähnlichem Ausschau zu halten. Wir haben auch tatsächlich einen kleinen Ort gefunden (nachher haben wir festgestellt, dass das immer noch MORRO BAY war). Dort sind wir die Straßen rauf und runter, kreuz und quer, es war nichts zu entdecken, was wenigstens annähernd wie ein Restaurant oder eine Bar aussah. Da das eine reine Wohngegend zu sein schien, ist Gunter dann letztendlich in ein Haus gegangen und hat sich erkundigt. Ja, es solle hier so was geben, immer die Mainstreet entlang. So ganz allmählich merkte mein Kreuz den Weg und ich hoffte nur, dass das Restaurant oder was auch immer bald in Sicht kam. Aber es dauerte, es war heiß und ich konnte nicht mehr.

Gunter ist dann vorausgegangen, ob die Richtung noch stimmte. Er hat tatsächlich die Bar gefunden. Die war sehr schön, aber ungewöhnlich. Auf dem Tisch standen große Schalen mit Erdnüssen. Die Vorgänger haben die Erdnussschalen einfach fallen gelassen, sodass der Fußboden gut aussah. Wir haben hier ein Bier getrunken und ich noch einen Jack Daniels. Ein richtig volles Glas für nur $ 2,00.

Gestärkt sind wir dann aufgebrochen und denselben Weg zurückgegangen. Auch jetzt haben wir wieder viele Möwen und auch Krebse gesehen. Das war ein sehr schöner Weg. Natürlich habe ich den Seetang und die Möwen fotografiert.

Wieder im Motel haben wir auf dem Balkon gesessen und einen Drink genommen.

Hier war es immer ein wenig bedeckt und morgens recht neblig. Die Sonne schien trotzdem, das war das Gefährliche. Darum habe ich mich bei unserer »Wanderung« auch mit einem Kopftuch verunziert. Ein Kopftuch deshalb, weil mein Gesicht mit einer Baseballkappe im Schatten lag und ich wollte wenigstens ein wenig Sonne im Gesicht spüren.

Ob wir auf dem Balkon saßen oder die Mainstreet entlanggingen, es war immer der Duft von gebratenem Fisch in der Luft. Das war sehr angenehm, besonders dann, wenn man Hunger hatte.

Zum Essen sind wir in das HARBOR HUT RESTAURANT gegangen und haben dort für insgesamt $ 51,84 gegessen. Gunter hatte Muscheln. Das waren keine Miesmuscheln, sondern richtige. Ich habe eine davon eingepackt. Ich habe Sole-Fisch gegessen. Was das für einer war, weiß ich nicht, aber er war sehr lecker. Es waren zwei Stück Fisch und darunter lagen Krabben. Ganz wunderbar. Dazu gab es Reis. Vorher hatten wir eine Clamb Chouder, das war eine Muschelsuppe. Die war sehr dick, aber auch sehr gut. Darin waren Stücke en von was auch immer. Außerdem gab es vor dem Essen noch ein süßes warmes Brot mit Butter. Das war absolut großartig. Leider konnten wir davon nicht so viel essen, sonst wären wir schon vor dem eigentlichen Essen satt gewesen. Übrigens gab es auch hier, wie fast überall, Eiswasser.

Wieder im Motel waren wir im Spa. Das war vielleicht schön. Dann haben wir noch ferngesehen. Vieles konnte ich verstehen.

02.08.01

Heute haben wir wieder ausgeschlafen und sind gegen 10:25 Uhr zu Denny's zum Frühstück gefahren. Dort mussten wir lange auf das Frühstück warten, das war für Denny's sehr ungewöhnlich. Danach sind wir wieder zum »Rock« gefahren und haben dieses Mal den Steinweg genommen. Aber wir kamen nicht weiter und sind dann wieder zum Strand und denselben Weg wie gestern gegangen. Am Ende lockte die Bar und Gunter die Erdnüsse. Und natürlich das Bier. Ist ja klar. Gegen 18:00 Uhr sind wir zum Chinesen gegangen, den Gunter schon vorher ausgekundschaftet hatte. Er lag etwas außerhalb unseres Blickfeldes vom Balkon. Dort gab es – man höre und staune – ein chinesisches Buffet. Das haben wir gewählt und es nicht bereut. Dazu kam eine Kanne Tee auf den Tisch mit zwei kleinen Bechern. Der Tee war gut. Wir haben auch nichts anderes dazu getrunken. Leider waren wir schon sehr bald richtig satt, fast schon unanständig. Aber natürlich musste ich noch den Nachtisch probieren, und zwar Jelly Mandarin, Jelly Kirsch, zwei Stückchen Ananas und drei Stücke Pfirsich. Es war so toll!

Danach sind wir ins Motel getrudelt, so satt waren wir. Wenn man alles probierte bei so einem Buffet, war das natürlich auch kein Wunder.

03.08.01

Um 10:25 Uhr war Abfahrt von **MORO BAY**. Leider, denn hier war es so wunderschön, ich wäre gerne noch dort geblieben, auch deswegen, weil wir ein so schönes Motel hatten. Aber wir mussten ja weiter.

Irgendwer hatte uns erzählt, dass wir auf unserer Fahrt ziemlich dicht am Hearst-Castle vorbeikommen. Das müssten wir uns unbedingt ansehen. Nun, wir waren willig und Gunter fuhr hin. Wir konnten von der Straße noch nichts sehen. Eigentlich hätten wir schon stutzig werden müssen, als wir den Riesenparkplatz mit den vielen Pkw und Bussen gesehen haben. Aber noch waren wir ziemlich arglos. Es erwartete uns nach einem kleinen Fußmarsch ein Riesenhaus. Das war das Visitor Center. Richtig viel Kommerz. Der Eingang aus Glas führte in eine richtig große Halle. Das war der Raum, wo man Souvenirs (natürlich) kaufen konnte, allerdings ziemlich schreckliche. Außerdem war dort eine Art Schalter, an dem musste man sich eine Karte für die Besichtigung des Castles kaufen. Die Fahrt sollte wohl eine Stunde dauern, ich weiß nicht mehr, ob das mit oder ohne Besichtigung war. Es war uns alles zu voll und dauerte viel zu lange. Wir konnten allerdings einen kleinen Blick auf das Castle werfen, und zwar von einer Art Plattform hinter dem Haus, auf der auch ein Fernrohr stand. Das haben wir auch getan und sogar ein wenig von dem Haus gesehen, obwohl es stark nebelig war. Das hat uns gereicht.

Wir sind weitergefahren, immer an der Küste entlang. Es war zauberhaft, links Wasser, rechts Berge. Der Nebel reichte bis zu den Bergen und dahinter war strahlend blauer Himmel. Dann sind wir durch **CARMEL** gefahren. Das war ein sehr bekannter Ort, jedenfalls mir war er bekannt gewesen. Ich glaube, dass Doris Day, die ich sehr mag, hier wohnte.

In **MONTEREY**, gleich neben der California 1, haben wir bei McDonald's Halt gemacht. Das war dringend erforderlich. Gegessen haben wir bei dieser Gelegenheit auch, und zwar hervorragende Nuggets und sehr gute Pommes. Gunter hat einen Double-Burger – oder so ähnlich – gegessen. Außerdem gab es Coke, so viel man wollte. Die Bedienung schenkte nach, ohne Aufforderung. Hier undenkbar.

An dieser Stelle muss ich einmal erwähnen, dass die Restrooms immer sehr sauber waren. Das Restaurant konnte noch so klein sein, aber der Restroom war immer sehr sauber, und jedes Mal war auch eine Toilette für Rollstuhlfahrer dabei.

Weitergefahren sind wir über die **MATEO-BRIDGE**, wo wir $ 2,00 zahlen mussten, um darüber zu fahren. Von der Brücke aus hatten wir einen schönen Blick auf **FOSTER CITY**. Über die Brücke sind wir einmal hin und einmal wieder zurückgefahren, weil mein lieber Mann sich geirrt hatte. Auf dem Rückweg haben wir auf der linken Seite den Flugplatz von **OAKLAND** gesehen. Ebenfalls auf der linken Seite war, allerdings viel weiter weg, der Flugplatz von **SAN FRANCISCO**. Dort landeten zwei Maschinen nebeneinander. Man glaubt es kaum, aber ich habe es mit meinen eigenen Augen gesehen. Wir haben mindestens acht Flugzeuge auf dem Rückweg gesehen, die **SAN FRANCISCO** angeflogen und die Brücke überflogen haben. Es war toll!!

Nach einigem Hin und Her haben wir dann doch **CASTRO VALLEY** gefunden. Da Gunter nicht mehr wusste, in welchem Motel uns Cathie einquartiert hatte, sind wir erst zu ihr gefahren und Gunter ist eben allein rein und hat gefragt. Dann sind wir zum HOLYDAY INN EXPRESS. Nachdem wir uns ein wenig frisch gemacht hatten, sind wir zu Cathie und Barbara gefahren. Dort war es sehr nett und eine Schwester von Cathie (Mogi) kam auch noch mit ihrer Tochter, da Cathie den Tag zuvor Geburtstag gehabt hatte. Ich konnte allerdings bei der Unterhaltung nicht mehr so viel verstehen, denn sie sprachen untereinander doch sehr schnell. Gegen 22:30 Uhr sind wir ins Motel zurück.

04.08.01

Heute haben wir wieder etwas länger geschlafen, so bis gegen 09:00 Uhr. Gefrühstückt haben wir im HOLYDAY INN EXPRESS. Dort war dafür ein toller Extraraum eingerichtet. Das Frühstück war als Buffet gemacht. Es gab alles: Bagel, Brötchen, Saft, Milch, Kaffee, Butter, Honig, Marmelade, Kuchen. Nach dem Frühstück ist Gunter zum Friseur gegangen. Was soll man auch nach dem Frühstück sonst tun? Das Haar, das wenige, war ganz kurz geschnitten und sah toll aus. Was habe ich doch für einen schönen Mann. Anschließend sind wir mit dem Auto zur BART gefahren und von dort mit einem Hin- und Rückfahrticket für $ 6,60 nach **SAN FRANCISCO**. Die Station, an der wir ausgestiegen sind, hieß **MONTGOMERY**. Von dort sind wir nach **CHINATOWN** gegangen. Da sind wir die »Straßen von San Francisco« auf und ab gelaufen. Zum Teil waren sie ganz schön steil. Ich hätte nicht gedacht, dass die Steigung so enorm ist. Natürlich habe ich auch hier Aufnahmen gemacht, auf denen man das ganz gut sehen kann. Auch hier musste ich wieder einen Film kaufen. Ich hatte schon Bedenken, dass er hier genauso teuer war, wie in Moro Bay, wo der eine Laden $ 8,85 haben wollte und der andere »nur« $ 6,50. Ich konnte es fast nicht glauben, aber wir haben in **CHINATOWN** für einen Kodak-Film Gold, 36 Aufnahmen, nur $1,99 bezahlt.

Ich dachte, die hätten sich geirrt, aber es stimmte, stand auch draußen dran. Ich wollte natürlich gleich noch einen Film kaufen, aber Gunter war dagegen, denn ich brauchte ihn ja jetzt noch gar nicht. Später zahlte er dann gern wieder siehe oben.

Zwischendurch haben wir bei einem Chinesen gegessen. Ich Currybeef, Gunter Scalliops mit Reis und Austern. Was Scalliops waren, weiß ich nicht mehr. Dann haben wir das chinesische Tor gesucht, den Eingang zu Chinatown. Musste doch zu finden sein. Gunter hatte das doch schon mal gefunden. Gunter hat Leute gefragt, einige wussten es auch nicht, die anderen schickten uns mal hier hin und mal dort hin. Wir sind gelaufen, die Hügel rauf, die Hügel wieder runter, dann rechts, mal wieder links. Kein Tor in Sicht. Allmählich taten mir die Füße weh, aber Gunter kannte kein Erbarmen, das Tor muss doch zu finden sein. Trotz all der

Anstrengungen des Gehens war es wunderschön, wir hatten zauberhafte Blicke von den Hügeln auf die Straßen darunter. Es war wirklich einmalig schön. Nur, wenn einem etwas runterfiel, was rollte, konnte man das vergessen. So schnell konnte kein Mensch laufen. Zwischendurch haben wir einen Postboten gefragt, wo denn das Tor sei. Er hat es Gunter beschrieben, da mussten wir wieder ein Stück zurücklaufen und durch einen Tunnel. Er war ca. 800 m lang und vorwiegend für Fahrzeuge gedacht. So hat das da auch gerochen. Für Fußgänger war an der Seite ein schmaler Weg. Am anderen Ende angekommen haben wir tapfer weitergesucht und sind CABLE CAR gefahren. Das war ein tolles Erlebnis, einfach klasse. Der Fahrer war ein ganz lustiger Mann, der während der Fahrt geklingelt hat. Außerdem hat er immer irgendetwas erzählt, die anderen haben gelacht, ich nicht, denn ich habe es leider nicht verstanden.

Dann haben wir wieder das Tor gesucht. Und als wir so durch die Straßen gingen, entdeckte ich ganz zufällig ein großes offenes Tor. Neugierig, wie ich war, habe ich reingeguckt und ein kleines Fahrzeug des SFFD (San Francisco Fire Department) gesehen. Ich sofort vorsichtig vorgepescht, um das Auto ganz zu sehen. Das war ja was für mich: ein Auto der Feuerwehr!! Was ich aber dann sah, verschlug mir doch fast die Sprache: ein großes Fahrzeug der Feuerwehr, die Nr. 13!! Ich war hin und weg vor Freude. Das Fahrzeug war so lang, dass es hinten auch einen Sitz für einen Steuermann hatte. Plötzlich war auch ein Feuerwehrmann da. Den habe ich gefragt, ob ich das Auto fotografieren könne. Er hatte – Gott sei dank – nichts dagegen. Plötzlich fragte er mich, ob ich mal darin sitzen möchte. Nun blieb mir fast das Herz stehen. Das war ja unglaublich! Was für eine Frage! Er hat die Tür geöffnet und ich durfte einsteigen. Ich habe Gunter gebeten, ein Foto zu machen. Der Sitz für den Fahrer war relativ klein und eng, aber bequem. In der Mitte zwischen dem Fahrer und dem Beifahrer befand sich u. a. ein Laptop. Hinten im Wagen, der sehr geräumig war, waren die Plätze für die anderen Feuerwehrleute und die Geräte wie Beil etc. Ich habe mich so sehr gefreut, denn ich mochte die Wagen schon immer gerne und bin auf der Straße stehen geblieben, wenn sie vorbei fuhren, allerdings nie die großen, und jetzt durfte ich in einem sitzen. Es war unglaublich (schön)!!!

Dann haben wir wieder das Tor gesucht und letztendlich doch nicht gefunden. Aber das machte nichts. Wir sind mit der Cable Car zur Fishermans Wharf gefahren. Sie war proppevoll. Gott sei dank hatte ich einen Sitzplatz, und zwar ganz vorne. Der Fahrer war sehr witzig, ein netter Mann, der winkte die Leute in die Bahn, bis niemand mehr atmen konnte. Vor der nächsten Station fragte er vorher, ob jemand aussteigen möchte. Wollte keiner. Er fragte: »Two for the back?« und alles brüllte »No«. Also fuhr er durch. Das ging vier Haltestellen so. Dann wollte jemand aussteigen. Es war eine lustige Fahrt.

In Fishermans Wharf haben wir viele Seelöwen gesehen, mehr als beim letzten Mal. Die ganzen Plattformen waren voll. Wir haben noch Schokolade und T-Shirts gekauft. Zurück zur BART sind wir wieder mit der Straßenbahn gefahren. Von dem Bahnsteig aus hat Gunter bei Cathie und Barbara angerufen. Wir wollten Pizza und Getränke mitbringen. Dann kam die BART und Gunter musste aufhören, zu telefonieren. Wir sind bis CASTRO VALLEY gefahren. Dort stand unser Auto. Wir haben Pizzen gekauft bei HARDROCK CHARLIES'S Pizza & Bar-B-Cue im Patio Drive in Castro Valley. Es hat sehr lange gedauert, bis die Dinger fertig waren. Sie wurden vor unseren Augen belegt und mehr oder weniger sanft in den Ofen geschoben. Unsere Pizza wurde geradezu in den Ofen geschleudert, was zur Folge hatte, dass der Belag im Ofen war und die Pizza in der Hand des Pizza-Bäckers. Also hat er diese Pizza in die Tonne gedrückt und eine neue belegt. Das dauerte! Endlich war alles fertig und wir sind losgefahren.

Gunter hat mich mit den Sachen bei Cathie abgesetzt, hat das Auto ins Motel gebracht und ist zu Fuß nachgekommen, da er gerne ein Bier trinken wollte. Wir haben nett geklönt und vereinbart, dass wir vier morgen (Sonntag) ins Kino und anschließend Essen gehen wollten. Zwischendurch kam Amy, denn Barbara und Amy wollten noch auf die »Piste« in Dublin. Wir sind mit den Mädchen zusammen aufgebrochen. Amy hat uns mit ihrem Auto ins Motel gebracht. Dort haben wir natürlich noch ferngesehen. Außerdem haben wir noch bei Oma, Curt und Agnes (die nicht zu Hause waren) und Gitta angerufen. War schön, Gitta mal wieder zu hören.

05.08.01

Heute Nachmittag wollten wir mit Barbara und Cathie ins Kino und anschließend zum Essen. Die beiden wollten uns um 14:00 Uhr im Motel mit Barbaras Auto abholen. Ich habe heute ein wenig länger geschlafen und Gunter war am Pool, allerdings ist er nicht geschwommen, weil der Pool so klein war. Danach waren wir gegenüber Minigolf spielen, und zwar im GOLFLAND Entertainment Center. Es war eine sehr schöne Anlage, bestehend aus zwei Minigolfplätzen. Gunter hatte 69, ich 65 Punkte. Nach dem Spiel sind wir den Castro Valley Boulevard runtergegangen bis zu SAFEWAY. Dort haben wir noch ein wenig eingekauft. Damit wir den ganzen Kram nicht ins Motel schleppen mussten, hat Gunter mich mit den Tüten an einer Bushaltestelle auf einer Bank geparkt und ist zu Fuß ins Motel, um das Auto zu holen. Leider saß auf dem Schattenplatz der Bank schon ein Penner, der unser nicht eingepacktes Bier sehr gierig ansah. Als Gunter weg war, rief der Penner »He, hallo«, immer wieder, aber ich habe so getan, als hätte ich ihn nicht gehört und mich gesonnt. Es war sehr heiß. Nach ca. zehn Minuten setzte sich ein recht dicker Mann zu dem Penner in den Schatten. Dieser hatte eine Kennkarte an seinem Hemd. Danach hieß er D. McCarthy und arbeitete bei CAN, was immer das ist. Mr. McCarthy hatte zwei Plastiktüten dabei, in denen er heftig zu kramen begann. Er holte einen Kassettenplayer raus, steckte sich die Stöpsel in die Ohren und sang mir was vor. Toll, darauf hatte ich noch gewartet!! Leider hatte er keine schöne Stimme. Dann holte er einen Riegel Schokolade aus seiner Tüte, wickelte sie aus, holte seine Zähne raus, ließ diese zwischen seinen Fingern kreisen und aß genüsslich seine Schokolade. Später kam dann der Bus und Mr. McCarthy fuhr davon. Gleich danach kam Gunter und wir sind ins Motel gefahren, wo schon Barbara und Cathie in der Halle auf uns warteten. Nachdem sich die beiden noch unser

Zimmer angesehen hatten, fuhren wir mit Barbaras Auto, in dem hinten auf der Ablage eine Unmenge von Stofftieren lag, nach Dublin ins Kino (IMAX Theaters). Cathie musste im Rollstuhl fahren, weil sie mit ihrem Fuß nicht auftreten durfte. Dort haben wir PRINCESS DIARIES gesehen. Das war ein niedlicher Film, den ich auch gerne sehen möchte, sollte er nach Hamburg kommen. Dann könnte ich nachvollziehen, warum an manchen Stellen so gelacht wurde. Ich habe leider nicht alles verstanden.

Bevor wir ins Kino gingen, hatte ich zufällig in dem angrenzenden Einkaufszentrum den Laden von OLD NAVY gesehen. Das war der Laden, den ich auf der ganzen Reise schon so gesucht hatte, weil wir immer wieder Leuten begegneten, die die T-Shirts von OLD NAVY mit der Flagge drauf trugen. Ich hatte diese Shirts nirgends gefunden. Aber nun!!! Welche eine große Freude. Am liebsten wäre ich schon vor dem Film hingegangen, aber dafür reichte die Zeit nicht. Aber nachdem mir alle drei versichert hatten, dass wir hinterher hingehen würden und, obwohl Sonntag, auch geöffnet war, war ich beruhigt.

Nach dem Film gingen wir endlich zu OLD NAVY. Dort habe ich mir zwei T-Shirts gekauft, die waren wirklich sehr schön. Leider habe ich nicht dieses mit der Flagge bekommen. Es war nur noch in Claudis und Lenchens Größe vorhanden. Also habe ich für beide eins mitgenommen. Diese T-Shirts wurden nur am 14.07., dem Flag Day, herausgegeben. Und da dieser vorbei war und sie noch Shirts übrig hatten, haben sie den Rest für 99 Cent pro Stück verkauft. Wäre doch nur in meiner Größe noch eines da gewesen! Für Gunter haben wir eine Shorts, eine lange Hose und ein T-Shirt gekauft. Sehr schick. Nach einem ausgiebigen Bummel durch den großen Laden sind wir in ein Restaurant zum Essen gefahren, das hieß SWEET RIVER Grill & Bar und lag in **PLEASANTON**. Dort haben wir gut gegessen und sind danach zu SAFEWAY gefahren, weil Cathie noch etwas einkaufen wollte, da sie uns für morgen zum Frühstück eingeladen hatte. Außerdem wollte ich gerne die Tabletten, ADVIL, kaufen, die mir bei Cathie so gut gegen die Kopfschmerzen geholfen hatten. Danach haben die beiden uns im Motel abgesetzt. Da war es auch schon 19:30 Uhr. Wir haben dann ferngesehen.

06.08.01

Heute Morgen waren wir um 10:30 Uhr bei Cathie zum Frühstück. Sie hatte den Tisch schon gedeckt und war gerade dabei, Bacon zu braten. Der Kaffee war auch schon fertig, die Bagels in der Mikrowelle und die Rühreier wurden gebraten. Es war ein schönes Frühstück, sehr gemütlich. Zwischendurch riefen meine Schwiegereltern an. Jeder von uns hat lange mit den beiden geklönt. Wie hoch die Rechnung wohl war …

Nach dem Frühstück sind wir noch mal zu SAFEWAY gefahren und danach ins Motel. Dort sind wir an den Pool gegangen. Ich habe noch ein wenig Farbe dazubekommen. Es war hier zu heiß, um lange in der Sonne zu liegen. Immer mal für zehn Minuten, das reichte mir von der Hitze her völlig. Ich war sogar im Wasser!! Nachmittags habe ich die Koffer gepackt und erstaunlicherweise alles hinein bekommen. Gegen 19:00 Uhr sind wir zum Essen gegangen, wieder zu CARROWS. Ich habe zum Abschied noch einmal POT ROAST gegessen. War wieder sehr gut. Eine herrliche braune Soße. Danach sind wir zu Cathie und Barbara gegangen, Abschied nehmen!! Ich habe noch einige Fotos gemacht und gegen 20:30 Uhr sind wir wieder ins Motel und haben natürlich wieder ferngesehen. Es gab hier wirklich 64 Kanäle und tolle Filme.

07.08.01

Heute ging es nach Hause. Aufgestanden sind wir um 08:30 Uhr, abge-fahren ca. 10:10 Uhr. Zwischendurch hat Cathie noch einmal angerufen.

Nach Barbaras Plan sind wir zum Flugplatz gefahren. Hat gut geklappt. Waren schon um 10:40 Uhr bei ALAMO und haben das Auto abgegeben. Das hat keine fünf Minuten gedauert. Dann sind wir mit dem Shuttle zum Airport gefahren. Das Einchecken hat etwas länger gedauert, weil ca. 30 Personen vor uns waren. Aber wir hatten ja Zeit. Unser Flieger ging sowiesoerst um 16:55 Uhr!! Dann hat Gunter das Restaurant gesucht, wo er schon mal war und was ihm gut gefallen hatte. Das war nicht einfach, denn das Terminal war so enorm groß, dass man sich einfach verlaufen musste. Gunter hat mich dann mit dem Handgepäck auf einer Bank deponiert und gesucht. Nach einer Weile kam er wieder. Wir sind noch ein ordentliches Stück gelaufen, Rolltreppe rauf, Rollband entlang und laufen, laufen … Wir haben dann in THE CRAB POT Brew Pub gesessen. Gunter trank Bloody Mary und ich Black Russian. Dann sind wir weiter, haben noch in ein paar Geschäfte geguckt (das ist ja wieder nichts für Gunter!), auch für Katjas Parfum, das es leider nicht mehr gab, und sind dann in ein mexikanisches Restaurant, das hieß ANDALE. Dort haben wir einen von dem Barkeeper selbst kreierten Cocktail getrunken, der sehr lecker war.

Endlich waren wir gegen 16:00 Uhr am Gate 102, wo wir auch schon unseren JUMBO sehen konnten. Um 16:25 Uhr war einchecken.

4. China

Bereits im Januar 2002 hatten wir einige Reiseunterlagen für das von Gunter gebuchte Zusatzprogramm für unseren diesjährigen Urlaub, der uns nach **C H I N A** führen sollte, erhalten.

Am 02.07.02 konnte ich – zusammen mit Katja – unsere Reisepässe beim chinesischen Konsulat wieder abholen. Die Visagebühr betrug für beide EURO 40,00.

12.07.02

Wir waren – wie immer – sehr rechtzeitig am Flugplatz. Boardingtime war 14:20 Uhr. Mit Katja hatten wir uns für 13:00 Uhr im Restaurant RED WINGS verabredet, am Flugplatz waren wir ca. um 12:45 Uhr.

Als wir mit Katja im RED WINGS saßen, fiel mir ein Mann auf, der eine kleine blaue GeBeCo-Tasche trug. Er sah finster aus, hatte einen Bart. Zu den beiden habe ich gesagt, dass der bestimmt auch nach Peking fliegen würde. Mal sehen.

Da wir schon recht viel und weit geflogen waren, konnten wir bei dem Hinflug in den Genuss der BUSINESS CLASS kommen, und zwar auch für den Flug Hamburg–Frankfurt.

Nachdem wir mit Katja ein paar Cocktails getrunken hatten (Katja nur Latte Macchiato), mussten wir einchecken. Wir hatten für die Business Class einen separaten Eingang, neben dem gleich unsere Plätze waren. Die Sitze waren schön breit, es war schon ein Unterschied. Außerdem konnten wir die Fußstütze ausfahren. Sehr angenehm. Vor uns war die

First-Class. Es waren nur wenige Sitze und die lagen ganz vorn im Flugzeug, sozusagen in der »Nase«, denn es ging vorne spitz zu.

Der Abflug war verspätet, erst um 15:15 Uhr statt um 14:45 Uhr. Ziemlich gleich nach dem Start gab es ein Erfrischungstuch, dann ein Sandwich, für Gunter ein Bier und für mich einen Orangensaft. Die Getränke wurden in einem richtigen Glas serviert, nichts mit Plastik in der Business Class. Der Flug war sehr ruhig. Kurz vor der Landung bekamen wir noch ein kleines Kästchen mit drei Täfelchen Feodora-Schokolade.

In FRANKFURT angekommen mussten wir wieder lange Wege zurücklegen, um zum Gate 22 zu kommen. Natürlich haben wir unsere Reisegruppe verpasst, d. h., wir wussten wohl, wo wir die treffen sollten, aber hatten keine Ahnung, wo das lag. Da wir in Hamburg so viel Verspätung hatten, und hier so lange laufen mussten, sind wir schon durch die Passkontrolle gegangen. Auf Nachfrage haben wir erfahren, dass der Treffpunkt mit unserer Gruppe außerhalb der Passkontrolle lag. Wir hätten zwar wieder durchgehen können, aber der Weg wäre zu lang gewesen. Also sind wir weiter zu unserem Gate 22.

Als endlich der Flug nach PEKING aufgerufen wurde, durften die Passagiere der First und der Business Class zuerst an Bord. War das ein Gefühl, an den anderen vorbei und in den Extra-Eingang. Wir hatten die Sitze am Notausgang, mit viel Platz für Gunters Beine. Auch hier waren die Sessel viel breiter und sie hatten eine Stütze für die Beine, die man irgendwie herausklappen konnte. Aber das müssten wir erst noch herausfinden. Zeit genug dafür hatten wir ja. Wir waren schon so gespannt auf den Service hier.

Abflug war um 17:55 Uhr. Wir hatten zwei ganz reizende Stewardessen, die sich sehr um uns gekümmert haben. Zuerst bekamen wir Saft oder Sekt. Wieder in einem richtigen Glas. Dazu gab es zwei Tüten Reisgebäck. Nach einer Weile kam eine Stewardess und wollte »eindecken«. Sie legte eine Stoffserviette auf den kleinen herausziehbaren Tisch. Es gab ein Menü à la Carte (die Karte habe ich natürlich mitgenommen, allerdings mit Zustimmung der Stewardess). Ich glaube aber, ich hätte sie sonst auch mitgenommen, denn sie war einfach toll. Als Vorspeise gab es geräucherte

Entenbrust mit Honig-Koriander-Kruste, bunten Linsensalat und (extra) Balsamicovinaigrette, Brot, Brötchen und Butter. Als Hauptgericht hatten wir Poularden-Mandel-Piccata mit feiner Curry-Zitronen-Soße, buntes Paprikagemüse und Wildreis. Den Nachtisch konnten wir wieder wählen: Käse (Appenzeller, Bavaria Blue und Camembert) mit blauen Weintrauben oder Sylter Rote Grütze mit Vanillesahne und Salat von frischen Früchten. Das Besteck war eingewickelt in eine Stoffserviette und mit einem Serviettenring aus Papier versehen. Der Service war toll, es wurde immer Rotwein nachgeschenkt, Burgenländer »Pannobile 1998« von Gernot Heinrich, Neusiedler See, staatl. Prüf-Nr. LE 7192/00. Das habe ich mir aufschreiben lassen, weil das ein Rotwein war, den sogar ich mochte. Nach dem Essen gab es Kaffee und Cognac sowie Schokolade von Lindt, zwei Pralinen, niedlich verpackt. Zu jedem Sitz gehörte ein eigener kleiner Fernsehschirm, auf dem wir die Landkarte mit der jeweiligen Position des Flugzeuges sehen konnte. Wir haben JEKATERINBURG, OMSK, NOVOSIBIRSK, IRKUTSK und ULAN BA(O)TOR überflogen.

13.07.02
Der Anflug auf PEKING war wunderschön. Wir konnten schon Teile der Mauer sehen. Ankunft nach einem ruhigen Flug um 14:55 Uhr Ortszeit in Peking (bei uns war es 08:55 Uhr).

Wir konnten wieder zuerst das Flugzeug verlassen und bekamen auch zuerst unser Gepäck. Wir waren unter den ersten, die durch den Zoll gingen, der aber unser Gepäck nicht kontrollieren wollte. Allerdings hatte ich gedacht, dass die Chinesen uns gleich festhalten würden, denn die guckten nicht freundlich. (Das habe ich auch später immer wieder festgestellt.) Ich habe sie nicht lange angesehen, vielleicht hätten die sich dadurch provoziert gefühlt. Ich kannte ja die Leute nicht. Ein gutes Gefühl hatte ich nicht.

Am Ausgang standen lauter Chinesen (was auch sonst), alle mit einem Zettel in der Hand mit den Namen der Leute, die sie abholen wollten. Es war fast kein Durchkommen. Nur von GeBeCo war nichts zu sehen. Wie wir im Nachhinein festgestellt haben, lag es daran, dass wir bestimmt eine halbe Stunde eher draußen waren als die Passagiere der Economy-Class. Gunter hat dann unser Gepäck erst einmal abgestellt (mich auch) und ist suchen gegangen. In dem Gewusel von Menschen konnte man nur ganz schwer an einem getragenen Koffer ein Schild von GeBeCo entdecken. Das habe ich immer versucht. Gunter hat auch niemanden gefunden. Das lag aber wirklich daran, dass wir zu früh draußen waren und unsere Reiseleiterin nicht mit Passagieren der Business Class gerechnet hatte. Nachdem Gunter noch einmal durch den Zoll war, um dort nach unseren Leuten zu suchen (das hatte uns ein junger Mann geraten, der seit acht Monaten in Peking lebte), er dort aber auch nichts gefunden hatte, sahen wir plötzlich eine Frau mit einem GeBeCo-Schild. Endlich hatten wir unsere Gruppe gefunden und mussten noch warten, weil wir nicht vollzählig waren. Jetzt habe ich auch den kleinen grimmigen Bärtigen wiedergesehen. Er gehörte tatsächlich zu unserer Gruppe.

Nun ging es eine Etage höher zu unserem Bus, der uns in unser Hotel, das GRAND VIEW GARDEN HOTEL, brachte. Dort kamen wir gegen 11:30 Uhr an und hatten bis 12:30 Uhr Zeit, uns ein wenig frisch zu machen. Das Hotel war wunderschön. Im Bad lagen außer dem üblichen Shampoo, Body Lotion und Conditioner auch zwei Kämme und zwei Zahnbürsten. Das hatten wir noch nie. Außerdem standen die Betten auseinander, was auch gut war, denn wenn wir beide eine Matratze hatten, würde ich seekrank werden.

Nachdem wir uns in der Halle ein wenig beschnuppert hatten (Berliner Familie, der Bärtige ist aus Husum etc.) fuhren wir mit dem Bus zum SOMMERSCHLOSS. Die Fahrt war lang und die Fahrweise des Fahrers absolut gefühllos: Bremsen, Gas geben, abrupt bremsen. Es war nicht angenehm, hat uns aber wach gehalten.

Die Fahrt war interessant. Vorbei an architektonisch interessanten Häusern. Palmen haben wir auch gesehen, allerdings hätte ich die hier nicht erwartet. Einige Straßen waren in der Mitte durch feste Gitter getrennt. Die Taxen hatten zwischen Fahrer und Vordersitz ein richtiges Gitter, sodass der Fahrer dort saß wie in einem Käfig. Es sollte dem Schutz des

Fahrers dienen. Telefonzellen haben wir auch gesehen, zwar nicht viele, aber die wenigen, die wir dann sahen, waren doch originell, denn sie hatten als Dach nur eine Schale, wie eine halbe Apfelsine, und genauso orange. Zum Schloss konnten wir nicht direkt fahren, weil vor uns ein außerordentlich langer Stau war. So sind wir den Rest zu Fuß gegangen. Das war bei 35 Grad nicht gerade eine Freude und müde waren wir ohne Ende.

Das Gelände des Schlosses war sehr groß. Dort war ein künstlich angelegter See, und da dies früher ein ebenes Gelände war, war für das Schloss ein riesiger Wall aufgeschüttet worden. Es gab dort einen überdachten Gang von ca. 800 m Länge, damit der Kaiser damals nicht nass wurde. Dieser Gang war innen und außen mit Gemälden verziert, die sich nicht wiederholten. Es war wunderhübsch. Auch haben wir das Marmorboot der Kaiserin Cixi gesehen. Dann sind wir halb um den ziemlich großen See zu einem Drachenboot gelaufen. Mit dem sind wir wieder zum Ausgangspunkt zurückgefahren. Die Fahrt hat ca. zehn Minuten gedauert. Die Sitze auf den Metallstühlen hatten auch schon bessere Zeiten gesehen, der Stoff war ganz abgeschabt und zerschlissen. Jetzt ging es mit dem Bus zurück ins Hotel, wo wir um ca. 15:30 Uhr ankamen.

Dort überlegten wir, ob wir unserer Müdigkeit nachgeben oder diese einfach ignorieren sollten. Wir haben sie ignoriert und sind in die Bar gegangen, weil Gunter unbedingt ein kühles Bier haben musste. Ich habe auch ein Bier getrunken, und zwar ein Tsing Tao. War lecker. Dann habe ich versucht, eine Verbindung zu Oma nach Hamburg zu bekommen. An der Rezeption wurde mir gesagt, ich müsse vor der 0049 noch eine 8 wählen. Nachdem ich dieses etliche Male probiert hatte, riet Gunter mir, die 8 einfach mal wegzulassen. Dann hat es geklappt und ich habe mich gefreut, meine Mutti zu hören. Nach dem Telefonat sind wir ins Zimmer, denn wir mussten jetzt die Zeit bis 18:00 Uhr überbrücken, wo wir uns zum Essen in der Halle treffen wollten. Natürlich haben wir unsere Müdigkeit verdrängt und sind um 17:50 Uhr in der Halle gewesen. Nun ging es mit dem Taxi zum Essen zum Chinesen. Wie originell. Aber es hat sich gelohnt, denn das Essen war toll: Rindfleisch mit Zwiebeln, klebriger Reis mit kleinen Fleischstückchen, Nudeln mit Curry, Lamm mit irgendwelchen Gewürzen, Schweinefleisch süß-sauer, ein graues, uns allen unbekanntes Gemüse, das sauer schmecken sollte (ich habe es nicht probiert, denn das Auge isst ja mit), Schweinefleisch mit Fenchel und als Nachtisch gebackene Banane. Und das alles für YUAN 120,00, das waren EUR 15,00 für beide. Das Essen dort konnten wir mit dem chinesischen Essen in Deutschland überhaupt nicht vergleichen. Es schmeckte nicht nur anders, sondern – finde ich jedenfalls – auch besser.

Vom Lokal aus sind wir nach dem Essen zu Fuß durch die Einkaufsstraße und anschließend zu den Garküchen gegangen. Dort ist auf ca. 1 km eine Garküche an der anderen. Die Gerüche waren zum Teil sehr fremd und gewöhnungsbedürftig, aber meistens nicht unangenehm. Es gab viele Dinge, die ich nicht kannte. Aber das ging den anderen ebenso. Danach sind wir mit dem Taxi wieder ins Hotel gefahren, wo wir um ca. 21:45 Uhr ankamen. Wir sind gleich aufs Zimmer, um endlich eine Mütze voll Schlaf zu nehmen, denn wir mussten morgen wieder um 06:45 Uhr aufstehen, da es um 08:30 Uhr weiterging.

14.07.02

Aufgestanden sind wir um 06:00 Uhr. Gefrühstückt haben wir ab 06:55 Uhr. Es gab ein Buffet, u. a. mit Frühlingsrollen, eben chinesisch.

Abfahrt war um 08:30 Uhr zum KAISERPALASTt, zum HIMMEL-STEMPEL und zur VERBOTENEN STADT. Auf dem PLATZ DES HIMMLISCHEN FRIEDENS – und nicht nur da – war es glühend heiß, ca. 38 Grad bei einer Luftfeuchtigkeit von 85 %. Das war schon sehr heftig, zumal man nirgendwo eine Gelegenheit hatte, ein bisschen vor der Sonne zu flüchten. Ich habe es den anderen nachgemacht und meinen Regenschirm – den ich immer dabei hatte – aufgespannt. Darunter staute sich zwar die Hitze, aber die Sonne schien mir nicht mehr so auf mein Hirn.

Vor dem »DENKMAL DES VOLKSHELDEN« standen sechs Kinder unbeweglich in der gleißenden Sonne. Zwei von ihnen trugen eine Fahne. Sie taten uns allen sehr leid. Besichtigt haben wir auch die Halle der »HÖCHSTEN HARMONIE« im Kaiserpalast. Es war schon recht eindrucksvoll. In den Kaiserpalast durfte man nur mit eigenartigen Gebilden, die man sich über die Schuhe stülpen musste. Es handelte sich hierbei um eine Sohle, zwei orangefarbene Plastikstücke vorne und hinten, die durch ein Gummiband verbunden waren. Die musste man natürlich kaufen. Da es für Gunters Größe keine gab, musste er die größten nehmen, die da waren, aber es hat nicht so recht hingehauen, denn die Gebilde zogen sich nach vorne, sodass Gunters Schuhe nur vorne oben und unten bedeckt waren. Sah sehr lustig aus. Im Kaiserpalast hatten alle Eingänge eine Schwelle, die sollten den bösen Geistern den Eintritt verwehren, da diese nicht über Schwellen gehen konnten. Natürlich gab es auch auf dieser Fahrt wieder einen Souvenirladen, den wir besucht haben. Dort gab es Tee. Dann sind wir weitergefahren zum HIMMELSTEMPEL. Vom Halteplatz des Busses mussten wir noch etwas laufen, immer in der prallen Sonne. Hier gab es auf einem Platz eine Scheibe aus Stein, das war der MITTELPUNKT DER ERDE. Darauf habe ich mit Thomas gestanden. Ein erhebendes Gefühl. Besichtigt haben wir auch die »HALLE DER ERNTEOPFER r«. Man kann so etwas nicht beschreiben, nur anhand von Fotos erklären. Die Eindrücke von den Innenräumen waren zu gewaltig, überall Statuen, bunt und mit viel Gold.

Gegen 17:30 Uhr waren wir wieder im Hotel und haben dort mit Ina, Thomas, Kathrin, Karsten, Gabi und Achim noch etwas im Restaurant des Hotels gegessen. Gunter und ich hatten keinen so großen Hunger und haben darum nur eine klare Oxtail-Suppe gegessen.

Abends ging es dann in die Oper, die LIYUAN THEATRE hieß. Dort stellten sich im Foyer einige Künstler für ein Foto zur Verfügung. Natürlich gegen ein Entgelt, und zwar nicht gering. Außerdem konnte man ihnen beim Schminken zusehen. Viel weiß im Gesicht, aber interessant. Das Theater hatte einen vorderen Raum, wo man, ganz wie bei uns, eben nur saß, im zweiten abgeteilten Bereich aber auch essen konnte. Das war ungewöhnlich. Wir hatten einen günstigen Platz, die 1. Reihe zu den »billigen Plätzen«, – das war der dritte abgeteilte Raum – und daher am Gang, wo eine nette Bedienung aus einem Getränkewagen kaltes Bier und Limo verkaufte. Zu beiden Seiten der Bühne waren an der Wand große elektronische Tafeln angebracht, von denen das Geschehen auf der Bühne abgelesen werden konnte. Hier ging es um einen Pfirsichdieb. Wir hörten gewöhnungsbedürftige Stimmen. Der Tonfall war nicht so für europäische Ohren gedacht. Das Stück hat 1 ½ Stunden gedauert.

Danach haben wir gegessen, genau wie gestern. War wieder sehr gut. Vor allem das Bier. Wir sind dann wieder mit dem Taxi ins Hotel gefahren. Anschließend haben wir noch in der Bar gehockt, wo sich Lothar hinzugesellte. Im Bett waren wir erst sehr spät.

15.07.02

Heute sind wir noch eine halbe Stunde früher aufgestanden, denn wir wollten zur MAUER..

Nach dem Frühstück sind wir los, wieder bei einer Gluthitze. Aber es war heute wenigstens manchmal bedeckt, was sehr angenehm war. Bevor wir zur Mauer kamen, haben wir noch eine Perlenzucht besichtigt. Das war hochinteressant. Wir waren bei der Öffnung einer Muschel dabei. Es waren viele kleine Perlen darin, nicht alle rund, manche auch länglich. Wir durften uns alle eine mitnehmen. Wir haben vier Perlen mitgenommen. Gunter hatte drei, ich eine.

Auf der Fahrt zur Mauer sind wir durch eine riesige Baustelle gefahren. Da habe ich ein Gerüst fotografiert, das ich ungewöhnlich fand: Es bestand aus Rohren, die viereckig angeordnet waren.

Wir konnten zwischendurch immer mal wieder ein Stück von der Mauer sehen. Als wir dort ankamen, es war ein kleiner Ort mit unendlich vielen Souvenirläden, habe ich mir zuerst einen beschichteten Schirm gekauft. Den hatte ich bei vielen Einheimischen gesehen. Wir konnten jetzt auf eigene Faust die Mauer besichtigen und haben als Treffpunkt ein kleines Hotel abgemacht. Natürlich ließ mich mein lieber Mann allein, denn er musste – was ich auch verstehen konnte – die Mauer erkunden. Er ging also ganz allein los, weil ich ihm zu langsam war. Die anderen verteilten sich und ich verteilte mich auch. Ich ging ein Stück auf der Mauer entlang, konnte aber meinen Schirm nicht halten, da es furchtbar windig war. Also musste ich an einem kleinen Souvenirwagen, die auch auf der Mauer standen, eine Baseballkappe kaufen. Die stand mir zwar nicht, aber es war egal, denn die Sonne brannte ohne Erbarmen.

Nach einer Weile habe ich Gesa mit ihrer Freundin getroffen. Wir haben uns ein wenig in eine schattige Mauernische gesetzt und haben zusammen mit Gesas Eltern, die wir auch noch getroffen haben, den Abstieg begonnen, denn die Mauer war teilweise sehr steil. Darum waren auch an jeder Seite Handläufe. Vor einem zauberhaften Hintergrund haben wir noch ein paar Fotos von uns gemacht.

Am Anfang der kleinen Stadt ragte aus jeder Bude eine Hand mit irgendetwas drin. Dazu brüllten die Verkäufer – meist Frauen – aus Leibeskräften, aber gekauft haben wir nichts. Nur ich ein T-Shirt für Gunter. Ein völliger Fehlkauf, denn mein Mann sagte vor allen Leuten zu mir, dass ihm das ja viel zu klein sei. Basta. Das hatte ich nun davon.

Dann haben wir uns alle im Banda-Hotel getroffen, und zwar um 13:15 Uhr. Gunter war so durchgeschwitzt, dass sich nachher Salzränder an Hemd und Jacke gebildet haben. In diesem Hotel haben wir gegessen. Auch hier wieder chinesisch und viele verschiedene Gerichte. Köstlich. Hier hat das Essen anders geschmeckt.

Jetzt ging es zu den KAISERGRÄBERN. Dort sind wir 17 m über eine Treppe nach unten gestiegen. Mit jeder Stufe wurde es ein wenig kälter. Angenehm, aber wohl auch gefährlich wegen der Erkältungsgefahr. Unten waren die Gräber nachgemacht, die Originale existierten nicht mehr. Um die Gräber herum hatte man ein Gitter aufgestellt und dieses noch von innen mit Plastik gesichert, da der ganze Fußboden voller Geldscheine lag. Wir haben uns hier noch einige Gräber angesehen, war interessant, aber nicht so mein Fall. Ab und zu habe ich mich erst mit dem einen und dann mit dem anderen Arm an die Mauer gelehnt, es war so schön kalt. Es wurde sehr spät und wir waren erst um 18:50 Uhr wieder im Hotel, von wo es um 19:30 Uhr zum Peking-Ente-Essen ins Quanjude Roast Duck Restaurant ging. Es war ein Riesenhaus, unten ein großer Saal mit unendlich vielen kleinen Tischen, die alle besetzt waren. Dieses Restaurant ist auf Peking-Enten spezialisiert und verkauft jeden Tag 1.800 Enten.

Wir hatten in der 1. Etage unsere Tische für einmal sieben und einmal acht Personen. Es gab erst jede Menge Vorspeisen, die wir in Deutschland so nicht beim Peking-Ente-Essen kennen. Ich habe nicht so viel davon genommen, damit noch Platz für die Ente blieb. Ähnlich wie bei uns wurde hier erst die Haut serviert, dann jede Menge Fleisch, allerdings wurde der Rest der Ente mit einem Beil in Stücke geschlagen und so – mit allen Knochen – serviert. Das kannten wir nicht. Wenn man dachte, man hätte ein schönes Stück erwischt, was bei den vielen Personen gar nicht so einfach war, dann hatte man am Ende nur ein wenig Fleisch auf einem großen Knochen. Aber es war ein Erlebnis.

Gegen 22:00 Uhr waren wir fertig mit dem Essen und um ca. 22:25 Uhr wieder im Hotel. Dort haben wir noch auf vielfachen Wunsch hin gebowlt. Meiner war es nicht so direkt, denn ich war schon sehr müde. Im Bett war ich erst gegen 01:00 Uhr, da ich den Bericht des Tages auch noch schreiben musste.

16.07.02

Aufstehen mussten wir heute wieder ganz früh. Wir haben eine Rikschafahrt unternommen, denn unser Flug nach Xi'an ging erst gegen 16:00 Uhr.

Ich hatte eine Rikscha für mich allein, denn als der Rikschafahrer sah, dass Gunter noch mit einsteigen wollte, hat er angedeutet, dass das wohl zu schwer für ihn werde. Also hatten wir beide eine. Mein Fahrer war ein stämmiger Kerl mit einer Glatze. Er hat mir öfter was erzählt, aber ich habe ihn leider nicht verstanden. Es war eine schöne Fahrt durch ein ärmliches Gebiet. Wir konnten während der Fahrt in einige Höfe sehen, von denen die Wohnungen abgingen. Es hing eigentlich überall Wäsche, teils zum Trocknen und teils als Kleiderschrank. Der Teil, den wir dann durchfuhren, hieß Beijing Hutong und war eine Art Siedlung. Dort durften wir eine Wohnung der gehoben Klasse besichtigen. Wir kamen in eine Art Atrium. Dort standen Käfige mit vielen Vögeln. Es gab hier auch viele Pflanzen, große und kleine. Außerdem fanden wir dort Tontöpfe mit Goldfischen. Die hatten allerdings ein Netz über, damit keiner der Vögel die Fische klaute. In der Wohnung selbst gingen wir zuerst in das sogenannte Wohnzimmer. Es war recht klein und ziemlich vollgestellt. An den Wänden hing allerlei Schnickschnack. In einem Eckschrank war sogar ein Bild vom Hamburger Michel. Der Hausherr zeigte uns ganz stolz ein großes Glasgefäß mit selbst eingelegten Schlangen. Das war Schnaps. Die Wohnung bestand aus vielen kleinen Zimmern und einem Klo ohne Becken, sondern mit einem Loch im Boden zum Hinstellen. Wie ungemütlich.

Dann ging die Rikschafahrt weiter. An einer Markthalle sind wir ausgestiegen. In dieser Straße gab es ein Haus mit einem Klo für Männer und eines für Frauen. Diese Klos waren für die ganze Straße bestimmt. Gunter und die anderen sind durch die Markthalle gegangen, ich außen herum, weil ich leider gegen den Geruch nicht ankam.

Zurück im Hotel bestiegen wir den Bus zur Fahrt zum Flugplatz Peking für unseren Flug nach XI'AN. Der Flug dauerte 90 Minuten und wir waren gegen 17:30 Uhr dort. Unser Hotel hieß LE GARDEN und wir hatten ein tolles Zimmer. Leider hatten wir nicht so viel davon, denn wir haben uns schon um 19:30 Uhr in der Halle mit Gaby, Achim, Kathrin, Karsten, Thomas und Ina getroffen. Wir sind dann ein wenig spazieren gegangen und haben uns die Straße angesehen, wo auch das Hotel war, sind dann in einem Coffee Shop eingekehrt und haben dort etwas getrunken. Wir haben zwei Tische zusammengestellt, denn wir waren ja acht Personen. Über uns war die Klimaanlage, die zu doll in Betrieb war, und Gunter durfte sie dann, nach einigem Hin und Her mit der Bedienung, abstellen.

Gegen 23:00 Uhr waren wir wieder im Hotel. Gunter hat noch Postkarten geschrieben bis 01:30 Uhr. Ich war todmüde, konnte aber nicht gut schlafen.

17.07.02

Wieder früh aufgestanden. Heute ging es zu den TERRACOTTA-SOLDATEN, auf die wir beide schon so gespannt waren. Zuerst sind wir zur

GROSSEN WILDGANS-PAGODE gefahren. Es ging dann weiter zu einer Jade-Manufaktur. Hier haben wir alles Wissenswerte über Jade erfahren, allerdings habe ich nicht alles behalten. Hier konnten wir wieder Tee trinken, und zwar mitten im Verkaufsraum. Das gehörte zum Service. Gunter hatte hier einen Jade-Soldaten im Auge, der sollte 1.250,00 YUAN kosten. Das war Gunter zu teuer. Mit der Verkäuferin hat er gehandelt. Die wäre bald in Ohnmacht gefallen, als Gunter 600,00 YUAN (ca. 74,00 Euro)bot. Sie hat daraufhin den Geschäftsführer geholt und der war dann irgendwann mit Gunters Gebot von 600,00 YUAN einverstanden. Allerdings mit einer Träne im Auge. Nun hatten wir einen bildschönen Soldaten aus Jade. Im Preis enthalten war auch noch ein hübscher hölzerner Sockel und das Ganze wurde verpackt in einem schönen Karton.

Jetzt endlich ging es zu den Terracotta-Soldaten. Darauf hatten wir beide uns sehr gefreut und wir waren sehr gespannt. Zuerst ging es in eine riesengroße Halle, Halle Nr. 1. Sie war sehr stickig und ca. 300 m lang. In der Mitte der Halle waren unten die Soldaten. So hatten wir uns das nicht vorgestellt. Es war unglaublich beeindruckend. Hier stand Soldat neben Soldat, viele Reihen lang. Einfach nur wunderschön.

Hier haben wir an einem Stand, an dem Bücher angeboten wurden, auch den Mann gesehen, der die Soldaten mit gefunden hatte. Ein Bild von ihm hing direkt über ihm und man konnte die Ähnlichkeit erkennen.

In Halle 2 wurde noch gearbeitet, aber wir haben keine Arbeiter gesehen. Nur die Lampen und ein Ventilator standen da. In dieser Halle waren vierspännige Kutschen. Alles höchst interessant.

In der Halle, in die wir nach der Besichtigung der Soldaten kamen, konnte man von zwei Seiten nach unten gehen und dann über eine große Treppe in den Bereich der Ausgänge. In der Mitte der beiden Treppen, die aufeinander zugingen und dann in eine breite Treppe mündeten, stand eine große Tafel, auf der zu lesen war, dass es sich hier um ein Weltkulturerbe handelte. In dieser Halle, deren Wände und auch der Boden aus Marmor bestanden, stand ein kleiner Schrank, den wir zu Hause als Nachttisch angesehen hätten. Er war aus Holz und stand direkt an der

Wand. Dass ich das fotografiert habe, war klar, denn dieses Möbelstück passte überhaupt nicht in die Halle zu dem schönen Marmor.

Anschließend sind wir wieder ins Hotel gefahren. Kurz darauf ging es zum »Maultaschen-Essen«. Dass es so viele verschiedene davon gibt, haben wir nicht geahnt. Die Maultaschen hatten verschiedene Formen und Füllungen. Sie sahen aus wie kleine Enten, Säckchen, Blumen, Küken und hatten süße und auch pikante Füllungen. Davon gab es 15 Stück, alle mit verschiedenen Füllungen, sodass wir schon ganz gut satt waren. Dann gab es noch eine klare Suppe mit ganz kleinen Maultaschen, die in einer ungewöhnlichen Terrine serviert wurde. Diese war außen aus Metall, das mit Verzierungen durchbrochen war. Der Deckel sah beinahe so aus wie die Kuppel einer Moschee: goldfarben gehämmert und mit einem »goldigen« Knauf zum Anfassen.

Wer hier viele kleine Maultaschen in der Suppe hatte, dem brachten sie Glück, je mehr kleine Maultaschen, desto mehr Glück.

Am Abend waren Ina, Thomas, Gunter und ich auf einer Veranstaltung im Theater der Tang-Dynastie mit Musik, Tanz und Gesang. Im Preis inbegriffen war für jeden ein Glas Sekt. Daran haben wir uns die Vorstellung über gehalten, denn die Preise der Getränke waren so hoch, dass wir von einer Bestellung abgesehen haben.

Es war so wunderschön!! Herrliche Stimmen, wunderschöne Kostüme und Tänze. Wir sahen den:

TANZ IN WEIßER SEIDENKLEIDUNG. Dies war ein Volkstanz, der bereits in einem Buch der Jin-Dynastie (265–316) erwähnt wurde. Zur Tang-Zeit war diese Tanzform noch weiter verbreitet. Die Ärmel von dem Tänzer waren aus weißem Stoff. Beim Tanzen schwebten die langen Ärmel in der Luft so schön und fein, als spielten die Wolken mit dem Mond.

DANUO-TANZ. Dies war ein Hexentanz, welcher der Legende nach vom großen Huangdi, dem gelben Kaiser, erfunden wurde.

TANZ IN FEENHAFTEM REGENBOGENKLEID. Dies war der bekannteste Tanz aus der Tang-Dynastie. Den historischen Aufzeichnungen nach habe sich der Kaiser Xuan Zong gut in der Musik ausgekannt. Eines

Tages habe er geträumt, dass viele Göttinnen in morgenröte-ähnlicher Kleidung im paradiesischen Palast im Mond tanzen und singen. Als er wach wurde, habe er gleich ein Stück Musik komponiert und seine Konkubine Yang Yuhuan beauftragt, diesen Tanz dazu zu choreografieren.

TANZ AN DEN GLORREICHEN SIEG DES KÖNIGS QIN. Dies war der typische kraftvolle Tanz der Tang-Zeit. Er wurde von dem zweiten Tang-Kaiser Li Shimin in seiner Regierungsperiode Zhenguan (627-649) geschaffen.

Zudem hörten wir:

DIE MUSIK DES MILITÄRS »JIANG JUN LING«. Das Musikstück war ein mit klassischen Zupfinstrumenten »Zheng« gespieltes Duett der Saitenmusik mit imposanter Majestät und starker Melodiealternation. Dabei wurden die heldenhaften Kämpfe eines berühmten Generals und seine siegreiche Heimkehr dargestellt.

GESANG DER PIROLE. Als der Kaiser Gao Zong seinen Sohn zum Thronprinzen bestimmte, flogen einige chinesische Pirole über sie hinweg. Dies galt als glückbringendes Zeichen. So befahl er den Musikern, ein Stück zum Andenken zu komponieren. So kam die fröhliche Melodie mit heller Klangfarbe zustande.

GESANG MIT TANZSCHRITT. Dies war ein berühmter zeremonieller Tanz aus der Tang-Zeit. Es handelte sich dabei um einen Tanz, der bei festlichen Gelegenheiten des Monarchen und seines Gefolges aufgeführt wurde.

Nach der Vorstellung sind wir mit dem Taxi, das von der hiesigen Agentur bezahlt wurde, wieder ins Hotel zurück, wo wir um ca. 22:10 Uhr ankamen. In der Lobby haben wir Achim und Karsten getroffen und noch etwas getrunken. Ich musste schon um 22:45 Uhr ins Zimmer, da die Koffer gepackt um 23:00 Uhr vom Zimmer abgeholt wurden, damit es am Morgen bei der Abfertigung nicht so lange dauerte. Es hat auch alles gut geklappt.

18.07.02

Heute mussten wir extra früh aufstehen, um 05:30 Uhr. 06:30 Uhr Frühstück und um 07:20 Uhr Abfahrt zum Flugplatz. Dort mussten wir etwas warten, denn der Flug nach SHANGHAI ging erst im 09:25 Uhr.

Wir hatten das ganz große Glück, dass wir nicht unter den Ersten waren, die zum Flugzeug gingen, sondern mit unserer Reiseleiterin hinten blieben, denn das Flugzeug war nicht ausgebucht, sodass wir hinten bleiben konnten und somit eine 3er-Reihe für uns hatten. So haben wir den Flug richtig genossen, mit viel Platz für Arm und Bein. Wir bekamen etwas zu trinken, geröstete Nüsse und ein Erfrischungstuch. Außerdem haben wir noch ein Päckchen erhalten. Wir hielten es für eine Kleinigkeit zu essen, aber es war ein tolles kleines Modellflugzeug vom Typ Airbus 320. Darüber habe ich mich so sehr gefreut, die anderen auch. Nur Gunters Begeisterung hielt sich in Grenzen. Ich habe noch eines von unserer Reiseleiterin bekommen.

Wir hatten wieder einen ruhigen Flug. Die Abfertigung in SHANGHAI ging auch recht zügig, sodass wir bald darauf im Bus waren. Hier hatten wir wieder einen einheimischen Reiseführer, der hieß auf Deutsch »Günter« (ohne »h« sagte er). Er war richtig witzig und sehr nett. Wir sind dann nicht gleich ins Hotel, sondern haben den Jade Buddha Tempel besichtigt. Dort ist hinter Glas eine lebensgroße Statue Buddhas aus purer Jade. Wahnsinn! Die ganze Anlage war wunderschön.

Dann sind wir weiter zum Hafen und haben eine Hafenrundfahrt gemacht. Es war etwas diesig, aber das soll hier immer so sein, weil die Luftfeuchtigkeit so hoch war. Auf der Fahrt haben wir architektonisch wunderschöne Wolkenkratzer gesehen. Wir sind bis zur damals längsten Hängebrücke der Welt gefahren. Dort haben wir umgedreht und sind zur Anlegestelle zurückgefahren. Auch haben wir hier die RICKMERS SHANGHAI, ein Mehrzweck-Container- und Schwergutschiff, gesehen.

Nach einem gekonnten Anlegemanöver (es waren viele Boote unterwegs) sind wir auf dem BUND, der Hafenpromenade von Shanghai, spazieren gegangen. Hier haben wir einen kleinen Jungen gesehen, dessen Hose hinten offen war. Ganz praktisch für die Mutter.

Ziemlich am Ende des Spazierganges begann es ganz plötzlich zu regnen, was in ein leichtes Schütten überging. Wir haben einen kleinen Stand mit Schirm gefunden und wurden somit nicht ganz so nass. Forschen Schrittes sind wir dann zum Bus, ich unter dem Schirm unserer Reiseführerin. Im Bus haben wir dann alle still vor uns hin gedampft.

Jetzt ging die Fahrt endlich zum Hotel. Es war wieder ein sehr schönes und hieß OCEAN HOTEL. Dort gab es auch wieder eine Zahnbürste (für jeden), Q-Tips in einer Schachtel, Seife, Shampoo und Bathgel. Wunderschön. Alles zum Sammeln. Hier war der Fön mal an der Wand und nicht in einer Schublade im Zimmer, wo ich ihn nie gefunden und erst recht nicht vermutet hätte. Unser Hotelzimmer roch nach frischem Holz. Unsere Koffer kamen erst nach einer halben Stunde. Gunter hatte inzwischen schon etwas zu trinken besorgt und Geld umgetauscht. Ich musste dringend unter die Dusche, alles klebte, sogar die Finger, eklig. Von hier habe ich auch ein Fax mit lieben Grüssen an meine Dienststelle geschickt. Es ist dort angekommen, ca. 11:30 Uhr Ortszeit.

Abgefahren vom Hotel sind wir um 17:45 Uhr zum Essen in ein Restaurant, nicht weit vom Hotel entfernt. Dort hatten wir einen Raum mit zwei großen runden Tischen für uns allein (unsere Gruppe bestand aus 17 Personen). Hier haben wir die Küche von SHANGHAI kennengelernt. Nach meinem Empfinden war hier alles mehr gewürzt. Wir hatten Rindfleisch mit Zwiebeln, Ente, Huhn mit Gemüse, Schweinefleisch süß-sauer. War alles hervorragend. Hier musste ich es mir leider verkneifen, auf die Toilette zu gehen, denn die beiden Toiletten waren innen nur durch ein hüfthohes Brett getrennt, sodass man während der »Sitzung« in das Nachbar-Klo gucken konnte. Es war gewöhnungsbedürftig, aber ich habe mich nicht daran gewöhnt und die anderen Damen aus unserer Gruppe auch nicht.

Nach dem Essen sind wir mit dem Bus in die Neustadt gefahren, wo alle Häuser abgerissen und neue publikumswirksam in Pagodenform wieder aufgebaut wurden. Mit dem Bus ging es weiter bis zum Zentrum, und wir sind im Park spazieren gegangen. Dort haben wir auch Wasserspiele gesehen. Weiter ging es zum HYATT Hotel. Dieses befand sich in einem Haus, das 88 Stockwerke hoch war. Ab Etage 55 (!!!) begannen die Hotelräume. Zwischendurch hat unser neuer Reiseführer erzählt, dass die Chinesen, die in der Stadt lebten, keine Hunde essen würden, aber die, die auf dem Lande lebten, Hunde nur im Winter essen würden, denn »Hundefleisch ist warm und das ist im Sommer nicht so passend.«

SHANGHAI hatte einen ungewöhnlichen Fernsehturm. Er sah aus wie aus einer anderen Welt und stand auf drei Beinen, dann folgte eine Kugel, die wahrscheinlich ein Restaurant beherbergte, dann ein Turm, der vorne offen war und innen beleuchtet, dann wiederum eine Kugel und obenauf eine lange Spitze, die noch einmal von einer Kugel unterbrochen wurde. Das Ganze wurde raffiniert angestrahlt, sodass der Turm außerirdisch wirkte.

Dann sind wir weitergegangen zu einer U-Bahn und eine Station mit einer sehr modernen Bahn zur HE NAN ZHONG RD, STATION gefahren. Er war interessant. Wir sind dann wieder nach oben und noch ein Stück gegangen und mit dem Bus ins Hotel. Bevor wir auf die Zimmer gingen, haben wir alle uns noch in einem Laden mit Getränken eingedeckt, da diese in der Hotel-Minibar extrem teuer waren. Ein Bier kostete hier Yuan 26,00, das waren € 3,20 und in DM 6,40. Im Laden haben wir für vier Flaschen 0,7 l Yuan 22,00 bezahlt.

19.07.02

Aufstehen war heute bereits um 05:40 Uhr, Frühstück 06:30 Uhr, Abfahrt 07:30 Uhr.

Es ging zuerst zum Bahnhof. Unten an der Rolltreppe, die zum Bahnsteig führte, stand eine Kontrolleurin, denn ohne Fahrkarte kam man nicht auf den Bahnsteig. Dann sind wir mit einem Zug 40 Minuten bis SUZHOU gefahren. Dort waren die schönsten Gärten Chinas. Ein Garten hieß »Meister des Netzes«, ein anderer »Der Garten des bescheidenen Beamten«. Diese Gärten haben wir besichtigt und sie waren sehr hübsch anzusehen. Es gab dort auch Bonsais, die wunderschön waren. Mit einem Kleinbus sind wir zum ersten Garten, dem »Meister des Netzes«, gefahren.

Es gab dort viele Räume und in der Mitte war ein kleiner Teich mit Fischen und Steingebilden. Hier gab es einen Gästeraum, in dem stand rechts und links ca. ein Meter von der Wand entfernt jeweils eine Bank aus Holz, ohne Kissen, mit gerader Rückenlehne. Dort saß man nebeneinander, damit man sich nicht in die Augen sah. Das galt früher als unfein.

Vor dem Essen haben wir noch eine Seidenspinnerei besucht, THE TOURIST TRADING DEPARTMENT OF SUZHOU NR. 1 SILK MILL. Dort haben wir in verschiedenen Gläsern die Entwicklung der Seidenraupe ansehen können. Wir konnten beobachten, wie die Seide von den Kokons auf eine Spule lief. Die Fäden waren nur mit Mühe zu erkennen, so dünn waren sie. Die Kokons, die noch nicht gebraucht wurden, schwammen im Wasser. Hier haben wir uns je eine Seidenbettdecke gekauft, pro Stück 350,00 YUAN, das waren ca. DM 45,00. Dazu bekamen wir ein kleines Seidentuch geschenkt. Hier haben wir für Katja ein Seidentuch gekauft, weil sie so gerne Tücher mag.

Anschließend haben wir mittags in einem Hotel gegessen. Wieder war der Raum im 1. Stock, aber sehr groß und mit mehreren Tischen. Hier gab es sechs oder sieben verschiedene Speisen, eigentlich wie sonst auch. Nur immer etwas anders im Geschmack.

Als Verdauungsspaziergang sind wir durch eine Einkaufsstraße gegangen, die wir auch schon abends bei Dunkelheit gesehen haben. Im Anschluss daran landeten wir im zweiten Garten, im »Garten des bescheidenen Beamten«. Es war ein riesiges Areal (eben bescheiden!) mit vielen einzelnen Häusern, Seen und Gärten. Hier war auch die Bonsai-Zucht.

Dann sind wir mit dem Bus zu einer Kanalfahrt mit zwei Booten gefahren. Die Sitze waren mit Hussen überzogen. Wir sind durch total verdreckte Kanäle gefahren, in den alles Mögliche schwamm, wirklich alles Mögliche, von Fäkalien über Plastikbeutel bis zur Melone. Direkt an den Ufern standen Häuser, zu denen man eigentlich nicht »Häuser« sagen konnte, mehr Bruchbuden. Allerdings aus Stein. Während wir vorbei fuhren, haben die Leute dort ihre Wäsche in der Brühe »gewaschen«, kleine niedliche Kinder standen mit den Füßen ebenfalls in der Brühe.

Wir haben eine Steinbrücke passiert. Es sah zum Teil aus wie Klein-

Venedig. Dann haben wir angelegt und einen Freimarkt durchlaufen. Die Gerüche waren sehr unterschiedlich, zum Schluss konnte ich sie nicht mehr vertragen. Auf dem Weg zum Boot, immer am Wasser entlang, stand vor einem Haus ein Holzkübel. Der Deckel lehnte am Kübel. In diesen Behälter leeren die Bewohner ihre Nachttöpfe. Wo der Inhalt hinkam, weiß ich nicht, angeblich wurde der Kübel abgeholt, entleert und wieder hingestellt. Wir kamen vorbei an einer Art offenen Garage. In der Mitte des kleinen Raumes saß ein Mann mit einem Frisierumhang, dem wurden die Haare geschnitten. Das war der Friseur, unter anderem auch daran zu erkennen, dass vor seiner Tür das typische Merkmal für den Friseur stand: eine beleuchtbare Röhre, meist mit rot und blauen Streifen.

Wieder im Boot sind wir eine kurze Strecke gefahren und haben dann einen kleinen Fußmarsch gemacht und sind wegen des hohen Wasserstandes in ein anderes Boot umgestiegen und zum Ausgangspunkt zurückgefahren. Dort stand unser Bus und wir sind wieder zum Bahnhof und zurück nach SHANGHAI gefahren.

Während der Busfahrt haben wir Radfahrerinnen gesehen, die die Arme trotz der großen Hitze bedeckt hatten. Sie wollten nicht braun werden, das galt als schmutzig. Ein Teil der Gruppe ist mit dem Bus ins Hotel gefahren, wir, d. h., Ina, Thomas, Frau Haubner, Dr. W. und Lothar, haben eine Akrobatikvorstellung besucht. Es waren ganz tolle Darbietungen, u. a. eine große Metallkugel, in der erst ein Motorradfahrer fuhr und ganz zum Schluss vier Fahrzeuge. Wir haben nicht geglaubt, dass das gut ging. Aber es ist nichts passiert. Außerdem sahen wir noch Folgendes:

Junge Mädchen, die Teller auf einer langen Stange balancierten; Turner, die am Seil nach oben kletterten; ein Balance-Jongleur turnte auf verschiedenen Rollen – vier Rollen aufeinander – und jonglierte mit Ringen; Radkünstler zeigten verschiedene Übungen, mehrere Männer sind durch Ringe gesprungen. Es wurde immer ein Ring auf den anderen gelegt, sodass zum Schluss ganz oben durch den vierten Ring gesprungen werden musste; ein Ballartist, der tolle Verrenkungen machte; zwei Frauen, die andere Frauen mit den Füßen drehten und hin- und herrollten. Es war wirklich unglaublich, wie biegsam die Künstler waren. Nach dem Finale wurden wir von Günter direkt vom Platz abgeholt und sind dann zum Hotel gefahren.

20.07.02

Aufstehen heute um 06:30 Uhr, Koffer raus bis 07:30 Uhr, Abfahrt 08:30 Uhr. Ganz schöner Stress.

Übrigens lag im Hotelfahrstuhl jeden Morgen ein anderer Teppich, und zwar jeweils mit dem aktuellen Tag wie Saturday usw. darauf.

Gefahren sind wir zum YU-GARTEN, der sehr schön anzusehen war, aber es gibt nichts Besonderes darüber zu berichten, es war halt ein Garten.

Dann sind wir zu einer Teezeremonie gefahren. In dem Laden gab es wunderschönes Teegeschirr, leider braucht man es zu Hause nicht wirklich. Aber schön anzusehen war es. Die junge Dame, die für uns den Tee zubereitete, panschte ziemlich mit dem Wasser. Gott sei dank, oder vielleicht gerade deswegen, standen die winzigen Teegefäße auch auf einem Tablett mit einem höheren Rand. Wir haben einige Sorten probiert. Es ist schon eine kleine Kunst, wie der Tee hier zubereitet wurde. Gekauft habe ich auch einige Dosen, vor allem als Mitbringsel.

Nachdem wir für genug Umsatz gesorgt hatten, fuhren wir weiter zur Haupteinkaufsstraße von SHANGHAI, die Nanjinlu-Road. Dort hatten wir zwei Stunden Zeit. Das war viel für uns, denn so oft hatten wir tagsüber keine »Freizeit«. Dann sind wir (mit Ina, Thomas, Gabi, Achim, Kathrin und Karsten) zusammen losgegangen. Wir wollten die Straße, die kerzengerade verlief, einmal rechts rauf- und links runterlaufen. Es fuhren dort keine Autos. Ich glaube, die Straße war mit Marmor belegt, jedenfalls sah es so aus, wunderschön. Es war sehr schwierig, alle unter einen Hut zu bekommen, denn die Interessen gingen etwas auseinander. Wir haben es aber gut geschafft. Zwischendurch haben wir versucht, etwas zu essen. Das war nicht leicht, denn es gab nur PIZZA HUT, wo eine Menge Leute vor der Tür auf einen Tisch warteten, und McDonald's, wo wir acht zusammen auch keinen Platz gefunden haben. So haben Kathrin,

Ina und ich etwas mitgenommen und es auf der Straße gegessen. Nicht ideal, aber es ging, war nur nicht so gemütlich.

Nachdem wir die Hälfte der Straße hinter uns hatten, fing es leider an zu regnen. Dadurch wurde dieses schöne Pflaster, was ich für Marmor halte, ganz glitschig. Wegen des Regens haben wir uns ein Kaufhaus von innen angesehen. Das war leider nichts für Gunter. Vor dem Kaufhaus, und auch vor vielen anderen Geschäften, stand ein Metallkasten, in dem waren Plastikhüllen für Stock- und Taschenschirme. Das fand ich toll. In Hamburg habe ich so etwas noch nicht gesehen.

Nachdem wir uns ein wenig im Kaufhaus umgesehen hatten, viel Zeit war ja nicht, gingen wir wieder in den Regen. Gunter sah in ca. 150 m Entfernung eine Bude, die überdachte Sitze hatte, und wollte mit mir dort hin, witterte er doch ein Bier! Die anderen konnten wir nicht überzeugen, sodass wir dort allein hinliefen. Natürlich kamen wir nass an. Und wer saß schon da? Lothar trank dort genüsslich ein Bier und schon hatte er Gesellschaft, ob er wollte oder nicht.

Um 12:50 Uhr wollten wir uns alle am Bus treffen. Mittlerweile war es bereits 12:20 Uhr. Um 12:30 Uhr sind wir dann endlich losgesprintet. Erstens, weil es Zeit wurde, und zweitens, weil es noch immer regnete. Ich konnte unterwegs zeitweise nichts mehr sehen, da meine Brille vollgeregnet war. Zwischendurch trafen wir immer wieder auf Männer, die Regenschirme verkaufen wollten. Sie witterten bei diesem Wetter wohl ihre ganz große Chance, hatten aber nicht mit meinem Mann gerechnet. Der wollte partout keinen Dollar dafür ausgeben. Außerdem waren wir sowieso schon so nass, dass mir der Regen aus den Haaren tropfte. War toll!!

Auf der anschließenden Fahrt zum Flugplatz sind wir noch zur Besichtigung einer Fabrik gefahren, die Cashmere-Kleidung herstellte. Wir haben die Schafe gesehen, allerdings nur als Bilder an der Wand. Die Schafe erst gewaschen und dann ihnen von den langen Haaren großzügig die Spitzen abgeschnitten. Das wurde von Frauen gemacht. Die nächsten Frauen schoren dann die Schafe. Diese gaben nur einmal im Jahr Wolle, und für 40 g brauchte man die Wolle von zehn Schafen. Darum war

Cashmere so teuer. Lothar hat sich eine wunderschöne dunkelblaue, ganz weiche und leichte Strickjacke gekauft. Wie ich ihn darum beneidet habe!! Ich habe mit einem Schal geliebäugelt, der war ganz breit und noch weicher als die Jacke, weil er so schön dünn war. Er hatte ein schönes Muster, beige mit Streifen in rot und schwarz. Leider gefiel er meinem Mann nicht, also brauchte ich auch keinen. Wenn das kein Argument war!

Danach sind wir endlich zum Flugplatz gefahren, wo wir noch Zeit hatten. Ina und ich haben ein Häagen Dasz-Eis gekauft, jeder zwei Kugeln im Becher für 90 Yuan. Eigentlich hätten wir bei diesem Preis Anteile an dem Laden erwerben müssen.

Als unser Flug nach GUILIN aufgerufen wurde, blieben wir extra noch sitzen, in der Hoffnung, dass, wenn wir wieder später kommen, und der Flug nicht ausgebucht war, wir wieder viel Platz haben würden. Gunters Rechnung ist aufgegangen, denn wir bekamen einen Platz in der 3. Reihe, gleich hinter der First Class, wo wir wieder eine Sitzreihe für uns hatten.

Es war ein schöner Flug. Es gab wieder etwas zu essen, und zwar Pork mit Reis, was sehr gut schmeckte. Wir bekamen außerdem noch einige kleine Tüten, deren Inhalt wir von außen nicht deuten konnten. Ich habe eine Tüte probiert, wusste aber nicht, was ich gegessen habe, eine Schicht schmeckte nach Kirsch und die andere hatte gar keinen Geschmack. Erkennen konnten wir noch gesüßte Walnüsse und Kürbiskerne. Einige Tüten habe ich mitgenommen. Ich glaube, die habe ich immer noch.

Die Landung war weich und ich war die Erste, die das Flugzeug verlassen hat, denn die 1. Klasse war nicht besetzt. Es war ganz witzig, als Erste die Gangway runterzugehen, leider war die Presse nicht anwesend!

Unsere Koffer kamen auch ziemlich schnell und wir wurden von Yuan abgeholt, der uns mit dem Bus ins GUILIN BRAVO HOTEL brachte. Es war ein Viersternehotel. Nach einem Begrüßungsdrink kamen die Koffer.

Die anderen hatten vor, noch einmal in die Stadt zu gehen. Gunter ging auch mit. Ich wollte so gerne hierbleiben, was ich dann auch tat. Ich habe den Kofferinhalt neu geordnet, denn Auspacken lohnte sich nie, Haare gewaschen, geduscht und diesen Bericht geschrieben.

21.07.02
Aufstehen war um 06:15 Uhr, Frühstück ab 07:00 Uhr, Abfahrt um 08:15 Uhr.

Wir sind mit einem Boot auf dem Liyang-Fluss gefahren. Das Boot hatte zwei Etagen. Auf dem Boot gab es auch ein Mittagsessen, bestehend aus Fisch, Fleisch, Tofu, Rühreiern mit Tomate, Glasnudeln, panierten Hühnerbeinen und jeweils für zwei Personen eine große Flasche Bier und für jeden noch eine Flasche Wasser. Wir sind bis YANGSHOU gefahren, das dauerte 3 ½ Stunden. Es war eine wunderschöne Fahrt, auf der wir auch Wasserbüffel gesehen haben. In Yangshou sind wir über den Hallo-Markt gegangen, der so hieß, weil alle Verkäufer immerzu »Hallo« riefen, um auf sich aufmerksam zu machen. Hier hatten wir eine Stunde Zeit und ich habe für Claudi ein Shirt gekauft.

Hier wurde jetzt eine Tuk-Tuk-Fahrt vorgeschlagen. Das war ein Motorrad mit Beiwagen, der so hieß, weil der Motor immer Tuk-Tuk machte. Leider waren nicht alle einverstanden und so fiel die Fahrt, die durch die Berge geführt hätte, ins Wasser. Dafür sind wir mit einem offenen Wagen gefahren, der neun Personen fasste. War auch ganz schön, aber sauer waren wir doch, dass die Motorradfahrt nicht geklappt hat. Am Ende der Fahrt wartete unser Bus und wir sind zu Reisfeldern gefahren. Ich habe nicht gewusst, dass der Reis so wächst. Er wird herausgeschlagen und anschließend zum Trocknen auf eine große Plane gestreut.

Gegen 17:00 Uhr waren wir wieder im Hotel und hatten Freizeit. Gunter ist zum Pool. Dort habe ich ein paar Aufnahmen gemacht. Abends haben wir mit den anderen im Restaurant des Hotels gegessen, Gunter eine halbe Ente, ich Spare Ribs. War sehr lecker.

Im Zimmer war ich um 22:20 Uhr und Kathrin kam mit, um unser WC zu benutzen, da in ihrem Zimmer am WC gearbeitet wurde, damit es wieder ablaufen konnte. Sie ist dann nach unten gegangen. Ich bin oben geblieben, da die Koffer gepackt werden mussten.

22.07.02

Heute fuhren wir erst um 10:30 Uhr vom Hotel weg. Wir mussten unsere Koffer um 10:15 Uhr in der Hotelhalle abgeben. Frühstück gab es bis 10:00 Uhr, was völlig ungewohnt war, denn normalerweise waren wir um diese Zeit immer schon unterwegs.

Dann ging es wieder los und wir haben einen Park besichtigt, dessen Namen ich mir leider nicht gemerkt habe. Es ging wahrscheinlich zu schnell. In diesem Park war ein großes Haus, in dem Malereien ausgestellt waren. Auch konnten wir einem Professor zusehen, wie er ein Bild malte. Es ist sehr schön geworden, aber leider wollte er zu viel Geld dafür haben, umgerechnet rund DM 300,00.

Danach haben wir die RED FLUTE CAVE besucht. Das lag 7 Kilometer nordwestlich von Guilin. Es waren unterirdische Steingebilde, die in verschiedenen Farben angestrahlt wurden und auch – natürlich – verschiedene Formen hatten. Da es dort unten sehr dunkel war und die Steine nur angestrahlt wurden, wenn wir davor standen, war das Gehen sehr beschwerlich und auch nicht ganz ungefährlich.

Danach ging es nach HONG KONG, d. h., erst einmal zum Flugplatz, von wo wir um 16:30 Uhr abgeflogen sind. Auch hier war der Flug nicht ausgebucht, sodass wieder jeder einen Fensterplatz hatte. Es war ein ruhiger Flug.

Leider konnte unsere Frau Ming Tian nicht mit, da die Behörden befürchteten, dass sie nicht wieder zurückkam und über HONG KONG ins Ausland ging.

In der teuersten Stadt der Welt, HONG KONG, landeten wir um 17:30 Uhr. Die Landebahn war am Wasser. Etwas mulmig war mir schon, als der Pilot über dem Wasser immer tiefer ging. Es sah aus, als würde er im Wasser landen.

Hier hieß unsere Reiseleiterin Inschi. Sie begleitete uns gleich ins Hotel METROPOLE. Das Hotel war nicht in HONG KONG, sondern in KOWLOON. Das war das schlechteste Hotel der ganzen Reisen bisher mit GeBeCo: enge kleine Zimmer, kein Platz für den zweiten Koffer. Dafür mussten wir einen Sessel rausstellen. Zuerst hatten wir ein Zimmer mit einem ganz schmalen französischen Bett. Das haben wir dann tauschen können gegen eines mit zwei einzelnen Betten. Das gefiel uns besser. Das Fernsehprogramm war auch nicht gut, wir bekamen nicht mal die Deutsche Welle.

Mit dem 20-Uhr-Shuttle sind wir (mit Gaby, Achim, Kathrin, Karsten, Ina, Thomas) Richtung Nathan Street gefahren und über die Einkaufsstraße gebummelt. Dort gab es einen Laden, der hätte unser Lenchen bestimmt sehr interessiert. Es gab dort ausschließlich Sachen für Mädchen, die meisten von Barbie. Anschließend haben wir im KIRIN YANVU ENTERPRISES gegessen. Wir haben uns für ein T-Bone-Steak entschieden. Danach sind wir zurück ins Hotel.

23.07.02

Heute ist Gunter allein mit zur Stadtrundfahrt gefahren. Ich musste leider im Hotel bleiben mit Krämpfen und Montezumas Rache. War nicht sehr schön, aber nicht zu ändern. Kathrin hat für uns mit unserem Apparat einige Aufnahmen gemacht. Unter anderem hat sie ein riesiges Haus fotografiert, das in der Mitte ein großes Loch hatte. Es war das teuerste »Loch« der Welt. Es wurde deshalb freigelassen, weil dieses Haus in der Flugbahn des Drachen lag, und wenn der Drache dort nicht durchfliegen konnte, wurde er böse. Das wollte man wohl nicht riskieren. Es klingt ja eigentlich unglaublich, soll aber wahr sein. Warum sollte man sonst das Loch freilassen?

Gegen 15:00 Uhr war Gunter zurück. Da ging es mir wieder ganz gut. Gunter ist dann zum Pool auf das Dach. Ich auch, aber nur, um Fotos zu machen. Dort waren auch Gabi, Karsten und Thomas. Um 16:00 Uhr haben wir uns wieder getroffen und sind mit dem Shuttle des Hotels in die Stadt gefahren und dort zu einem tollen Einkaufszentrum. Natürlich wollten wir auch Essen, aber das gestaltete sich etwas schwierig. Wir hatten ein tolles Steakhaus im Visier. Das hieß »Ruths Steak House«. Wir sind rein und wurden gleich von zwei Kellnern und einer Empfangsdame zu einem Tisch im sogenannten Wartebereich geleitet. Dort haben wir diskret in die Speisekarte gesehen und festgestellt, dass ein Steak umgerechnet EUR 70,00 kostete. Wir haben uns dann mit einigen Ausreden aus dem Staub gemacht und sind bei PIZZA HUT gelandet.

Nach dem Essen sind wir zum Hafen gegangen, um mit dem Ferryboat nach HONG KONG zu fahren. Endlich HONG KONG!!!Das Boot hatte zwei Klassen: oben kostetr es 2,2 HK$, unten 1,7 HK$ (1 HKD = 0,1888 Euro). Das Schiff hatte eine Gangway für beide Etagen. Auch kam man nicht von unten nach oben bzw. umgekehrt. HONG KONG bot vom Schiff und auch vom Land aus einen gigantischen Anblick. Es war unbeschreiblich.

Wir waren im TOWER der BANK OF CHINA, im 43. Stockwerk. Das Stockwerk hatte man extra auf einer Seite für das Publikum eingerichtet. Hier hatten wir einen supertollen Blick. Es war alles aus Marmor und einem glänzenden Metall. Wir haben versucht, mit dem Fahrstuhl in höhere Stockwerke zu fahren, aber es wurde höllisch aufgepasst. Fahren durfte man ja, aber mit dem Aussteigen hat es leider nicht geklappt. Wir sind dann wieder runtergefahren und ich habe noch einen Prospekt mit den Daten des Towers mitgenommen. Diesen konnte man so klappen, dass er den Tower der Bank bildete.

Dann sind wir mit der Bahn gefahren, um auf den VICTORIA PEAK, dem höchsten Berg der Insel HONG KONG, zu kommen. Es war eine Art Zahnradbahn, die sich während der Fahrt sehr schräg legte. Es war ein atemberaubender Anblick: Alle Häuser standen schief. Manchmal hatte ich das Gefühl, dass mir schlecht wurde. Von oben hatten wir einen Wahnsinnsblick auf HONG KONG und KOWLOON, dazwischen das Wasser. Es sah einfach toll aus.

Mit dem Wetter hatten wir auch Glück. Die Wolken kamen erst, als wir schon wieder gehen wollten. Ich wollte eigentlich nicht, der Ausblick war viel zu schön! Aber wir mussten gehen, denn der Shuttle zum Hotel wartete nicht. Wir mussten ja auch noch mit der Fähre nach Kowloon. Die Fahrt nach unten ging natürlich rückwärts, weil man sonst von der Bank gerutscht wäre. Unten angekommen sind wir schnell zum Hafen und mit der Fähre nach Kowloon. Von der Fähre sind wir dann im Trab zum Shuttle und haben sogar noch den um 21:30 Uhr geschafft.

Wieder im Hotel haben wir uns um 22:00 Uhr in der Bar getroffen, denn es war ja leider unser letzter Abend.

24.07.02

Der heutige Tag stand zu unserer Verfügung. Wir haben die Koffer im Zimmer gelassen, die wurden von dort abgeholt, und uns um 11:00 Uhr in der Halle getroffen. Der Flieger ging erst um 23:40 Uhr.

Ina und Thomas bleiben noch zwei Tage länger hier. Es war ihre Hochzeitsreise. Gunter und ich sind noch ein paar Souvenirs kaufen gegangen. Ina und Thomas haben sich uns angeschlossen. Wir waren im STARBUCKS und haben dort Kaffee getrunken. Dort habe ich mir einen großen Kaffeebecher gekauft, der jetzt im Büro steht und meine Kugelschreiber beherbergt.

Dann haben wir mittags noch einmal im KIRIN gegessen. Anschließend haben wir auf meinen Wunsch das HARD ROCK CAFÉ gesucht. War gar nicht schwer, es war schräg gegenüber! Die Bedienung dort hat von uns allen ein Bild gemacht. Jetzt wurde es allmählich Zeit, zum Shuttle zurückzugehen. Dort haben wir Gaby, Achim, Kathrin und Karsten getroffen und gemeinsam auf den Bus gewartet.

Wieder im Hotel hatten wir natürlich noch viel Zeit bis zur Abfahrt zum Flugplatz. Gunter und ich sind in die Hotelbar gegangen. Dort wurden die Gäste von einer Sängerin unterhalten. Einiges war gar nicht so übel. So nach und nach kamen auch die anderen hinzu, die allerdings keine YUAN mehr hatten und die Creditcard funktionierte auch nicht! Daraufhin hat Gunter sie alle zum Drink eingeladen. Nach einigen tollen Cocktails kam unser Bus zum Flugplatz, wo wir auch wieder genug Zeit für einen Drink hatten. Natürlich waren Gaby, Kathrin und auch Lothar von Gunter wieder eingeladen.

Der Rückflug war angenehm, aber nicht so komfortabel wie der Hinflug in der Business Class. Gegen 08:00 Uhr sind wir in HAMBURG gelandet und wurden von Claudi, Leni, Katja und Wolfgang erwartet. Claudi und Leni haben gestern bei uns geschlafen, weil sie sonst heute zu früh aufstehen müssten, da sie von Glückstadt kamen.

Das war ein schöner Empfang! Und alle waren froh, dass wir wieder gut gelandet sind. Ich auch.

5. Ägypten

Viele hatten wegen der politischen Lage Bedenken, als sie von unserer Absicht, dort unseren diesjährigen Urlaub zu verbringen, hörten.

Ägypten

das war für mich: die Pyramiden von Gizeh, das Tal der Könige, die Sphinx, die Tempel, die schönen Hotels, wo wir wohnen würden, und vor allem der NIL.

Aber beginnen wir diese märchenhafte Reise doch von vorne.

Gunter hatte wieder sehr rechtzeitig gebucht. Dieses Mal war es egal, ob noch mehr Leute diese Reise buchten, denn es wurde eine Durchführung garantiert.

Ägypten klang wie ein Märchen: verschleierte Frauen, Moscheen, die ich bisher noch nie von innen gesehen hatte, Minarette, Bazare, alles außerordentlich geheimnisvoll. Ägypten hat 68 Millionen Einwohner auf einer Fläche von 997 739 qkm. Gesprochen wurde arabisch und die Hauptstadt ist Kairo.

11.07.03

Wie immer waren wir viel zu früh am Flugplatz. Wir sollten um 16:45 Uhr fliegen, und zwar mit EGYPT AIR, von der in dem Buch, das wir von TUI bekommen hatten, schon steht, dass sie für Verspätungen bekannt waren und der Bordservice schlecht sei. Alles gute Voraussetzungen für einen angenehmen Flug. Der Abflug war in der Tat verspätet, und zwar um eine halbe Stunde, sodass wir erst um 17:15 Uhr abgeflogen sind. Und dann noch über Berlin-Schöneberg. Davon haben wir allerdings erst am Flugplatz erfahren.

Der Flug nach Berlin war sehr ruhig, aber auf die Landung hätte ich gerne verzichtet. Fühlte sich an wie der Übungsflug des Piloten. Das Flugzeug »wackelte« ziemlich und das Aufsetzen war recht unsanft. Ich habe auch das überstanden, allerdings mit ein paar Schweißperlen auf der Stirn. Ich glaube, Gunter fand das auch nicht so komisch.

In Berlin stiegen eine ganze Menge Ägypter bzw. Araber AUS!! Aber es kamen auch wieder viele hinzu, besonders auch viele kleine Kinder. Es wurde ein sehr lauter Flug mit einigen Turbulenzen. Da wir auch etwas essen mussten, wurde Hühnchen, Reis, Soße und Gemüse serviert. Das war sehr gut, wenn auch wegen der Enge etwas schwierig zu essen. Ich war froh, dass es ohne zu kleckern ging. Außerdem gab es ein Brötchen, Butter und eine Ecke Käse. Kaffee und Tee wurden auch gereicht. Der Kaffee zog einem die Schuhe aus, so stark und ungewohnt im Geschmack war er. Der Nachtisch bestand aus einem Stück Kuchen mit Creme oben drauf, sehr lecker. Während des Anfluges auf KAIRO habe ich sehr viele Minarette gesehen, die innen beleuchtet waren und deren Fenster daher hellgrün strahlten. Das sah in der Dunkelheit faszinierend aus.

Gelandet in Kairo sind wir um 23:35 Uhr. Dort haben wir jemanden von TUI gesucht und gleich gefunden. Gott sei dank. Ich stellte mir immer vor, dass uns mal keiner abholen würde! Eine ungemütliche Vorstellung. Na, jetzt war ja jemand da. Dieser Jemand schnappte sich unsere Reisepässe und klebte dort jeweils zwei Marken rein. Das war unser Visum! Na, wenn wir damit mal durchkommen. Ich war skeptisch. Die waren ja noch feucht, als wir an der Passkontrolle standen. Wir mussten ein wenig warten. Meine Hoffnung war, dass die Marken bis dahin getrocknet waren. In den Pass legten wir den Zettel, den wir schon im Flugzeug ausgefüllt hatten. Der Mann in der Passkontrolle guckte mich an, den Pass, haute einen Stempel auf die sicherlich noch feuchten Marken und dann war ich durch!! War ich froh!!

Gleich hinter der Passkontrolle war das Förderband für die Koffer. Durch einen kleinen Sprint meinerseits – ich hatte meinen orangefarbenen Koffer bereits erspäht – konnte ich den Koffer noch vom Band zerren, bevor er wieder in die Umlaufbahn ging. Zwei Koffer weiter kam auch schon Gunters Koffer. Das Gepäck kam ungewöhnlich schnell und vor allem: Es waren BEIDE Koffer da!! Das war eine neue Erfahrung, denn sonst waren unsere Koffer immer die letzten auf dem Band. Der Zoll wollte auch nichts von uns, das Abenteuer ÄGYPTEN konnte also beginnen. Außerhalb des Flughafengebäudes haben wir dann unseren »Chauffeur«, einen sehr netten Ägypter, getroffen. Hier erfuhren wir auch, dass wir die Einzigen sind, die diese Reise gebucht hatten. Das hieß also, dass wir ganz allein mit Auto und Reiseführer unterwegs sein würden. Welch ein Luxus. Wie schön!

Die Fahrt zum MENA HOUSE Hotel dauerte eine ¾ Stunde. Müde war ich eigentlich gar nicht mehr. Trotz der späten Stunde war bestimmt halb Kairo auf den Beinen, die meisten wohl im Auto. Die fuhren hier noch schlimmer als in Mexiko, denn hier fuhr jeder, wie, aber auch wo er wollte. Keiner richtete sich nach einer evtl. vorhandenen Markierung auf der Straße, die meist nicht mehr zu sehen war.

Im Hotel bekamen wir die freudige Nachricht, dass unser Zimmer im Haupthaus lag, Nr. 1105, und nicht in dem neueren Anbau. Wir nächtigten also in dem wundervollen alten Haus, in dem schon Berühmtheiten abgestiegen waren. Der Hausboy, sehr älteren Datums und mit insgesamt zwei Zähnen, alle oben (besonders schön, wenn er lachte, und das tat er ständig) brachte uns zum Fahrstuhl. Hier drückte er seltsamerweise auf die »11«, obwohl das Haus nur drei Stockwerke hatte. Egal, unser Zimmer war eine Überraschung. Es hatte eine sehr hohe Decke, bestimmt 4 m hoch, wunderschöne geschnitzte dunkle Möbel. Auf einem kleinen Tisch standen eine Schale mit Obst und ein Teller mit Gebäck. Es lagen auch ein Messer und eine Gabel, eingewickelt in eine Serviette, auf einem Teller. Toller Service.

Wir haben noch bis ca. 02:30 Uhr gesessen und uns über das Zimmer gefreut. Nach einem Schlummertrunk sind wir dann ins Bett gegangen, aber schlafen konnte ich lange nicht. Wahrscheinlich war ich über den Punkt hinweg.

12.07.03

Aufstehen mussten wir schon um 07:00 Uhr. Unser Frühstück war in dem neuen Haus, in der GREENERIE. Dies war ca. 100 m vom Haupthaus entfernt. Das Frühstück war gut.

Um 09:00 Uhr wurden wir abgeholt, ganz großer Luxus: Auto mit Fahrer und Fremdenführer für zwei Personen. Hier haben wir Omar kennengelernt, der uns die ganze Reise über begleitete. Es war sehr schön, wenn es nur eine Person war und nicht an jedem Ort eine andere. Außerdem war Omar sehr nett und sympathisch. Und er sah auch noch gut aus, wie viele Ägypter, wie ich später feststellen konnte. Auch die Frauen waren richtige Schönheiten.

Wir fuhren zur CHEOPS PYRAMIDE, die wir schon vom Hotel aus gesehen hatten. Sie war sehr beeindruckend. Dann ging es ein Stück durch die Wüste zur anderen Pyramide. Es waren insgesamt drei Pyramiden, die dort standen. Sie waren das weltberühmte Wahrzeichen Ägyptens. Das Besteigen der Pyramiden von Gizeh war streng verboten und die Innenbesichtigung nur mäßig interessant, stand zumindest im Reiseführer. Die Zugänge waren zum Teil beängstigend schmal und nur in stark gebückter Haltung zu überwinden. Wegen der Enge, der großen Hitze und des Mangels an Sauerstoff wurde Touristen, die unter Herz- und Kreislaufschwäche oder Platzangst litten, von diesem Vorhaben dringend abgeraten. Da die Feuchtigkeit, die mit den Körperausdünstungen der Besucher in die Grabkammern hineingelangte, die Steine stark beschädigten, wurden einzelne Pyramiden zeitweise geschlossen oder die Anzahl der Besucher pro Tag begrenzt.

Die Cheops Pyramide, die größte der Gruppe und gewaltigste überhaupt, wurde von Cheops (oder Chufu) erbaut. Nach Herodot haben an ihr je 100 000 Menschen alljährlich drei Monate lang gearbeitet. Das Mauerwerk umfasste gegenwärtig noch etwa 2,3 Mio. m3. Die Seitenlänge maß 227,5 m.

In unmittelbarer Nähe der Pyramiden warteten viele Ägypter mit ihren Kamelen auf die Touristen. Omar hatte wohl schon vorher einen Preis für das Reiten vereinbart, denn der Deal kam schnell zustande und ich musste und wollte auch auf einem Kamel reiten. Ich denke mal, dass Omar mit seinen Touristen immer zu demselben Kamelführer ging und die sich dadurch bereits kannten. Das große Tier lag vor mir, ich bin ganz vorsichtig ran, ein Bein rüber und während das Bein noch nicht ganz da war, wo es sein sollte, richtete sich das Kamel auf, und zwar mit den Hinterbeinen zuerst, sodass ich beinahe gleich wieder kopfüber runtergefallen wäre. Zumindest war ich sehr erschrocken. Ich hatte nur einen kleinen Knauf zum Festhalten und war froh, als das Tier sich ganz aufgerichtet hatte. So, nun ging es los. Man spricht ja nicht umsonst von einem Kamel als Wüstenschiff. Es schaukelte wirklich sehr, was daran lag, dass es mit beiden rechten Beinen zugleich und dann mit den beiden linken ging. Die Strecke war nicht eben, oh nein, es ging jetzt bergab, und der Junge, der das Kamel führte, rief, als er mich schwanken sah, ich solle mich zurücklehnen. Das war gut gesagt, hat aber geholfen, zumindest bin ich oben geblieben. Als wir dann den kleinen Hügel wieder rauf mussten, habe ich den Jungen gebeten, er möchte doch bitte bitte umkehren. Ich mochte nicht mehr. Irgendwie hatte ich das Kamelreiten von Australien anders in Erinnerung. Dort war es viel schöner!! Das lag sicherlich daran, dass der Boden dort eben war.

Nachdem ich endlich vom Kamel gestiegen war, nötigte der Besitzer des Kamels, der Gunter schon seine Kopfbedeckung aufgesetzt hatte, Gunter geradezu, er möge sich doch mal an das Kamel lehnen, nur für ein Foto. Jetzt sollte er, wohl, damit es echt aussah, auch noch sein rechtes Bein rüberschwingen. Das musste das Kamel verkehrt verstanden haben, denn es richtete sich auf: wie gewohnt zuerst hinten und dann vorne. Gunter saß also oben, mit einem nicht sehr glücklichen Gesicht. Das Kamel ging mit ihm ein wenig herum und dann wollte Gunter wieder runter. Zwischendurch habe ich natürlich alles im Bild festgehalten. Mein lieber Mann begründete seinen etwas angespannten Gesichtsausdruck damit, dass er Angst hatte, das Kamel könne ihn, der so schwer war (dabei betont er immer wieder, dass er nicht dick sei), vielleicht gar nicht tragen. Das war mal eine ganz andere Ausrede. Es hätten ja seine dünnen »Beinchen« durchbrechen können. Die vom Kamel natürlich.

Nach dem Ritt sind wir dann zur SPHINX gegangen, durch heißen Wüstensand, die Sonne brannte auf uns herab, kein erfrischendes Lüftchen wehte, kurz, es war knallheiß. Die SPHINX lag direkt gegenüber von den Pyramiden. Es war das wohl berühmteste antike Denkmal Ägyptens nach der Cheops Pyramide. Die SPHINX war eine aus einem Felsen herausgehauene mythische Löwen-gestalt mit dem Haupt des Pharaos (wahrscheinlich des Chephren), das ein mit der Königsschlange geschmücktes Kopftuch umrahmte. Seine ursprüngliche Funktion ist nicht bekannt, sein arabischer Name lautet Abu Al Hul- Vater des Schreckens. Das einst vor der Brust befindliche Standbild wie auch der zusätzliche Hauptschmuck sind verschwunden. Sandstürme und mutwillige Beschädigungen (u. a. die Verwendung als Schießscheibe, seitdem fehlt die Nase) haben dem eindrucksvollen Monument im Laufe der Jahrtausende schwer zugesetzt. Die Gesamtlänge der SPHINX beträg 73,5 m, die Höhe rund 20 m.

Jetzt fuhren wir wieder weiter, und zwar zu RAMSES II. Die Statue lag in einem extra für ihn gebauten Haus. Er war noch sehr gut erhalten, allerdings fehlten ihm die beiden Unterschenkel zur Hälfte und seine rechte Seite war etwas lädiert.

Weiter ging es zur Alabaster-Sphinx, die noch recht gut aussah. Sie stand in einer Art Park mit noch anderen Statuen und Überbleibseln zusammen.

Auf der Fahrt zu einer Teppichknüpfschule kamen wir wieder an Dattelpalmen vorbei. Die wuchsen recht interessant: Die Datteln hingen tief herunter an einem Wedel. Sie hingen ganz dicht zusammen und sahen sehr schwer aus.

Dann kamen wir zur Akhnaton Carpets School. Dort haben wir auch die Seidenkokons gesehen, deren Seide zum Knüpfen verwendet wurde. Die Seide wurde hier genauso gewonnen, wie wir das in China gesehen hatten. Da es sich um eine Schule handelte, saßen hier viele Kinder (Mädchen und Jungen) und knüpften. Die Besten wurden herausgefiltert und für die war es dann eine Ehre, Teppiche zu knüpfen. Sie unterstützten mit dem Geld ihre Familien.

Unser Weg führte uns nach SAKKARA. Dort stand die berühmte Stufenpyramide des Djoser, das älteste monumentale Bauwerk aus Stein auf ägyptischem Boden. Diese Stufenpyramide lieferte das Vorbild für die steinernen Grabpyramiden im alten Ägypten. Sie war 62 m hoch.

Wir fuhren weiter zu einer Papyrusfabrik. Dort war es hochinteressant, denn ich hatte nicht gewusst, wie man Papyrus herstellte. Allerdings hatte ich mir auch darüber noch keine Gedanken gemacht. Also, Papyrus wuchs als große Gräser. Obenauf war so ein Puschel. Der wurde abgeschnitten und der »Stängel« in dünne Scheiben geschnitten. Diese wurden durch eine Mangel gedreht, damit der Saft entfernt wurde. Dann legte man die Stängel für ein paar Tage ins Wasser. Wenn sie dort herauskamen, wurden sie getrocknet und wahrscheinlich konnte man sie dann bemalen. Was übrigens wunderschön aussah. Es gab Papyrus in hell und dunkel.

Endlich fuhren wir wieder in das wunderschöne Hotel. Wir hatten viel zu wenig davon, weil wir ja immer etwas sehen wollten. Aber das Hotel war auch außerordentlich sehenswert.

Wir hatten eben von Omar erfahren, dass wir morgen bereits um 05:00 Uhr aufstehen müssten. Das war fast wie zu Hause.

Im Hotel hatte das Zimmermädchen im Bad unsere Utensilien fein säuberlich auf einem Frotteetuch geordnet. Wir sind dann an den Pool, von dem aus wir die Cheops Pyramide sehen konnten. Es war ein unglaublich schöner Anblick. Hier am Pool waren sehr viele große Vögel, ich meinte fast, dass es Krähen waren. Die waren furchtbar frech und überall dazwischen. Wenn eine Liege verlassen war und etwas herumlag, waren die Vögel sofort da.

Am Abend sind wir dann – ich unter Protest – noch spazieren gegangen. Es bot sich uns außerhalb des Hotels, wo wir ohne Auto noch nie waren, ein ungewohntes Bild. An der Ecke der Straße standen Polizisten mit Maschinengewehren und in einem großen schwarzen Auto waren weitere fünf Polizisten. Auch war da eine Art Schutzschild, das am Boden stand, schwarz war und oben ein Guckloch hatte. Ein wenig unheimlich war das schon. Außerdem waren wir die einzigen Fußgänger, Touristen waren sowieso nicht da.

Als wir um die Ecke bogen, wurden wir nach ein paar Metern von einem Mann angesprochen, der uns oder vielmehr Gunter dazu überredete, mit zu ihm zu kommen, denn er wollte uns seine Karte geben. Ich war sofort dagegen, konnte nicht verstehen, dass Gunter mitgehen wollte und – Schwupps – da waren wir in seinem Laden. Allerdings mussten wir durch eine enge Gasse gehen, die nur einseitig bebaut war und wo ich große Probleme mit meiner Nase hatte. Es stank dort nämlich erbärmlich. Gunter hat – wie immer – nichts gerochen, da er, wie er sagte, »nasenblind« war.

Der Ägypter, er hieß Ibrahim, wie wir später erfuhren, bugsierte uns in den hinteren Raum, wo Gott sei dank ein großer Ventilator stand. Allerdings standen dort auch viele kleine und große Karaffen mit Inhalten heller und dunkler Farbe. Ibrahim versicherte uns, dass wir nichts kaufen müssten, und Gunter machte ihm sehr deutlich, dass wir auch nichts kaufen werden. Er würde uns aber gerne einige seiner Produkte, auf die er offensichtlich sehr stolz war, vorführen. In diesen Karaffen waren Essenzen von Pflanzen, die im Übrigen wirklich sehr gut rochen. Sie waren ohne Alkohol, wie er betonte, und würden deshalb länger duften, da der Alkohol ja verfliege, die Essenz aber nicht. Ibrahim hat dann bei mir und nachher auch bei Gunter einige Duftstoffe auf unsere Arme aufgetragen. Rechts unten hatte ich Lotus Flower, weiter oben Lavander und auf dem anderen Arm dufteten Gardinia und Lilac. Ich musste ja zugeben, dass einige wirklich toll dufteten. Nach seinen Angaben lieferte Ibrahim auch die Grundstoffe für die Parfums von BOSS, CK, JOOP und und und. Ich habe sie nicht alle behalten können. Ob das nun stimmte oder nicht …

Als Ibrahim fragte, ob wir einen Tee möchten, hat Gunter zugestimmt und ich habe ihn wahrscheinlich sehr unsanft gekniffen, denn trinken wollte ich hier auf gar keinen Fall etwas. Sah ich uns doch schon besinnungslos, verschnürt in einem Teppich und entführt irgendwo liegen. Na ja, getrunken habe ich den heißen und süßen Malventee dann doch, allerdings nach Gunter. Der Tee war sehr gut.

Natürlich wollte dieses Schlitzohr von Ibrahim uns doch etwas verkaufen. Ich hätte es ja gemacht, aber Gunter war stur, hatte er doch gesagt, dass er nichts kaufen werde. Er konnte ja auch nicht davon abgehen, nicht mal für mich, wo ich wirklich gerne die Lotus Flower gehabt hätte. Außerdem war er mit dem Preis unglaublich runtergegangen, immer und immer wieder ein bisschen. Hat nichts genutzt! Ließ sich nicht ändern, aber wir würden ja wieder nach Kairo kommen!! Als Ibrahim dann merkte, dass er mit uns kein Geschäft machen konnte, durften wir auch gehen. Allerdings hat er uns das Versprechen abgenommen, unterwegs auch bei keinem anderen Händler Essenzen zu kaufen. Dann wäre er ärgerlich. Wenn wir zurück in Kairo wären, sollten wir ihn anrufen und dann würde er uns zu seiner Familie zum Essen einladen. Das hat mir noch gefehlt! War ich froh, als ich dort raus war. Der Tee hätte ja auch später wirken können! Er brachte uns sogar noch über die Straße, was nicht einfach war. Dabei hat uns auch noch ein Polizist geholfen, indem er auf die Straße ging und den Autofahrern bedeutete, dass wir rüber möchten. Auf Kommando sind wir dann losgesprintet, denn anhalten tut deshalb noch lange keiner. Der Verkehr war unglaublich, Ampeln und Fußgängerüberwege suchten wir hier vergebens. Außerdem war der Bordstein furchtbar hoch, da konnte man nicht so einfach raufhüpfen, wie es bei der Verkehrslage eigentlich erforderlich gewesen wäre. Die Autofahrer fuhren ziemlich rücksichtslos und hielten geradewegs auf einen zu. Aber wir haben es geschafft und ich war heilfroh, wieder im Hotel zu sein.

Abends haben wir dann unsere Zeche aus der Bar bezahlt. Sie betrug LE 256,02, das waren ca. EUR 42,66 (LE = ägyptische Pfund).

13.07.03

Heute standen wir um 05:00 Uhr auf und fuhren um 06:30 Uhr mit dem Auto zum Airport. Das Einchecken dauerte nicht lange und schon saßen wir im Flugzeug der Egypt Air. Während des ruhigen Fluges, der ca. 50 Minuten dauerte, gab es ein Stück Kuchen und eine Packung Saft. Ich nahm immer Mangosaft, wenn vorhanden. Den mochte ich sehr.

In LUXOR haben wir nur das Gepäck ins Hotel OLD WINTER PALACE gebracht. Das Hotel lag in der Cornish El Nile Street und hatte 110 Zimmer. Die ehemalige königliche Residenz bestach durch ihr gepflegtes nostalgisches Flair und eine großzügige idyllische Gartenanlage mit Palmen, Kakteen und einer kleinen Voliere. In dieser Oase, abgeschirmt vom Lärm der Stadt, lagen Pool und Tennisplätze. Dann fuhren wir weiter nach **KARNAK**. Hier haben wir die größte Tempelanlage der Welt besichtigt. Es war hier wieder sehr heiß. Die Anlage erstreckte sich etwa 3 km nordöstlich von Luxor. Sie umfasste den großen Amun-Tempel, das Heiligtum des Chons sowie einen Festtempel Thumosis III und eine große Anzahl anderer Baulichkeiten. Vom Luxor-Tempel führte eine gepflasterte Straße, die zu beiden Seiten von liegenden Widderfiguren eingefasst war, zum Tempelbezirk von Karnak. Ungeheuer eindrucksvoll waren die Säulen. Es waren 134 in 16 Reihen stehende Säulen, die eine Grundfläche von 5 000 qm bedeckten (zum Vergleich: der Kölner Dom bedeckt eine Fläche von 6 000 qm).

Als wir alles, oder besser gesagt, fast alles, gesehen hatten, haben Omar und ich uns bei einem kleinen Erfrischungsstand unter die Planen gesetzt und Gunter ist noch einmal allein los. Er liebte das. Bei kalten Getränken und meinem kleinen Ventilator ließ es sich gut aushalten. Nur ein junges Mädchen konnte die Hitze nicht ab, sie kippte einfach um. Hier halfen ihr der Freund, meine Erfrischungstücher und anschließend der Ventilator, den ich ihr überlassen habe.

Um 12:20 Uhr ging es weiter. Hinter dem Mut-Tempel lag der hufeisenförmige Heilige See mit leicht salzigem Wasser. An dessen Westende befand sich der Rest eines kleinen Tempels Ramses des III. Den Eingang bildete im Norden ein verfallener Pylon mit zwei Standbildern des Königs. Am Seeufer lag ein großer Granitskarabäus, der von Amenophis III. dem als Skarabäus gedachten Sonnengott Atum-Chepre geweiht war. Dann haben wir noch den zweiten Teil der Ausgrabungsstätte in der Nähe des Hotels besichtigt und sind danach in den OLD WINTER PALACE zurück. Dort habe ich mich ein wenig ausgeruht, was bei 40 Grad wohl auch kein Wunder war. Gunter ging – natürlich – zum Pool. Er musste ja in der Sonne liegen, sei es auch noch so heiß, aber er konnte es vertragen. Nach einer Pause von einer halben Stunde bin ich dann auch zum Pool. Ich war sogar im Wasser! Es war wunderschön.

Nachdem wir vom Pool genug hatten, sind wir an die Bar und haben dort ein paar leckere Cocktails getrunken. Um 19:15 Uhr hat uns Omar zur Light- and Sound-Show in Karnak abgeholt. Wir mussten eine Zeit lang warten. Omar war wieder ins Hotel gefahren und holte uns später ab. Die Show begann damit, dass wir den Weg durch die Säulen nahmen, wie schon vorher, nur dass diesmal zu den einzelnen Erklärungen die Statuen angestrahlt wurden. So ging es den Weg weiter bis zu einer Tribüne. Dort nahmen alle Platz und warteten auf das, was da kommen sollte. Es kam, und zwar in Form eines Vortrages (in Deutsch), gesprochen von Friedrich Schütter. Er erzählte einiges und dazu wurden die einzelnen Objekte angestrahlt. Das wars. Wir waren etwas enttäuscht, denn Gitta hatte uns so begeistert davon erzählt, dass wir wohl einfach zu viel erwartet hatten.

Nachdem wir den Ausgang gefunden hatten, indem wir der Menge nachliefen, war es aber nicht der Platz, wo wir uns mit Omar und dem Fahrer treffen wollten. Also mussten wir ein ganzes Stück laufen. Wir sind dann ins Hotel zum Abendessen, dieses Mal mit Omar, gefahren. Gunter hatte drei Filets, von denen er sagte, dass sie sehr zäh seien. Zuvor gab es eine Shrimps-Suppe, die ich dauernd essen könnte, so gut war sie. Ich habe Fisch aus dem Roten Meer gegessen, dekoriert mit zwei Garnelen und etwas Spinat. Das war sehr lecker. Als Nachtisch gab es Eis!! Während des Essens und auch noch danach hatte Gunter eine harte Diskussion mit Omar, der ein absolut überzeugter und fast fanatischer Moslem war.

14.07.03

Heute sind wir um 07:45 Uhr aufgestanden. Wir konnten es ja einrichten, denn es gab keine anderen meckernden Miturlauber. Das hatte auch seinen Vorteil.

Das Frühstück war enttäuschend, sehr karg. Keine Eier, kein Speck, nichts, was auch nur ein bisschen dick machte und ungesund war. Dafür Müsli und Milch. Natürlich gab es auch Marmelade, Butter und die weichen Brötchen. Gott sei dank waren diese nicht auch noch süß.

Um 09:00 Uhr war Abfahrt. Zuerst sind wir zum Schiff gefahren und haben dort das Gepäck gelassen. Leider war nicht vorgesehen, dass wir auch auf das Schiff gehen, denn ich war so neugierig auf unsere Kabine, hatte ich doch noch nie eine Kreuzfahrt gemacht. So musste ich mich eben gedulden, denn erst war das Tal der Königinnen dran, dann das Schiff.

In der Nähe des Tales der Königinnen besichtigten wir eine Siedlung der früheren Arbeiter. Diese wurden dort mit verbundenen Augen hingeführt, damit sie nicht sehen konnten, wo sie hinkamen.

Dann folgte die Besichtigung einer unterirdischen Grabstätte. Dort war es sehr eng. Unten waren gut erhaltene Wandmalereien, alle hinter Glas. Die Luft war stickig, es war feucht, mir war fast schlecht. Beim Ausgang oben stand ein typischer Ägypter mit Kaftan und einem Geldschein in der Hand. Dies sollte für uns eine Aufforderung zum Bezahlen sein, obwohl wir bereits Eintritt gezahlt hatten. Ich bin vorbeigegangen und als Gunter kam und er ihm die Scheine vor die Nase hielt, sagte Gunter »Danke« und wollte sich den Schein schnappen. Der Ägypter war völlig perplex, zog seine Hand mit dem Geld zurück und Gunter ging mit einem freundlichen »Good bye« auf den Lippen an ihm vorbei.

An einer weiteren Grabkammer, als Gunter gerade dort hineingegangen war, standen zwei Männer. Der eine nahm sich einen Geldschein und ging hinterher. Das gleiche Spiel noch einmal.

Jetzt fuhren wir zum **TAL DER KÖNIGE**. Ein Muss in Ägypten. Mit einem Traktor, der mehrere Waggons zog, fuhren wir ca. 500 m bergauf zu den Gräbern. Ich war froh, dass wir nicht gehen mussten, denn hier war es noch heißer. Hier haben wir zwei Grabstätten besichtigt, eine davon war erst vor drei Wochen vom Kulturminister für die Besucher freigegeben worden. Hier roch es noch nach frischem Holz, denn der Boden, die Treppen und die Handläufe waren aus hellem Holz. Sah schön aus und der Boden war wenigstens eben und die Gänge waren sehr schön hell, sodass man sich auf die bemalten Wände und Decken konzentrieren konnte, ohne immer Gefahr zu laufen, dass man hinfiel, denn die anderen Gräber waren dunkel und der Boden außerordentlich uneben. Das Grab war sehr interessant, denn die Bilder waren noch sehr schön erhalten und wohl zum Teil auch restauriert. Es ging hier ca. 30–35 m runter. Wir sind dann mit dem Traktor zurück zum Auto und fuhren jetzt zu einer Stätte, wo u. a. Vasen und Gefäße aus Alabaster hergestellt wurden. Wir konnten die einzelnen Arbeitsgänge verfolgen, die extra für Touristen vor dem Gebäude gezeigt wurden. Die Vasen waren ganz leicht und sehr hübsch. Ich hätte gerne eine gekauft, hatte aber dann Bedenken wegen des Transportes. Schade.

Nun führte uns unser Weg zum Tempel eines weiblichen Pharao, Königin HATSCHEPSUT. Der große Tempel von Deir al-Bahran lag malerisch am Fuß einer steilen Felswand des Wüstengebirges, vor deren goldgelben bis hellbraunen Gesteinsmassen sich die Tempelbauten aus fast weißem Kalk weithin sichtbar abhoben. Der Tempel war Amun von Theben geweiht, neben dem hier auch die Göttin Hathor und der Totengott Anubis eigene Kapellen besaßen. Zum Verständnis der Wandmalereien muss erwähnt werden, dass Hatschepsut in ihrer Eigenschaft als ägyptische Königin überall mit den üblichen Attributen der Königswürde, d. h. kurzem Schurz und Bart, dargestellt wurde. Der Bau erhob sich von der Ebene aus in drei Terrassen, die durch Rampen verbunden und durch diese in eine nördliche und eine südliche Hälfte geteilt waren. Erhöhte Hallen schlossen die Terrassen nach Westen ab. Die Absätze dieses Stufenhauses wurden aus dem Abhang des Gebirges herausgearbeitet und die Außen- und Hinterwände durch Quadermauern aus feinstem Kalkstein gestützt. Auch die Kulträume waren in den Fels geschlagen. Diese ganze Pracht habe ich nicht gesehen, denn ich habe gestreikt! Mir war es zu heiß. Ich bin lieber beim Fahrer im Wagen geblieben, mit Klimaanlage. Omar und Gunter haben mir, bevor sie gegangen sind, noch eine Flasche Fanta geholt. Eisgekühlt, was für ein Luxus! Obwohl eiskalt, habe ich das Getränk gut vertragen. Dieses Phänomen begleitete mich aber schon die ganze Reise über.

Der Weg vom Parkplatz bis zum Tempel betrug ca. 800 m. Früher war der Parkplatz näher dran, aber nach dem Attentat vor einigen Jahren hat man ihn verlegt. Nach der Besichtigung sind wir dann zum Schiff zurückgefahren. Unser Schiff, die L'AUBE DU NIL, lag zwischen zwei Schiffen. Es war sehr schön, mit Marmorboden. Wir bekamen die Kabine

217 auf dem Hauptdeck, nahe der Rezeption. Dies gefiel uns, eigentlich mehr Gunter, überhaupt nicht, und Gunter hat mit Unterstützung von Omar eine Kabine im nächst höheren Deck, Nr. 328, bekommen. Mit dieser waren wir sehr zufrieden.Die Kabine war recht geräumig, hatte zwei separat stehende Betten, zwei Sessel, einen Tisch. An der Wand gegenüber den Betten war eine Art Sideboard mit Fernseher, Schreibtisch mit Spiegel darüber und an der Seite vier Schubladen. Daneben ein Gestell für einen Koffer. Das Bad war recht klein, aber alles drin: WC, Waschbecken und Duschkabine, was man eben so brauchte. Alles sehr zweckmäßig angeordnet. Gegenüber dem Bad war ein eingebauter recht großer Schrank. Am schönsten war jedoch das riesige Fenster über die ganze Stirnseite des Zimmers. Es waren sogar Schiebefenster. Genau vor dem Fenster standen die beiden Sessel und der Tisch, sodass wir während der Fahrt über den Nil aus dem Fenster sehen konnten. Es war wunderschön!

Vor dem Umzug haben wir zu Mittag gegessen, Buffet. Omar hatte uns vorher gewarnt, wir sollten hier keinen Salat essen, ebenso keine Früchte ohne Schale und auch möglichst keinen Saft trinken, da der Nil »in der Nähe« war. Was heißt in der Nähe, wir waren drauf! Es war wohl tatsächlich so, dass das Wasser, wenn auch gefiltert, aus dem Nil stammte. Diese Vorstellung war nicht so toll, schließlich wollten wir noch eine ganze Zeit lang in Ägypten verbringen und wenn möglich, nicht so viel davon auf einem gewissen Örtchen. Omar hatte auch verkündet, dass unser Mexiko-bewährtes Mittel »Imodium akut« hier nicht wirkte. Ich war ja skeptisch, musste aber am Ende der Reise doch feststellen, dass er (leider) recht hatte.

Nachdem wir ein Deck höher gezogen sind, haben wir einen Spaziergang auf der Promenade gemacht und all die durch den Rückgang des Tourismus stillgelegten Kreuzfahrtschiffe angesehen. Es waren so schöne Schiffe darunter, ein Jammer, dass die nicht mehr fuhren.

Auf der Promenade lag ein Geschäft am anderen und wenn wir für die Auslagen auch nur das geringste Interesse bekundeten, kam sofort einer aus dem Laden geflitzt, um uns hereinzulocken. Gunter hat sich für die Auslagen nicht interessiert, schon, weil man diese wirklich nicht ungestört betrachten konnte, aber ich habe mich nicht abschrecken lassen, ich habe die Verkäufer einfach ignoriert. Die gaben dann auch Ruhe. Am Ende der gepflasterten (!) Promenade gab es mehrere Lokale, wo man draußen sitzen konnte. Da dort keine Autos fuhren, war es schön ruhig. Wir haben uns ein schattiges Plätzchen ausgesucht und dort gemütlich etwas getrunken. Da die Straße von sieben Reinigungskräften (alle in orange gekleidet) mit einem kräftigen Strahl aus einem ellenlangen Schlauch gereinigt werden sollte, nachdem der Wirt des Lokals eine Art »Spüli« auf der Straße verteilt hatte, mussten wir umziehen und fanden einen Tisch direkt vor dem Lokal, der ca. 30 cm höher lag als die Straße davor. Nachdem wir eine Weile bei der Reinigung zugesehen hatten, kam aus dem Lokal einer vom Küchenpersonal raus, musste direkt an uns vorbei, klopfte Gunter ganz jovial auf sein nacktes Knie und entbot ihm den Tagesgruß. In diesem Moment hätte ich gerne Gunters Gesichtsausdruck im Bild festgehalten. Er war so überrascht und zugleich auch zornig, da er nun mal nicht auf Männer stand. Das hatte der aber bestimmt nicht so gemeint. Gunter sagte, wenn der auf dem Rückweg noch mal an sein Knie fasse, dann würde er (der andere) es nicht überstehen. Ich war geneigt, ihm zu glauben, habe allerdings sehr gelacht. Später kam ein weiterer Mitarbeiter des Lokals (ohne Küchenkluft) vorbei und sprach ein wenig mit Gunter. So ganz nebenbei fragte er: »You want to change your watch?« Er wollte seine Plastikuhr gegen die Swatch von Gunter tauschen. Wir haben darüber sehr gelacht. Anschließend sind wir an Bord und zurück in unsere Kabine. Dort hat Gunter ganz fleißig Postkarten geschrieben. Und ich diesen Bericht. Um 20:00 Uhr war Abendessen, Buffet mit Rindfleisch, Fisch, Reis und den anderen Dingen, die wir nicht durften. Dabei gab es so schöne Trauben. Nach dem Abendessen (während des Essens wieder heiße Diskussionen mit Omar) gingen wir an die Bar und tranken einige Cocktails. Der Barkeeper war nicht so vertraut mit dem Mixen der Cocktails, einige kannte er überhaupt nicht und ein paar Zutaten fehlten auch. Aber es war trotzdem recht nett.

15.07.03

Aufstehen war heute erst um 08:00 Uhr, Frühstück für uns um 09:30 Uhr in der Bar.

So ganz haben wir nicht begriffen, warum wir beide ganz allein in der Bar frühstücken sollten. Ursache dafür war, dass eine große Gruppe heute um 04:30 Uhr aufstand, um 06:00 Uhr frühstückte und dann einen langen Ausflug machte. Die Küche war dann ab 07:00 Uhr geschlossen. Wir hätten natürlich auch um 06:00 Uhr frühstücken können, aber das war uns dann doch zu früh. Wir trafen also um 09:30 Uhr in der Bar ein. Es war kein Mensch zu sehen. Auf dem Tresen standen drei Teller, abgedeckt mit Folie. Darauf waren auf einem Teller drei Stück Butter, zweimal Marmelade und zweimal Honig. Sehr üppig. Auf einem anderen Teller lagen sechs kleine Teile aus Blätterteig, was immer das sein sollte, und von dem letzten Teller guckten uns drei Scheiben Käse an. Wir setzten uns an einen Tisch, der sehr niedrig war und zum Essen kaum geeignet. Dann brachte man uns die drei beschriebenen Teller, immer noch mit Folie und fragte, ob wir ein Omelette möchten. Das hatten wir allerdings bereits am Abend vorher bestellt. Außerdem wurde gefragt, was wir trinken möchten. Das war doch was, endlich kam hier was in Gang, denn der Hunger war schon da, jedenfalls bei mir! Wir bestellten Kaffee und warteten. Das Omelette kam um 09:50 Uhr und verdiente den Namen nicht, der Kaffee um 10:00 Uhr, aber von Brot oder Brotähnlichem war nichts zu sehen. Nachdem wir die Bedienung gesucht hatten, bat Gunter um Brot oder Brötchen. Die zwei Kellner guckten erst ein wenig eigenartig, dann ging aber einer los und kam mit einem Korb mit 12 milchbrötchenähnlichen Stangen wieder. Als wir noch um mehr Butter baten, hat der Kellner doch tatsächlich »finish« gesagt. Gunter wäre bald geplatzt, ich auch. Höflich, aber doch sehr energisch, hat er ihm gesagt, er solle in die Küche gehen und Butter holen, wir wollten frühstücken. Der Kellner ging an die Bar und kam mit sechs Stück Butter wieder. Ging doch! Der Service war so schlecht und Kaffee mussten wir auch noch ordern, der kam dann, aber tassenweise.

Dann sind wir zum Pool. Da die anderen Passagiere immer noch unterwegs waren, hatten wir das Schiff fast für uns. Nur noch vier weitere

Personen hatten es vorgezogen, an Bord zu bleiben. Es war himmlisch. Ich habe vom Whirlpool, natürlich mit einem Drink in der Hand, auf den Nil geschaut. Es war so wunderschön und unvergesslich. Um 13:00 Uhr haben wir ein wenig zu Mittag gegessen. Bei dieser Hitze hat man nicht so viel Appetit. Hunger schon gar nicht. Ganz gut für die Figur. Noch während wir am Tisch saßen, legte das Schiff ab und wir sind anschließend wieder zum Pool. Auch wenn man hier im Schatten saß, war es doch verdammt heiß, sodass wir gegen 16:00 Uhr in die Kabine gingen. Um 17:00 Uhr war »Teatime«. Es gab herrlichen heißen Tee, den ich mit Sahne genossen habe. Dazu Kuchen, hauchdünn geschnitten, und Kekse. Sehr lecker. Nachdem wir unsere Teatime beendet hatten, sind wir an Deck und haben uns direkt vor die Bar gesetzt, sodass wir in Fahrtrichtung guckten. Wir sollten bald eine Schleuse passieren. Als wir an die Schleuse kamen, lagen dort bereits neun Schiffe auf Reede. Wir hatten gehört, dass für jedes Schiff etwa eine halbe Stunde benötigt wurde, um es durch die Schleuse zu bringen. Schade, dann wurde es mit uns vor Mitternacht nichts. Während wir vor Anker gingen, näherten sich viele kleine Boote unserem Schiff. In diesen Booten waren, je nach Größe der Boote, zwei bis drei Personen, die emsig dabei waren, ihre mitgebrachten Kleidungsstücke an den Mann bzw. an die Frau zu bringen. Das funktionierte wie folgt: Die Männer riefen den Leuten die Preise zu und wenn einer nickte, vielleicht auch nur aus Versehen, so hatte er schon die Ware an Bord, und zwar eingepackt in Plastik, denn ab und an, aber erstaunlich wenig, fiel mal ein Stück ins Wasser. Die Händler waren wahre Künstler im Werfen. Es waren schöne Stücke darunter, die auch kräftig gekauft wurden, denn die Preise hier waren sicherlich nicht so hoch wie im Laden. Das Geld wurde wieder in die Plastiktüte gesteckt, in der das Kleidungsstück an Bord gekommen war. Die Männer waren unermüdlich, sie versuchten immer wieder, jemanden zum Kauf zu überreden. Und das in einer ziemlichen Lautstärke.

Später haben wir in unserer Kabine am großen offenen Fenster gesessen und den Ausblick genossen. Nach dem Abendessen ab 20:00 Uhr habe ich um 21:45 Uhr diesen Bericht vervollständigt und dann an Deck wieder den Ausblick genossen. Dann war »Cocktailzeit« in der Bar. Daran kann man sich tatsächlich gewöhnen! Nachdem wir den Sonnenuntergang genossen hatten, sind wir in die Kabine. Nach dem Öffnen der Tür blieb mir fast das Herz stehen: Auf dem Bett standen zwei Gebilde, die aussahen wie aufrecht stehende Würmer. Diese Dinger trugen jeweils unsere Sonnenbrille, was noch unheimlicher aussah. Bei näherem Begutachten haben wir festgestellt, dass sie aus unseren Handtüchern gefertigt waren. Dass ich das fotografiert habe, ist klar, denn es waren kleine Kunstwerke.

16.07.03

Gegen 01:00 Uhr sind wir aufgewacht, weil die Anker gelichtet wurden. Wir sind dann blitzartig, ich ohne Schminke und nur flüchtig gekämmt und noch flüchtiger angezogen, an Deck und haben zugesehen, wie das Schiff in die Schleuse fuhr. Es war nur ein ganz schmales Tor und ich habe gedacht, dass das Schiff da nicht durchpassen würde, aber das war natürlich Blödsinn, weil alle Schiffe da durchpassten. Es war sehr interessant und hat bis 02:00 Uhr gedauert. Dann sind wir wieder in unsere Kabine und haben versucht, weiterzuschlafen. Ich musste mich erst an die Geräusche der laufenden Maschine gewöhnen.

Aufgestanden bin ich um 07:15 Uhr. Einer musste immer warten, bis der andere im Bad fertig war. Wenn ich das Bad verließ, ging Gunter rein und ich konnte mich in Ruhe meinen Haaren und meinem Make-up widmen.

Nach dem Frühstück sind wir mit Omar nach EDFU (Edfu ist ein Handelszentrum mit Zuckerfabriken und alteingesessenem Töpfereigewerbe und liegt am Westufer des Nils, rund 100 km südlich von Luxor und hat ca. 40 000 Einwohner) gefahren und haben den HORUSTEMPEL besichtigt. Wir sind mit einer Pferdekutsche gefahren. Der Kutscher war ein Unsympath. Vor allem war er zu dick, denn er versperrte mir mit seinem massigen Körper die Sicht nach vorne.

Bevor wir zum Tempel gelangten, mussten wir zu Fuß eine kleine Strecke, die mit Klamottenständen gepflastert war, zurücklegen. Es war wie in China: eine Hallo-Straße. Das heißt, aus jedem Stand guckte einer raus und brüllte »Hallo«, um auf seinen Stand aufmerksam zu machen. Wir mussten dann auch an einem Vogelmarkt vorbei, wo zwei eben geschlachtete Hühner auf dem Boden lagen. Der Kopf war noch dran und das Blut lief raus. Es war ein ekliger Anblick und ich bin auch nicht über diesen Markt gegangen. Gunter sollte mit Omar gehen, aber er wollte mich nicht allein stehen lassen, denn es waren allerhand merkwürdige Gestalten um uns herum. Ich glaube aber nicht, dass mich jemand mitgenommen hätte.

Der HORUSTEMPEL wurde vor rund 2 000 Jahren erbaut und es gab keinen Tempel in Ägypten, der so vollständig erhalten war wie dieser. Der Tempel nahm die Stelle eines älteren Heiligtums ein und war dem Sonnengott Horus geweiht. Im östlichen Tempelumgang führte außerhalb des Tempels eine unterirdische Treppe zu einem alten Nilmesser, einer brunnenartigen Anlage mit ehemals auch von außen zugänglicher Wendeltreppe, in der die Skala mit demotischen (altägyptischen) Zahlen angebracht war. Als wir zurück wollten, war unsere Kutsche mit der Nr. 204 nicht mehr da. Omar hat dann eine andere für uns organisiert, die von zwei Jungen gelenkt wurde. Nachdem wir ein Stück gefahren waren, kam Kutsche Nr. 204 und der Kutscher, der besagte Unsympath, hat sich tierisch aufgeregt, dass wir in einer anderen Kutsche saßen. Er hat die Jungen beschimpft. Leider mussten wir umsteigen, da die Kinder keinen »Führerschein« hatten, und dass hätte für uns bei einem evtl. Unfall nicht gut ausgesehen. Als wir am Schiff ankamen, waren auf einmal auch die Kinder mit ihrer Kutsche wieder da und wollten »Bakschisch« für die Tour, was sie dann auch von Omar bekamen. Der Unsympath ist auf die Kinder los und hat dem einen Jungen die Hand umgedreht, weil er das Geld haben wollte. Am liebsten wäre ich dazwischen gegangen, durfte aber nicht! Omar hat den Kerl auch beschimpft und dann hat sich die Touristenpolizei, die vor unserem Schiff eine kleine Unterkunft, sprich: Bude, hatte, seiner angenommen.

Auf dem Schiff haben wir uns umgezogen und sind auf das überdachte Deck gegangen. Gut, dass ich mein Thermalspray und den kleinen Ventilator hatte. Um den Ventilator bin ich schon vielfach beneidet worden.

Nach dem Essen sind wir zur Tempelanlage KOM OMBO gefahren. KOM OMBO hatte ca, 70 000 Einwohner und hieß Hügel von Ombos. Der

Tempelbezirk von Ombos erstreckte sich ca. 3 km südlich des Stadtkerns von Kom Ombo unmittelbar am Nil über etwa 15 m über dem mittleren Nilstand und war von einer Ziegelmauer umschlossen. Den Eingang bildete im Süden ein mächtiges, von Ptolemaios XII. Neos Dionysos erbautes Tor, dessen rechte (östliche) Hälfte noch vorhanden war, während die linke in den Fluten des Nils untergegangen war. Südlich vom Tempelhof befand sich eine kleine Kapelle aus rotem Sandstein, die unvollendet war. In einer Kammer wurden die in der Nähe gefundenen Mumien heiliger Krokodile aufbewahrt.

Nach dem Abendessen haben wir bis 23:00 Uhr an Deck gesessen und das Einlaufen in ASSUAN genossen. Und wieder mussten wir unter einer Brücke durch. Es war sehr knapp.

ASSUAN hatte ca. 500 000 Einwohner, war die Hauptstadt des südlichsten Gouvernorates in Ägypten und ag am Ostufer des Nils. Trotz des enormen wirtschaftlichen Aufschwungs – hinter den Stauanlagen entstand eines der wichtigsten Industriezentren des Landes – und einer rapide gestiegenen Einwohnerzahl hat Assuan im Zentrum seinen beschaulichen Charakter nicht verloren und wurde von vielen immer noch als die schönste Stadt Ägyptens gepriesen. Dies verdankte sie vor allem ihrer malerischen Lage am Ersten Nilkatarakt. Der breite Strom teilte sich hier in mehrere Arme und umschloss Granitklippen und -inseln, die wie große Steine aus dem Wasser ragten. Wegen des trocken-heißen Klimas wurde die Stadt auch als Kurort besucht. Die Westliche Wüste reichte direkt bis an das Ufer des Nils und auf dem schmalen kultivierbaren Streifen gediehen fast nur Dattelpalmen, deren Früchte in ganz Ägypten bekannt waren. An der Uferpromenade (Corniche), wo die großen Kreuzfahrtschiffe anlegten und dazwischen die Feluken mit ihren riesigen Segeln festmachten, herrschte den ganzen Tag reger Betrieb. Parallel zum Nilufer verlief die Scharia el-Suk, die Hauptstraße des Basars, der sich auch auf die Seitengassen ausdehnte. Dieser Basar von Assuan war die Adresse, um Gewürze – von Kurkuma bis zum grünen Pfeffer – zu kaufen. Unter anderem fand man hier auch den roten Hibiskusblütentee (Karkadeh), den man in vielen Hotels als Begrüßungsgetränk bekam. Weiter südlich, in prächtiger Lage am Ufer des Nils und mit Blick auf die Insel Elephantine, stand das OLD CATARACT HOTEL (wo wir wohnen werden!!). Die im Kolonialstil erbaute Nobelherberge war von einem schönen, bis ans Flussufer reichenden Park umgeben. Ein traumhafter Blick bot sich von der Hotelterrasse auf den Nilkatarakt und auf die Ruinenstätten der gegenüberliegenden Insel Elephantine.

17.07.03

Um 09:00 Uhr sind wir zu einer Bootsfahrt und dem PHILAE TEMPEL aufgebrochen. Die Bootsfahrt war toll. Wir hatten das große Boot für uns allein. Wir haben ein kleines Krokodil gesehen, obwohl es hier sonst keine gab. Angeblich hatte ein Engländer es dort mal ausgesetzt.

Die ASWAN BOTANIC ISLAND war nur mit dem Boot zu erreichen. Hier haben wir einen TECTONIA GRANDIFLORA gesehen. Was das heißt, weiß ich nicht, aber es war ein sehr schöner Baum. Wir kamen an einer englischen Palme vorbei, haben in einem Baum Gebilde hängen sehen, die aussahen wie eine Salami. Dort waren die Samen drin.

Mit dem Schiff sind wir dann zu den Stromschnellen gefahren. Auf dem Weg haben wir das Mausoleum des AGA KHAN gesehen. Es steht in der Wüste, unweit des Ufers. Unterhalb des Mausoleums stand die Villa der BEGUM, der Witwe des Aga Khan. Das war ein flaches weißes Gebäude und hatte über dem vorderen Teil eine Kuppel. Sah toll aus. Unweit der Villa haben wir viele Kamele gesehen, die dort auf Touristen warteten, um mit ihnen in der Wüste zu reiten.

Dann haben wir an einem kleinen Steg angelegt und sind in ein Dorf gegangen. Die Hitze war mörderisch und eine Straße gab es nicht, nur Sand, Sand, Sand. Schatten gab es auch nicht. Omar hatte irgendwann vorher schon ausgemacht, dass wir in ein Haus gehen konnten. Es war das Haus der Familie Nubian. Besichtigen durften wir es nicht, aber wir konnten in den Gästeraum. Das war ein ca. 6 m langes Zimmer. An den Wänden standen Sofas, in der Mitte war ein Tisch mit acht Stühlen. Dort haben wir Tee getrunken, ich sogar drei Becher, denn erstens war der Tee sehr wohlschmeckend und zweitens war ich wie ausgedörrt. Bei dieser Familie habe ich auch einige Ketten gekauft, über die sich meine Kolleginnen sehr gefreut haben. Die Ketten waren übrigens handgemacht.

Die Nilinsel PHILAE mit ihrer reichen Pflanzen- und Blütenpracht sowie ihren großartigen Tempelanlagen war einst die »Perle Ägyptens«. Sie war inzwischen von den Fluten des Nassersees überschwemmt, doch die wichtigsten historischen Denkmäler (Isis-Tempel) konnten in einer spektakulären Aktion gerettet und auf der höher gelegenen Nachbarinsel Agilkia wieder aufgebaut werden. Der Name »Philae« ging auf die altägyptische Bezeichnung Pi-lak zurück, aus der die Griechen Philai und die Araber Bilak gemacht hatten. Bis zum Bau des Assuan-Staudammes galt die Insel als einer der schönsten Plätze Ägyptens. Als jedoch die Fluten des Stausees die Insel während des größten Teils des Jahres bedeckten, verlor sie viel von ihrem Reiz. Nur noch im Spätsommer und Herbst waren alle Tempelanlagen zugänglich, sonst standen die kostbaren Bauwerke größtenteils unter Wasser. Mit dem Bau des Dammes drohten sie vollends unterzugehen. Im Rahmen der von der UNESCO initiierten Rettungsaktion für die nubischen Baudenkmäler wurde die Insel Philae in den Jahren 1972 bis 1980 von einer Spundwand umgeben und trockengelegt. Gleichzeitig bereitete man das Terrain auf der Nachbarinsel Agilkia für die Aufnahme der Bauwerke vor. Danach wurden die in nummerierte Blöcke zerteilten Tempel dorthin transportiert und neu aufgestellt. Durch das Einfügen von Bindemitteln, die ursprünglich nicht verwendet worden waren, sind die Tempel heute 30 cm höher. Die grauen Verfärbungen der Mauern und Säulen im Fußbereich erinnern noch daran, wie hoch die Bauwerke bereits im Wasser standen und das Isis-Heiligtum hat nahezu seinen gesamten Farbschmuck verloren.

Um ca. 14:00 Uhr waren wir zurück und haben noch zu Mittag gegessen. Danach habe ich am Pool gelegen und von dort aus direkt auf den Nil gesehen. Da kann man herrlich träumen. Zwischendurch habe ich noch schnell ein kleines Polizeiboot fotografiert. Nach dem Abendessen musste ich dann meinen Koffer packen. Gunter packte seinen Koffer unterwegs lieber selbst, zu Hause durfte ich das. Gunter und Omar sind noch an

Land gegangen, einen Tee trinken. Na, wer das glaubte. Allerdings trank Omar keinen Alkohol. Bei ihm würde es auf jeden Fall beim Tee bleiben.

Abends waren wir noch an der Bar und haben mit dem Direktor des Schiffes einen Cocktail getrunken. Es war ein bisschen eine Wiedergutmachung für das entsetzliche Frühstück. Als wir in die Kabine kamen, hatten wir ein Krokodil aus Handtüchern auf unserem Bett, das hatte die Fernbedienung im Maul, damit es offen blieb, und Ketten auf dem Rücken. Die hatte mir das »männliche Zimmermädchen« geschenkt. Ganz toll.

18.07.03

Wir standen um 07:00 Uhr auf, 08:30 Uhr Frühstück und dann Abfahrt zum Flugplatz. Inzwischen hatte Omar erfahren, dass sich unser Abflug verspäten würde, sodass wir wohl bis 12:00 Uhr auf dem Schiff bleiben würden.

Wir haben noch ein wenig an Deck gesessen und ich musste unbedingt noch die »Müllabfuhr« fotografieren. Das war ein zweistöckiges kleines Boot, das oben mit einer kleinen Reling versehen war. Oben und unten auf diesem Boot lagen Müllsäcke und anderes Gerümpel. Die fuhren mit ihrem Boot von einem Kreuzfahrtschiff zum anderen und sammelten dort den Müll ein.

Abgeflogen sind wir erst gegen 16:45 Uhr. Der Flug war ein wenig unruhig. Nach dem Genuss eines Mangosaftes sind wir nach ca. 30 Minuten in ABU SIMBEL gelandet. Danach ging es mit einem großen Bus mit vielen anderen Leuten – wie ungewohnt – in Richtung Schiff. Unsere Koffer wurden auf das Schiff gebracht.

Wir haben die Felsentempel von ABU SIMBEL besichtigt. Sie gehörten zu den großartigsten Baudenkmälern Ägyptens und waren deshalb – trotz umständlicher und relativ kostspieliger Anfahrt – auch das Ziel vieler Touristen. Direkt am Ufer des Nasser-Sees gelegen blickten die gewaltigen Figuren an den Tempelfronten auf die blauen Fluten und die dahinter liegende Wüste herab. Ursprünglich standen die beiden Tempel mit ihren gewaltigen Fassaden am Zweiten Nilkatarakt. Doch an dieser Stelle wären sie nach dem Bau des Assuan-Staudammes im Wasser versunken. Um die Heiligtümer zu retten, wurden sie 1964 in einer spektakulären Aktion an ihren heutigen Standort versetzt. ABU SIMBEL lag im äußersten Süden des Landes, rund 280 km südlich von Assuan. Für die Anreise von Assuan gab es drei Möglichkeiten: mit dem Kreuzfahrtschiff, mit dem Flugzeug (verhältnismäßig teuer) oder auf dem Landweg. Die Fahrt durch die Wüste dauerte ca. drei Stunden und war nur im Konvoi möglich.

Ohne Omar haben wir uns die Anlage noch mal angesehen. Ich habe mich auf eine Bank gesetzt und die Figuren auf mich wirken lassen. Es war einfach nur schön! Gunter ist derweil rumgelaufen, sitzen war nichts für ihn.

Dann wollten wir zum Schiff, zur MS PRINCE ABBAS. Es war ein langer und beschwerlicher Weg bei großer Hitze und immer in der Sonne. Das Schiff sah so schön aus von Weitem. Wir mussten einen kleinen Berg runter, unten stand einer von der Crew und hat uns geholfen, da der Abhang wirklich sehr steinig war. Über eine wackelige Gangway kamen wir auf das Schiff. Der erste Eindruck war toll! Ich war ganz hin und weg. Zum Empfang gab es kalten Malventee.

Das Schiff, und vor allem unsere Kabine, eine Junior-Suite, hat uns für den beschwerlichen Weg entschädigt! Es war eine wunderschöne, ca. 22 qm große Kabine, auf dem 3. Deck. Vom Eingang aus rechts war ein ziemlich großes Fenster durch das man raus- aber nicht reingucken konnte, dann das Bad, dahinter zwei Einzelbetten, gegenüber eine Sitzecke mit einem Sofa und zwei Sesseln in rot und einem Tisch. Davor an der Wand ein Schrank, oben drauf ein Fernseher und daneben noch ein weiterer Schrank. Rechts neben unserer Kabine lag die Bücherei und dahinter hatte der Kapitän, der ein wallendes weißes langes Gewand trug, sein Reich.

Vor dem Abendessen war noch eine Lightshow angesagt, auf die ich aber verzichtet habe. Erstens war ich noch immer kaputt und zweitens habe ich mir nicht zugetraut, den ganzen Weg noch einmal zu gehen, und dann auch noch bei Dunkelheit. So sind Gunter und Omar allein gegangen. Die beiden waren erst gegen 21:10 Uhr zurück und um 21:15 Uhr haben wir zu Abend gegessen. Für meinen Magen fast zu spät!

Der Speisesaal war wunderschön. Man betrat ihn über zwei große geschwungene Treppen. Zwischen den Treppen war das Buffet aufgebaut. Der Raum selbst hatte zehn große runde Tische. Unser Tisch war ganz hinten auf der linken Seite. Ein wundervoll gelegener Tisch, für uns drei ganz allein und direkt am Fenster. Das Abendessen war sehr schön, die Bedienung trug weiße Handschuhe. Wow!!

Danach sind wir noch an die Bar gegangen, aber nicht lange, denn ich war immer noch kaputt und jetzt auch noch müde. Aber geschlafen habe ich nicht gut, denn die Aircondition ging immer automatisch an. Gunter hat davon nicht viel bemerkt.

19.07.03

Aufgestanden sind wir um 07:30 Uhr, Frühstück bis 09:00 Uhr. Das Frühstück war sehr gut. Es gab halbe Grapefruits (drei waren meine), andere Früchte und viele Dinge, die wir nicht kannten. Den Kaffee mochte ich nicht, daher habe ich Tee getrunken, den ich zwar auch nicht mochte, aber ein wenig Flüssigkeit musste sein. Hier gab es Birnenjam. Mal ganz was anderes. Habe für Oma ein Glas mitgenommen.

Auf dem Sonnendeck haben wir anschließend ein wenig rumgelegen. Ich war sogar im Pool, der hier nicht ganz so schön war, denn es gab nur einen Whirlpool.

Gegen 11:00 Uhr kamen wir auf der Fahrt nach KASR IBRIM zu einer Ruine, die auf einer kleinen Insel lag. Der Kapitän fuhr mit dem Bug ganz dicht an die Insel ran, fast schon drauf. Leider habe ich vergessen, was das Sehenswerte daran war.

Zum Lunch um 13:00 Uhr gab es kleine Hähnchenschnitzel, Rind in Soße, Reis mit Erbsen und und und ... Viel zu viel. Als Nachtisch hätte ich gerne kleine rote Trauben gehabt. Omar hat sie gegessen, aber er meinte, für mich wäre es bedenklich, aber wenn ich sie noch einmal wasche, ginge das. Der Obersteward kam – auch er hatte weiße Handschuhe (wie auf der

L'oibe du Nil) – und hat mir eine Schale mit Wasser gebracht und darin habe ich meine Trauben noch einmal alle einzeln gewaschen und mit meiner Stoffserviette abgetrocknet, in der Hoffnung, dass nichts passierte. Sie waren so köstlich und es ist nichts passiert. Das Dessert war sehr süß, aber gut, viel zu gut.

Um 15:00 Uhr sind Gunter und Omar mit einem Motorboot zum KAL-ABSHA TEMPEL gefahren. Omar hatte mir vorher gesagt, dass das nicht so doll sein solle, und so bin ich an Bord geblieben. Ich hatte fast das ganze Schiff für mich, nur zwei ältere Leute waren auch geblieben. Den Pool hatte ich ganz für mich, es war wunderschön. Nachdem Gunter und Omar wieder da waren, sind wir drei bis 19:00 Uhr auf dem Sonnendeck gewesen. Heute Abend ist das Essen auf dem Upper-Sun-Deck, orientalisch. Die Besatzung hatte Tische und Sessel dort hingebracht, es sah toll aus. Man hatte sich viel Mühe gegeben mit der Deko. Das Essen war gut. Als Nachtisch wählte ich Kuchen, der aussah wie ein geplatztes Sofakissen, alles Fasern, die auseinandergingen, wenn man den Kuchen teilte. Als wir danach an der Bar saßen, konnten wir die Besatzung bewundern, die für uns Tänze vorgeführt haben. Übrigens: die Handy-Anbieter in Ägypten waren EGY MobiNil und EGYCLICK GSM. Aber das nur nebenbei.

20.07.03

Heute bin ich wieder auf dem Schiff geblieben. Das war so schön. Es war mir zu heiß. Die anderen gingen in die Wüste. Gunter musste um 06:30 Uhr aufstehen, denn um 07:30 Uhr war Abfahrt. Ich konnte ganz allein um 09:00 Uhr frühstücken, im Raum ganz vorne im Schiff auf unserem Deck. Ich hatte den Raum für mich allein und ein sehr aufmerksames Personal, sodass ich ein wunderbares Frühstück hatte. Danach bin ich auf das Sonnendeck gegangen und war auch im Pool. Außerdem habe ich mir ein wenig das Schiff angesehen. Es gab achtern einen offenen Raum mit wunderhübschen Bänken an den Seiten, auf denen große weiße Kissen lagen. Kleine Tische standen dort. Es war ein Platz wie im Märchen.

Bald darauf kamen Gunter und Omar zurück und wir waren zusammen auf dem Sonnendeck. Nach kurzer Zeit bin ich in die Kabine gegangen, weil es mir zu heiß wurde. Dort hat Gunter mich um 12:00 Uhr zum Lunch abgeholt. Aber vorher haben wir in der Bar noch etwas getrunken. Heute gab es ein ganz leckeres Fisch-Buffet. Das kannten wir noch nicht. Mein Nachtisch bestand aus einer Apfelsine, in große Stücke geschnitten, ohne Schale. Die schmeckten hier ganz anders als zu Hause! Gunter ist wieder auf das Sonnendeck und ich in die Kabine, da es mir zu heiß war. Teatime war um 17:00 Uhr mit Tee, Kaffee, Kuchen und Keksen, die wir in Deutschland nicht kannten. Probieren musste ich das natürlich alles, aber der Tee mit Milch war am besten. Um ca. 18:20 Uhr haben wir in ASSUAN angelegt, in einem Nebenhafen. Gunter und Omar mussten jetzt unbedingt joggen. Das nannte ich kernig, bei dieser Hitze! Oder verrückt.

Das Abendessen war ab 20:00 Uhr angesagt. Als ich die geschwungene Treppe halb unten war, habe ich gesehen, dass alles dunkel war und bin schnell wieder umgekehrt. Gunter ist dann ganz runter, weil er sich nicht vorstellen konnte, dass dort nichts sein sollte. Und siehe da: auf jedem Tisch stand ein Leuchter mit einer roten Kerze. Ganz wunderschön und sehr stimmungsvoll. Es war ja der letzte Abend auf dem Schiff. Auch hier wieder die Stewards mit weißen Handschuhen, morgens, mittags und abends. Heute kein Buffet, heute wurde am Tisch serviert. Es wurde eine Suppe gebracht. Anschließend gab es eine Pastete, dann Putenfleisch, grüne Bohnen und überbackene Kartoffeln. Die sahen aus wie Butterkuchen von der Platte und schmeckten etwas eigenartig. Bevor dieses Hauptgericht serviert wurde, ging das Licht aus und vier Stewards kamen mit einer Platte, auf der ein Licht war, aus der Küche. Dieses Licht war in einer ausgehöhlten Tomate und stand auf einer Apfelsine, die oben abgeschnitten und hohl war. Zum Nachtisch ging wieder das Licht aus und die Stewards kamen mit beleuchteten Platten. Als sie näher kamen, war die eine eine Geburtstagtorte und die andere war nett verziert. Beide mit einer Kerze obenauf. Auf einer anderen Platte waren drei Kuchen-Pyramiden, verziert mit weißer Schokolade und zwei Palmen, ebenfalls aus weißer Schokolade. Auf jeder dieser Pyramiden stand »Bon Voyage«. Ich hatte mal wieder zu nahe am Wasser gebaut, es hat mich sehr berührt.

Diese Pyramiden waren der Nachtisch, den wir allerdings alle drei nicht wollten. Stattdessen brachte man Gunter und mir einen Teller mit Apfelsinenstücken und in einer halben Apfelsine steckte bei jedem eine weiße Schokoladenpalme. Ist das nicht toll? Ich war jedenfalls total begeistert.

Nach diesem letzten Essen gingen wir an die Rezeption, um unsere Getränke zu bezahlen. Mit Omar haben wir noch einen Drink an der Bar genommen und sind dann in die Kabine gegangen.

21.07.03

Heute war Ausschiffen. Natürlich waren wir noch einmal in der Bar. Ich habe, als Gunter schon draußen war, von dem einen Steward eine Tasse mit der Aufschrift »MS Prince Abbas« gekauft.

Gegen 12:45 Uhr kam das Auto, um uns abzuholen. Es war diesmal ein richtiger Klapperkasten. Wir fuhren noch zum Nasser-Staudamm, den wir uns allerdings anders vorgestellt hatten, so mit richtigem Staubecken. War aber nicht, war wie ein Fluss bzw. See. Auf der Karte stand allerdings auch »Lake Nasser«. Jetzt fuhren wir endlich zum Hotel, endlich zum OLD CATARACT HOTEL!! Das Hotel lag in der Abtai El Tahrir Street und hatte 131 Zimmer im Altbau und 144 im Hochhausneubau. Das 1899 gegründete Traditionshotel war eine Klasse für sich. Von den zum Teil noch original möblierten Suiten und von der herrlichen, sehr kolonial anmutenden Hotelterrasse bot sich ein grandioser Blick auf den Nil. Das richtige Ambiente für ein großes Dinner bot der elegante Speisesaal im maurischen Stil.

Auf dieses Hotel hatte ich mich so sehr gefreut. Es sah schon von außen so toll aus. Unser Zimmer war nicht so sehr groß, aber dafür mit Nil-Blick, super! Es hatte auch eine hohe Decke und ein ziemlich großes Bad.

Gunter ist gleich zum Pool gegangen, die Farbe vertiefen, und ich bin zum NEW CATARACT gelaufen, das war ein großer neuer Klotz neben dem alten Hotel. Sah schrecklich aus und passte da eigentlich nicht hin. Dort habe ich Zeitungen und ein deutsches Buch gekauft. Ich hatte mir leider kein Buch mitgenommen, da ich nicht davon ausgegangen war, auf dieser Reise Zeit zum Lesen zu haben. Aber ich bin wegen der Mittagshitze auf dem Zimmer geblieben und habe gelesen.

Vor dem Abendessen haben wir uns ein wenig im Hotel umgesehen. Es gab dort eine Bibliothek, wunderhübsch eingerichtet, schwere Vorhänge, schöne Möbel im englischen Stil. Unser Zimmer lag auf einem Flur, der sehr breit und hoch war, an den Wänden schöne Bilder, auf kleinen Tischen Holzstandspiegel. Die Türen waren aus dunklem Holz. An den Decken hingen wunderschöne Lampen. Auf der Terrasse, von der aus man einen herrlichen Blick auf den Nil hatte, tummelten sich etliche Spatzen!! Gegenüber war die Wüste, man konnte das Mausoleum von Aga Khan sehen. Das Hotel hatte auch einen eigenen Bootsanleger. Wir durften auch die PRESIDENTIAL SUITE besichtigen. Sie war wunderschön und bestand aus mehreren Räumen, die ineinander übergingen. Es standen dort wieder herrliche alte Möbel aus dunklem Holz. Das Bad war wie ein großes Zimmer, mit einer Badewanne, einem langen weißen Schrank, in dem zwei Waschbecken, weit auseinander liegend, eingebaut waren. Darüber drei Spiegel mit vier Lampen in den Zwischenräumen. Es gab auch eine »Leseecke«, dunkel getäfelte Wände, mit einem gemütlichen Sofa. In einem anderen Zimmer stand ein großes Vertiko mit einem Aufbau hinten, der mit Spiegeln besetzt war. In den Spiegeln war an jeder Seite eine zweiarmige Lampe. Es sah so wunderschön aus. Auch gab es mehrere Sitzecken mit Sofas. In der Mitte stand ein Tisch mit vier Stühlen.

Dann zeigte uns der Hotelbedienstete noch die AGATHA CHRISTIE SUITE. Dort war das Bad wieder sehr groß, noch größer als in der anderen Suite. Der Fußboden und die Wände waren ganz aus weißem Marmor mit etwas schwarz durchzogen. An der einen Seite, man musste eine Marmorstufe hoch, war das Toilettenbecken, in einem Abstand von ca. 1 ½ Metern stand ein Bidet und in einem weiteren Abstand von ca. einem Meter war ein Podest aus Marmor. Wofür der war, weiß ich nicht. Davor stand eine Waage. Auf der anderen Seite waren die Waschbecken mit hübschen Spiegeln. In den Zimmern waren wieder Sitzecken und Tische mit Stühlen. Es gab wunderschöne Kommoden mit silbernen Schalen auf einem Spiegeluntersatz mit Silber eingefasst. Außerdem konnten wir den

Schreibtisch bewundern, an dem Agatha Christie ihren Roman »Der Tod auf dem Nil« geschrieben haben soll. Von dem Balkon der Suite hatte man einen unglaublichen Blick auf den Nil und die dahinter liegende Wüste.

Vor dem Abendessen ging Gunter noch für ein Bier auf die Terrasse. Zu den Getränken gab es immer eine Schale mit Erdnüssen. Als ich hinzukam, hat Gunter mir erzählt, dass die Spatzen ihm die Erdnüsse geklaut hatten. Ich wollte es nicht glauben. Wir haben dann um eine weitere Schale mit Nüssen gebeten und siehe da, kaum stand die Schale auf dem Tisch, näherten sich Spatzen, frech wie Oscar, setzten sich auf den Tisch, schnappten sich eine Erdnuss und weg waren sie. Das ging so lange, bis die Erdnüsse alle waren. Aber niedlich war es doch.

Gegen 19:30 Uhr gingen wir zum Abendessen. Sehr stilvoll, ein riesengroßer hoher Saal. Auf den Tischen, die hübsch eingedeckt waren, jeweils eine Kerze. Wir bekamen eine große, schwere und in Leder gebundene Speisekarte. Wir hatten ein Menü. Es bestand aus einer Fischsuppe, die sehr delikat war. Dann wurden Teller mit jeweils einer großen silbernen Haube gebracht, die zeitgleich von der Bedienung abgenommen wurden. Gunter hatte Veau und ich Fisch. Mein Teller sah toll aus: in der Mitte, wie eine Kugel Eis geformt, mit einem grünen »Busch« drauf, ein Ball, oben orange und unten grün, ähnlich wie Kartoffelmus, zwei Gambas, zwei Stücke gebratener Fisch in Tomate, wahrscheinlich Barsch, zwei Stücke Fisch in einer grünen Soße, dazwischen Wurzelstücke, große, längliche und grüne »Dinger«, die ich aber nicht mochte. Ich habe auch nicht herausgefunden, was das war. Auch Gunter nicht, der sie ja gegessen hat. Der Nachtisch nannte sich OM ALY, das war typisch ägyptisch und ich wollte das mal probieren. OM ALY bestand aus Milch, Blätterteig, Nüssen, Honig und war überbacken. Ganz lecker, aber es stopft. Danach mussten wir noch dringend mit Omar in die Bar, einen Verteiler nehmen. Dann rief unser Bett.

22.07.03

Zum Frühstück hatten wir ein tolles Buffet.

Omar und Gunter wollten heute in die Wüste. Da es wieder sehr heiß werden würde bzw. schon war (in der Sonne, sonst wehte ein herrlicher Wind!), blieb ich im Hotel. Vorher habe ich Omar Gunters kleine Voigtländer mitgegeben, damit er Gunter knipste, wenn er auf dem Kamel saß. Das hat er auch getan. Nach dem Entwickeln mussten wir herzlich lachen, denn Omar hatte geknipst, wunderbar, auch dann, wenn Gunter hinter einem Sandberg war. Er hat wohl Gunter in Gedanken verfolgt, wo er denn sein müsste. Als Gunter wieder auftauchte, haben wir auf dem Bild auch erst einmal nur Gunters Kopf gesehen. Herrliche Fotos!

Ich habe mich in die King Fouad Corner zurückgezogen, den Ausblick genossen und ein wenig gelesen. Dort standen ein kleiner runder Tisch und vier Sessel. Sehr bequem. Ich schaute auf den Nil und fing an zu träumen, das war sehr entspannend und richtig Urlaub. Vorher habe ich noch bei Claudi im Büro angerufen, denn sie fehlte mir. Es war nur ihr Kollege da, sie hatte (leider) ihren freien Tag.

Gunter war gegen 11:10 Uhr wieder zurück. Um 17:00 Uhr wollten wir uns wieder mit Omar zum 5-Uhr-Tee auf der Terrasse treffen. Vor der Tea-Time habe ich dann noch einmal bei Claudi zu Hause angerufen. Es war schön, Claudi und Leni zu hören. Zur Tea-Time gab es natürlich Tee, und zwar schwarzen mit einem Zweig Pfefferminze in der Kanne. Schmeckte wunderbar. Auf einer dreistöckigen Etagere waren kleine Törtchen mit Vanillepudding und Weintrauben obendrauf, Kekse, Teigfäden mit Zucker und noch anderes ägyptisches Gebäck. Sehr lecker. Ganz unten lagen Sandwiches. Ich habe mich nur an die Törtchen mit den Weintrauben gehalten. Immerhin war ja schon bald wieder das Abendessen auf dem Programm. Gunter und Omar haben ordentlich zugelangt, besonders bei den Sandwiches (was Gunter beim Abendessen bereute).

Bis zum Abendessen hat Gunter auf der Terrasse gesessen und sein Bier getrunken. Ich war im Zimmer und habe gelesen. Zum Abendessen gab es vorweg eine Zwiebelsuppe. Gunter hatte Fisch mit einer gebundenen schweren Tomatensoße und Reis, Gemüse in dicken Streifen: etwas

Grünes, wo keiner von uns wusste, was das war, Karotte und Maiskölbchen. Als Nachtisch hatte Gunter Eis gewählt. Das Eis lag zwischen drei dicken Waffeln und schwamm in einer roten Soße. Sah sehr gut aus und war auch geschmacklich hervorragend. Nur wenn man satt war, fehlte einem so die richtige Motivation. Gunter war sehr satt (siehe oben). Ich hatte mich für die Ente gebraten mit Kruste, einem Kartoffeltörtchen und dunkler Soße entschieden. Es war eine sehr gute Wahl. Der Nachtisch war auch sehr lecker: Creme Caramel, angerichtet auf einem großen weißen Teller, auf einer Vanillesoße lagen verschiedene Fruchtecken, die mit einer Himbeersoße überzogen waren. Es war so richtig etwas fürs Auge.

Nach dem Essen wurde uns das Gästebuch gereicht. Dort habe ich uns eingetragen. Da ich neugierig war, musste ich natürlich auch die »sanitäre Keramik« besichtigen. Statt einer Klobürste gab es dort einen Metallschlauch an der Wand. Eine ganz neue Erfahrung. Nach dem Essen war mir nach einem Martini Rosso, den ich auf der Terrasse genossen habe, zusammen mit Gunter, der allerdings keinen Martini wollte. Irgendwann kam dann Omar. Um 22:45 Uhr habe ich mich verabschiedet, denn ich war müde. Gunter kam kurz vor Mitternacht.

23.07.03

Heute standen wir spät auf, um 08:45 Uhr. Nach dem Frühstück war Kofferpacken angesagt, denn wir wollten weiter nach KAIRO.

Vorher habe ich aber noch bei einem Hotelbediensteten angefragt, ob ich eine der Badevorlagen mit dem eingewebten Schriftzug OLD CATARACT HOTEL käuflich erwerben könnte. Es war nicht so leicht, ihm klar zu machen, was ich wollte, und vor allem hat er wohl nicht ganz verstanden, warum die verrückte Deutsche so ein Ding haben musste. Aber ich wollte, und zwar unbedingt. Er kam wieder mit einem Kollegen und zusammen haben wir geredet und geredet. Dann gingen sie weg und kurze Zeit später waren sie wieder da mit einer Badevorlage. Da machte mein Herz vor lauter Freude einen großen Sprung. Ich habe für die Vorlage € 7,00 bezahlt und mir auch gleich angesehen. Diese Ferkel hatten mir doch eine Vorlage mit einem erheblichen Webfehler untergejubelt. Aber da kannten die mich schlecht, denn ich habe dieses fehlerhafte Ding sofort gegen die einwandfreie Vorlage aus unserem Badezimmer getauscht!

Wir mussten ein wenig warten bis zur Abfahrt und haben noch auf der Terrasse gesessen, als ganz plötzlich ein heftiger heißer Wind aufkam, der den Sand der gegenüberliegenden Wüste aufwirbelte. Es war ein tolles Schauspiel.

Um ca. 12:30 Uhr wurden wir abgeholt zum Flugplatz. Wir sind dann nach KAIRO geflogen. KAIRO hat mindestens 15 Mio. Einwohner und liegt 20 m über dem Meer (Nilniveau). Kairo istnicht nur die Hauptstadt Ägyptens, sondern auch die größte Stadt des afrikanischen Kontinents. Sie liegt am rechten Ufer des Nils. Am östlichen Stadtrand erhoben sich die kahlen rötlichen Felswände des Mokattam-Gebirges, hinter dem sich die Östliche Wüste ausdehnte. Nach Süden reichte die Stadt jenseits von Alt-Kairo bis zum Vorort Maadi, im Westen wuchs sie jenseits des Stromes über Gizeh in die Westliche Wüste hinaus. Als Landeshauptstadt ist Kairo der Sitz der Regierung, des Parlaments und der obersten Verwaltungsbehörden, aber auch der islamischen, koptischen und koptisch-unierten Religionsoberhäupter. Die Metropole besaß mehrere Universitäten sowie angesehene Fachhochschulen.

Wir mussten etwa 45 Minuten bis zum MENA HOUSE fahren. Die Stadt wimmelte von Autos, deren Fahrer fuhren, wo sie wollten, nur nicht da, wo sie sollten. Aber ich habe keinen Crash gesehen. In der Ferne konnten wir schon die drei Pyramiden erkennen. Das war ein toller Anblick.

Endlich wieder im MENA HOUSE. Wir haben auch auf unseren Wunsch hin wieder das Zimmer bekommen, das wir schon vorher hatten. Es war ein wunderschönes Hotel, die Halle in Marmor, mit einem Tisch in der Mitte, auf dem eine riesengroße Vase mit frischen Blumen stand. Die Bar war mit eingegliedert in die Halle, aber mit einer kleinen Stufe von der Halle abgeteilt. Sie hatte herrlich bequeme und verzierte Sessel mit einem dicken grünen Polster. Das MENA HOUSE OBEROI hatte fünf Sterne, lag in Gizeh, in der Sharia-el-Ahram. Orientalische Pracht und großartige Lage bei den Pyramiden machten die Besonderheit dieses Hotels aus. Zudem lockte das beste indische Restaurant der Stadt, der Moghul Room.

Omar wollte uns abends mit dem Auto abholen. Bis dahin hatten wir noch Zeit und gingen in die Hotelbar. Von dort konnten wir durch die großen Fenster eine Pyramide sehen. Sie war sehr nahe. Es war traumhaft: im Vordergrund Gunter und hinter ihm die Pyramide.

Abends hat Omar uns dann wirklich mit dem Auto seines Vaters abgeholt, weil ich so gerne in das HARD ROCK CAFÉ wollte und dieses vom Hotel aus weit entfernt lag. Ich weiß bis heute nicht, wie ich die Fahrt überstanden habe. Ich weiß nur, dass ich während der mörderischen Fahrt eine Hand in Gunters Schulter und die andere in die Lehne des Vordersitzes gekrallt habe. Es war die schlimmste Autofahrt meines bisherigen Lebens und ich glaube nicht, dass noch eine schlimmere folgen könnte. Ich habe uns alle drei schon in einem ägyptischen Krankenhaus gesehen, wo ich kein Wort verstanden hätte. Es war schrecklich.

Zum HARD ROCK CAFÉ mussten wir noch ein ganzes Stück laufen, weil die Straße eine einzige Baustelle war. Aber es hat sich gelohnt, denn das HARD ROCK CAFÉ war toll. Habe dort natürlich ein T-Shirt und auch ein Bierglas erstanden. Die Rückfahrt war auch wieder so schlimm.

24.07.03

Unser Frühstück gab es wieder in der GREENERIE, das war ein separates Restaurant, das zwischen den Häusern des angebauten MENA HOUSE lag. Es war sehr schön gelegen und das Frühstücksbuffet war auch okay. Auf dem Rückweg zum MENA HOUSE konnten wir wieder die Pyramidenspitzen sehen.

Dann sind wir zum Ägyptischen Museum gefahren. Am nördlichen Ende des Tahrir-Platzes, in einem schönen historischen Bau, war das Ägyptische Museum untergebracht. Mit seinen Funden ägyptischer und griechisch-römischer Altertümer aus dem Niltal war es die größte und bedeutendste Sammlung dieser Art überhaupt und eine der interessantesten Sehenswürdigkeiten in Kairo. Gegründet wurde das Museum 1857 von dem französischen Ägyptologen Auguste Mariette. Das 1902 eröffnete Museumsgebäude reichte für die gigantische Sammlung längst nicht mehr aus. Nur ein Teil des Bestands, ca. 44 000 Exponate, konnten überhaupt gezeigt werden, beinahe noch einmal so viele Stücke lagerten in Kellerräumen. Etwa 20 km südwestlich außerhalb von Kairo an der Straße El-Faijum wurde der Grundstein gelegt für das neue Museumsgebäude, das von seinen Dimensionen her das größte historische Museum der Welt werden sollte. Auch eine Bibliothek, ein Archiv, Restaurierungswerkstätten und ein internationales Forschungszentrum sollten hier eingerichtet werden.

Die ausführliche Besichtigung des Museums erforderte mehrere Tage. Es war ein hochinteressanter Besuch in dem Museum. Vor allem hat mich der Schmuck fasziniert. Auf dem Rückweg führte uns Omar in ein Lokal, das er zu kennen schien. Eine Wand war von oben bis unten gekachelt und darauf waren reliefartige Bilder. Es war ein sehr schmales Lokal, an jeder Seite nur ein Tisch. Bier gab es nicht. Sehr zu Gunters Leidwesen. Omar hat eine Wasserpfeife geraucht. Als es uns hier ein wenig langweilig wurde, haben wir Omar gesagt, dass wir ein bisschen die Gegend ansehen würden. Wir sind in eine Nebenstraße gegangen, in der ein Laden an dem anderen lag. Hier waren die Verkäufer nicht so aufdringlich.

Unser Fahrer wartete am Straßenende auf uns und hat uns zur MOHAMMED ALI MOSCHEE gefahren. Dort musste ich einen grünen Umhang tragen, da ich unbedeckte Arme hatte. Eine Kopfbedeckung brauchte ich aber nicht, nur die Schuhe mussten wir ausziehen. Die Moschee war rund und hatte einen riesigen Innenraum. Die Decke war voller Lampen. Es sah wunderschön aus. Der Boden war mit riesigen Teppichen belegt. An einer Seite wurde gerade gebetet. Da durften wir nicht hin, aber wir konnten zusehen und -hören. Der Imam hatte eine tolle tiefe Stimme. Rechts davon war eine große Treppe, die wundervoll verziert war.

Außerhalb der Moschee habe ich Aufnahmen von Kairo gemacht. Das war besonders schön, da die Moschee auf einer Anhöhe lag und man auf Kairo herabsah. Die Moschee wurde gut bewacht und wir mussten durch ein Tor mit vielen Polizeibeamten fahren.

Dann hat uns Omar mittags zum Essen eingeladen. Dazu fuhren wir auf ein Schiff, wo wir ein Buffet hatten mit sehr viel Auswahl. Leider konnten wir nicht alles essen bzw. probieren, da das Fassungsvermögen des Magens nicht reichte.

Bis abends hatten wir Zeit zu unserer Verfügung. Natürlich haben wir uns wieder in der Bar aufgehalten. Sie war einfach wunderschön, hauptsächlich aber wegen der Pyramide.

Beim Abendessen ging es mir nicht so gut, sodass ich auf das Essen verzichtet habe. Ich bin im Zimmer geblieben und der Room-Service hat mir eine Kanne Pfefferminztee gebracht. Auf dem Tee in der Kanne lagen frische Pfefferminzblätter. Das war ganz lecker. Hier habe ich dann leider feststellen müssen, dass Omar mit seiner Behauptung, dass Imodium hier nichts nutzen würde, so recht hatte.

25.07.03

Am nächsten Morgen ging es mir noch nicht besser. Der Room-Service hat mir wieder Tee auf das Zimmer gebracht. Es war aufgefallen, dass Gunter allein zum Frühstück erschien. Der aufmerksame Kellner, der sich am Tag vorher als ABBAS vorgestellt hatte, veranlasste dann, dass mir der Tee gebracht wurde.

Dann wurden wir zum Airport gefahren. Wir mussten durch zwei Kontrollen. Es wurde wirklich alles zweimal untersucht und durchleuchtet. Finstere Gestalten standen dort mit Waffen. Es war so richtig gemütlich. Endlich waren wir im Wartesaal und hatten da noch ein wenig Aufenthalt. Ich habe noch ein paar Schlüsselanhänger als Mitbringsel gekauft. Ich, die sonst nie oder nur ganz selten handelte, habe den Verkäufer fast verrückt gemacht, weil ich immer noch mal versucht habe, den Preis zu drücken. Zuletzt hat er nachgegeben. Aber sicherlich hat er immer noch seinen Verdienst gehabt. Mir hat es Spaß gemacht.

Endlich wurde unsere Maschine aufgerufen, die keine Verspätung hatte. Der Rückflug war ruhig, das Essen gut. In Frankfurt mussten wir ein wenig warten, aber das kannten wir ja schon, und die Zeit konnten wir uns da auch gut vertreiben. In Hamburg wurden wir dieses Jahr leider nicht von Katja abgeholt! Aber nächstes Jahr würde es sicher wieder klappen.

6. USA

Bereits im Februar hatte Gunter den Flug für Juli nach Portland/Oregon gebucht. Wir wollten endlich die »neuen« Enkelkinder sehen, und zwar Owen, der am 03.03.03 geboren wurde, und die kleine Lily Evalyn, geboren am 17.04.04. Deshalb wollten wir von Portland nach Eugene, denn Mike wohnte mit seiner Familie in Springfield, unweit von Eugene. Doch es kam eine Zeit der Ungewissheit auf uns zu, ob wir unseren Urlaub überhaupt antreten konnten. Gunter war vom 17.06. bis 28.06.04 wieder mal mit einigen Schülern und weiteren Kollegen der LPS (Landespolizeischule) in Polen. Am 28.06. gegen 23:30 Uhr kam er zurück und zeigte mir seinen rechten Ellenbogen. Der war auf das Dreifache angeschwollen und er erzählte, dass er bereits in Polen Schwierigkeiten gehabt habe, denn der Ellenbogen war aufgeplatzt, wohl aufgrund der vorhandenen Schuppenflechte, und hatte sehr stark geblutet. Während der Bahnfahrt hatte es sich verschlimmert und wir entschlossen uns, noch in der Nacht zum UKE zu fahren. Dort wurde nach einiger Wartezeit eine Schleimbeutelentzündung festgestellt. Der Arm wurde eingegipst und Gunter mit der Auflage entlassen, am nächsten Tag zu einem niedergelassenen Arzt zu gehen. Das tat er auch. Dieser nahm den Gips ab und legte ihm einen Verband mit einer Drainage an. Durch diesen Schlauch musste immer eine Flüssigkeit eingeführt werden, damit der Arm nicht trocken wurde. Das ging dann so weiter bis Freitag, den 2. Juli. Der Urlaub kam immer näher und der Flug wurde immer fraglicher. An diesem Freitag stellte Gunter im Büro fest, dass seine Hand stark angeschwollen war. Ein Kollege schlug ihm vor, ins Bundeswehrkrankenhaus (BWK) zu fahren. Dem

Rat folgend landete Gunter also im BWK, was sein (und unser) Glück war, wie wir im Nachhinein festgestellt haben. Dort wurde der Arm angesehen und die Ärzte entschieden, ihm sehr starke Antibiotika zu geben. Sollte die Schwellung bis Samstag früh nicht erheblich zurückgegangen sein, sollte er wiederkommen und er würde dann stationär aufgenommen. Am nächsten Morgen hatte die Hand sich nicht wesentlich verändert, sodass ich Gunters Tasche packte und wir fuhren zum Bundeswehrkrankenhaus. Das Krankenhaus lag sehr schön. Wir sind zur Chirurgie I gegangen. Die dortigen Sanitäter und Ärzte waren außerordentlich freundlich und, obwohl es Samstag war, wurde Gunter sofort untersucht und sollte am selben Tag, nachmittags gegen 16:00 Uhr, sogar noch operiert werden, d. h., der Schleimbeutel wurde entfernt!! Das bot wohl nur das BWK. Allerdings war Gunter auch stark thrombosegefährdet.

Am 07.07. wurde Gunter entlassen. Die Ärzte hatten Bedenken wegen des Fluges am 10.07., denn nach zehn Tagen müssten die Fäden gezogen werden. Ich weiß nicht, was Gunter gesagt hat, aber die Ärzte hatten dann nicht mehr so direkt was gegen den Flug und die Fäden könnten ja auch in den USA gezogen werden. Nun konnten wir, dem BWK sei dank, doch unseren Urlaub am 10.07.04 antreten. Gunter war allerdings gehandicapt, denn der rechte Arm war bandagiert und durfte nicht belastet werden. Das hatte zur Folge, dass ich meinen Koffer allein tragen musste!

10.07.04

So sind wir am 10.07. – wie immer – superpünktlich am Flugplatz gewesen. Nach dem Einchecken, das nicht lange gedauert hat, obwohl es sehr gründlich war, sind wir in das Restaurant gegangen, denn unsere kleine Bar war so früh noch nicht geöffnet. Gunter hat – auch wie immer – noch mal alle Papiere durchgesehen und plötzlich festgestellt, dass er die Travellerschecks und den Gutschein für den Mietwagen nicht bei sich hatte. Nach einigem Hin und Her und 20 Mal » Hast du sie eingesteckt?« ist er mit dem Taxi noch mal nach Hause gefahren, um die Papiere zu suchen. Er war relativ schnell wieder da, allerdings ohne die Unterlagen. Ich war sicher, dass die Unterlagen in Gunters kleiner Tasche im Koffer waren, denn er hatte stets nur die Papiere bei sich, die er für den Flug benötigte.

Gegen 08:30 Uhr kamen Katja und Wolfgang. Wir hatten noch eine schöne Zeit, bis wir um 09:25 Uhr eingecheckt haben. Nach langem Winken gingen wir zum Gate und ich nahm mir von dort Zeitungen mit. Der Abflug verzögerte sich um ca. 25 Minuten. Dafür war es ein sehr ruhiger Flug. Allerdings hatten wir ganz »bescheidene« Plätze: direkt hinter der Trennwand zur Business Class. Dafür hat die Stewardess Gunter extra Kekse gebracht, denn »Kranke musste man pflegen«. Wie wahr! Für eine Stunde Flug waren die Plätze dann noch zu ertragen. In Frankfurt waren wir um ca. 11:30 Uhr. Es dauerte sehr lange, bis wir durch die Kontrolle waren. Ich habe mich dann noch mal schnell bei Oma gemeldet, dass wir gut in Frankfurt angekommen seien. Gunter hatte Hunger und wollte etwas essen. Dass er Hunger hatte, war sehr selten. Es war leider nicht so einfach, ein Restaurant zu finden. Haben nachher festgestellt, dass es keines gab, nur einen Imbiss haben wir gefunden. Dafür gab es jede Menge Souvenirläden und andere Shops, aber nichts zu ESSEN!! Gefunden haben wir einen kleinen Laden, der hatte Baguettes, Sandwiches und Donuts. Gunter hat ein Sandwich gegessen und wollte dazu ein Bier. Leider war der Zapfhahn kaputt. So gab es dann Weißwein. Ich hatte zwei Donuts mit Schoko.

Bis zur Boardingtime mussten wir noch ein wenig warten. Es wollten eine Menge Leute nach Portland, was uns doch sehr erstaunte. Unsere Plätze waren sehr schön: an der linken Seite die Zweierreihe. In der Mitte mit den vier Plätzen saß schräg vor uns eine Familie mit zwei Kindern, ein netter großer Junge, ca. 6 bis 7 Jahre alt, und eine kleine Quarktasche. Das nervte ganz schön, denn die Kleine war immer im Gange. Aber auch das würden wir überleben. Gleich nach dem Start gab es eine kleine Tüte mit Snacks in Känguruform. Habe sie noch ein wenig aufgehoben, weil sie so niedlich waren. Dazu gab es O-Saft. Es verging eine Stunde und der Flug war butterweich. Keine Turbulenzen, rein gar nichts, es war wirklich ein wundervoller Flug. Da wir ja alle ausgehungert waren, gab es jetzt etwas zu essen: Chicken picata (Huhn mit Spaghetti) für mich und für

Gunter Rinderroulade mit Gemüse und Püree. Der Nachtisch bestand aus einem kleinen Stück Kuchen mit Aprikose. Gunter mochte den nicht, ich ja, und schon hatte ich zwei davon. Es waren ja nur kleine Stücke. Zum Essen haben wir Rotwein getrunken und Gunter hatte einen Cognac, der recht großzügig ausgeschenkt wurde. Vielleicht war das für den »armen Mann mit dem kaputten Arm, damit es besser heilt.« Wer weiß. Wenn die Quarktasche uns ließ, würden wir gerne ein wenig dösen. Mal sehen, ob das klappte. Es ist mal drei Minuten ruhig und dann geht es wieder los mit dem Brüllen. Zwischendurch gab es immer mal wieder einen O-Saft und einmal eine kleine Tafel Milka. Das Trinken zwischendurch war ganz angenehm, obwohl ich nach so viel Flüssigkeit sicherlich öfter mal aufs WC müsste und das war im Flugzeug nicht so prickelnd. Jedenfalls ich mochte es nicht so gerne, denn wenn wir schon länger unterwegs waren, waren die Örtlichkeiten nicht mehr so sauber. Es war dann auch immer so eine Sache mit dem Geruch! Ich hatte leider eine sehr empfindliche Nase. Auch war der Fußboden meist so nass, wobei ich immer hoffte, dass das vom Händewaschen kam. Und da ich während den Fluges immer meine Schuhe auszog und Socken trug, musste ich, wenn ich zum WC ging, immer wieder meine Schuhe anziehen, was ziemlich nervte, weil es so eng war. Um 21:45 Uhr unserer Zeit gab es Abendessen. Wir beide hatten Pute auf Wurzeln und zwei Sesamröstis. War sehr lecker, wenn man nur ein bisschen mehr Platz zum Essen hätte. Mit Messer und Gabel ging das manchmal gar nicht. Der Nachtisch bestand aus einem Grießpudding von Landliebe, einer kleineren Ausgabe von dem Pudding, den man im Laden kaufen konnte. Jetzt hatten wir noch eine Stunde Flug vor uns. Bisher wunderbar ruhig. Aber es reichte dann doch. Daran war das brüllende Kind nicht ganz unschuldig. Es hat wirklich die ganze Zeit gebrüllt, mal eine kleine Pause zwischendurch (wahrscheinlich, um neue Energie zu tanken), aber dann ging es gleich weiter. Mir war aufgefallen, dass die Mutter bzw. die Begleitperson überhaupt nichts zu essen bekommen hatte und auch nichts zu trinken. Nur die Kinder wurden versorgt.

Gelandet sind wir kurz nach 14:00 Uhr. Durch die Passkontrolle kamen wir relativ schnell, d. h., es waren nur fünf Personen vor uns. Im Vergleich zu San Francisco war das hier superschnell. Dort waren immer so 40–50 Personen vor uns gewesen. Der Zoll wollte auch weiter nichts von uns. Nur Gunter musste seine Manschette vom Arm lösen, aber das Ding hatten wir ganz fix wieder dran. Wir waren kaum aus der Sicht der Zöllner verschwunden, musste ich SOFORT auf Gunters Bitten seinen Koffer öffnen und nachsehen, ob die in Hamburg vermissten Unterlagen im Koffer waren. Es waren alle Unterlagen da! Das war eine Wiedersehensfreude! Ich wusste ja, dass die im Koffer waren, wo sollten sie auch sonst sein?

Nun waren wir auf der Suche nach dem Gate für unseren Weiterflug nach Eugene. Es war E 4. Nachdem wir uns angesehen hatten, wo das war, machten wir uns auf die Suche nach etwas Trinkbarem. Immerhin hatten wir hier vier, in Worten: v i e r Stunden Aufenthalt. Ich fand das ROSE CITY CAFÉ, was allerdings kein Café war, sondern eine Bar. Auch nicht schlecht. Dort tranken wir ein dunkles Bier, gezapft in drei Sekunden, aber gut!

Nachdem wir das Bier getrunken hatten, gingen wir zum Gate E 4, das auf derselben Ebene war wie das Rollfeld. Und immer noch hatten wir drei Stunden Aufenthalt. Hier haben wir einen jungen Mann getroffen, der auch nach Eugene wollte. Mit ihm haben wir uns ein wenig unterhalten. So verging für uns drei die Zeit schneller. Im Übrigen waren wir drei ganz allein in der kleinen Halle, die sich dann doch so nach und nach bis gegen 18:00 Uhr füllte. Um 19:00 Uhr war Boardingtime. Wir mussten noch einen geschlossenen Gang entlanggehen und waren dann an einem »Ausgang«. Vor uns stand eine kleine Propellermaschine, wo wir die Sitze 4 B und C hatten. An jeder Seite des wirklich kleinen Flugzeuges war nur ein Sitzplatz. Start war um 19:20 Uhr. Der Flug war toll. Ich mag diese kleinen Maschinen, die zwar recht heftig und hart schaukelten, aber bei mir dadurch kein Gefühl der Angst aufkommen ließen. Ich bin schon mit meiner Mutti in einer Fokker nach Wien geflogen, das war auch toll.

Ich habe viel durch das Fenster fotografiert. Da ich eine Digitalkamera hatte (neu und extra für diesen Urlaub), konnte ich Bilder machen, so viel ich wollte. Sie ließen sich nachher ja wieder löschen, wenn sie nicht gefielen. Die Propeller konnte ich mit der Kamera ganz deutlich sehen, mit dem bloßen Auge nicht. Habe ein Bild gemacht, auf dem ein Propeller in die Luft ragte, ganz klar und deutlich zu sehen. Ein Superfoto. Finde ich jedenfalls.

Um 19:45 Uhr sind wir in Eugene gelandet. Mike hat uns abgeholt. Er hattt deshalb extra seine Dienstzeit (er ist Police Officer) geändert. Er würde heute um 22:30 Uhr beginnen. Auch 'ne tolle Zeit. Wir hatten nun erst einmal unser Gepäck und dann mit Mike das Auto geholt. Ein FORD.

Dann sind wir zu Mike gefahren. Cathie war da, Cody und Owen waren schon im Bett, haben aber noch nicht geschlafen. Wir durften in ihr Zimmer. Cody war gleich so süß, er hat uns erkannt, vor allem seinen Opa. Owen war ein wenig schüchtern. Er saß in seinem Gitterbett und guckte durch die Trallen, ab und an hat er ein wenig gelächelt. Nach ein paar Minuten kam Janel mit Lily. Die war vielleicht süß und so zart. Sie war ja auch erst 14 Monate alt. Das Zarte wird sich bei der amerikanischen Art zu Essen sicherlich bald ändern. Wir haben uns noch ein wenig unterhalten, wollten dann aber auch ins Motel, weil wir doch ein wenig müde waren. Mike ist dann vorweggefahren, damit wir den Weg ins Motel gut fanden. Das war ganz lieb. Vom Motel aus haben wir versucht, Oma zu erreichen. Es ist uns nicht gelungen und nach drei Versuchen haben wir schließlich aufgegeben.

Geschlafen habe ich nicht gut, obwohl ich sehr müde war. Wir hatten die Aircondition an, die sehr laut und nachher auch sehr kalt war, sodass ich unter der dünnen Decke gefroren habe. Irgendwann habe ich das Ding dann ausgestellt.

11.07.04

Aufgestanden sind wir gegen 08:30 Uhr, nicht so ganz ausgeschlafen, aber immerhin in der Lage, den Tag wahrzunehmen.

Frühstück gab es bei Denny's. Darauf hatte ich mich schon im Januar, als Gunter die Reise gebucht hattte, gefreut. Dort haben wir, man staune, ein T-Bone-Steak mit Hush Browns (Gunter mit French Fries) und Rührei (Gunter: Sunny-side-up) gegessen. Am frühen Morgen, unglaublich, nicht? Aber es war wunderbar! Das haben wir auch nur am ersten Tag gegessen. Wohl, weil es zu Hause so was nicht gab und es einfach mal toll war. Hier hatte ich dann endlich den Mut, nach einer Speisekarte zu fragen. Das wollte ich schon beim letzten Urlaub, habe mich aber von Gunter abhalten lassen, weil ihm das peinlich gewesen war. Diesmal ist er schon rausgegangen. Ich habe der Bedienung vorgeschwärmt, wie toll das Essen hier sei und ich es darum unbedingt meinen Freunden in Germany« zeigen möchte. Ja, was soll ich sagen! Die Bedienung guckte mich ein wenig seltsam an, vielleicht hatte sie ja auch Mitleid mit der verrückten Deutschen, aber meine Karte habe ich bekommen. Mehr wollte ich doch gar nicht.

Danach sind wir zu Mikes Haus gefahren. Gunter hat den Weg sehr gut gefunden. Cody stand schon am Fenster und hat sich darauf gefreut, dass wir gekommen sind. Owen war auch auf und lief mit seinen kleinen krummen Beinen durch die Wohnung. Er war heute ein wenig zutraulicher als gestern. Er hat gelacht und seine kleinen Vorderzähne gezeigt. Mike hat noch geschlafen, da er ja unseretwegen Nachtdienst hatte. Etwas später kam auch Janel nach Hause. Sie war »zu Fuß« bei SAFEWAY gewesen. Alle Achtung.

Wir haben im Garten hinter dem Haus im Schatten gesessen, denn die Sonne war doch recht heftig. Die beiden Jungen haben niedlich gespielt, wobei beide nicht miteinander, sondern allein gespielt haben. Ich habe natürlich viele Fotos gemacht, auch für Uroma Agnes und Uropa Curt, die die beiden leider hier nicht erleben konnten, da Agnes nicht fliegen mochte.Einige Zeit später kam auch Mike. Um 17:00 Uhr haben wir alle zusammen ins OUTBACK in Springfield eingeladen. Das war ein hervorragendes Restaurant für Steaks, das wir schon vom letzten Besuch her kannten. Dort hatten wir einen riesigen runden Tisch für uns. Den brauchten wir auch, denn wir waren mit den Kindern immerhin acht Personen. Cody hat von der Bedienung ein Malbuch und Wachsmalstifte bekommen. Owen saß neben Opa in einem Kinderstuhl und Miss Lily lag in einem »Kindertragekorb«. (Das ist ein neuer Begriff von Gunter, weil uns das richtige Wort dafür nicht eingefallen ist.) Sie war ganz friedlich. Wir haben sehr gut gegessen und auch hier wollte ich gerne eine Speisekarte mitnehmen. Mike hat sie für mich mitgenommen, weil ich das nicht mochte. Die Junior-Family ist dann mit dem großen Wagen vorangefahren zu unserem Motel, dem Shilo Inn, damit wir uns nicht verfuhren. Wir haben hier noch ein wenig TV gesehen.

12.07.04

Heute sind wir um 07:30 Uhr aufgestanden, im Urlaub! Wie das anging, wusste ich auch nicht. Frühstück wieder bei Denny's (Scrambled Eggs, zwei kleine Würstchen, zwei Streifen Bacon, eine Scheibe gekochten Schinken, gebraten, und drei Pancakes mit Ahornsirup. Delicious!! Coffee ohne Ende und eine Karaffe Orangensaft. Habe aber nicht alles geschafft! Leider!

Wir waren um 09:00 Uhr mit dem Frühstück fertig. Mike wollte erst um 11:00 Uhr kommen und so sind wir schon mal zum Einkaufszentrum gefahren und waren im Haupthaus von TARGET. Dort sind wir beide ein wenig rumgelaufen und gegen 10:00 Uhr ist Gunter allein losgefahren, um Mike und Co. zu treffen. Alle zusammen sollten mich dann bei TARGET wieder aufpicken. Ich war selig, konnte ich doch allein durch die Reihen gehen, alles angucken, was es so bei uns nicht gab. Es waren viele Dinge. Hier habe ich für Leni ein Shirt in Pink gekauft, steht ANGEL drauf. Trifft zu.

Irgendwann hatte auch ich alles gesehen und da es inzwischen 11:30 Uhr war, bin ich in den Coffee-Shop des Kaufhauses gegangen, das gleich am Eingang war. Dort habe ich mir einen Pappbecher gekauft! Für 99 Cent. Den konnte ich jetzt mit Kaffee füllen, so viel und so oft ich wollte. Es gab drei Sorten Columbia: mit Cinnamon, Vanille und Nut. Hab alles probiert, ganz köstlich, nur Cinnamon war ein wenig gewöhnungsbedürftig. Danach hatte ich genug, warf den Becher in einen Eimer und als ich mich umdrehte, standen Gunter und Mike plötzlich da. Schön, sie hatten mich nicht vergessen!!

Wir gingen zu Mikes Auto und dort waren auch die Kinder und Cathie. Es ging jetzt zu Pears, dort sollten Bilder gemacht werden von Oma und Opa mit den Enkeln. Nun war auch Janel da. Es dauerte eine Weile, aber dann waren die Bilder im Kasten. Dann sind wir zu einem Laden gefahren, der hieß Costco Wholesale, ähnlich wie Metro. Ein Riesenladen, die Decke so hoch wie in einem Hangar. Dort habe ich Oreo-Kekse gekauft, die ich so gerne mochte.

Hier konnten wir auch eine Kleinigkeit essen. Es war eine größere, vom übrigen Laden abgeteilte Ecke. Die übrige Familie hatte wohl schon gewaltigen Appetit. Mike hat uns eingeladen. Ich hatte ein Stück Pizza nur mit Käse, Cody mit Salami, Cathie einen Hot Dog, Janel eine Brezel, Mike auch. Owen und Lily wurden jetzt allmählich müde. Es war ihre Zeit, zu schlafen. Janel hat sie mit Mikes Auto nach Hause gebracht. Mike ist geblieben, er wollte uns noch den Weg zu Old Navy zeigen. Cathie und Cody sind bei uns geblieben, während Mike nach Hause gefahren ist. Bei Old Navy haben wir einiges gekauft. Gunter zwei Hosen, sechs Unterhosen mit OLD NAVY im Gummizug (geile Teile) und zwei T-Shirts. Ich habe vier T-Shirts, ein Paar dunkelblaue Badelatschen und ein Schlüsselband gekauft. Danach sind wir zu einem Laden, der meine australischen Bonbons, Violet Crumble, hatte. Hier gab es sie nicht in der Tüte, sondern als Riegel, daher habe ich acht Riegel mitgenommen. Die Bonbons, die Frau Göritz (vom FIRST-Reisebüro) so gerne hatte, gab es hier leider nicht.

Dann fuhren wir weiter, weil Cody etwas trinken wollte. Auf dem Weg dorthin kamen wir an einer Apotheke vorbei. Dort hatten sie die Alpha Lipon Säure, die Dieter gerne haben wollte. Zwar nicht die Stärke 600, sondern 300. Hab sie trotzdem mitgenommen. Bei McDonald's haben wir etwas getrunken, denn Cody wollte Apfelsaft und den gab es nur hier!! Wir drei hatten Milkshakes. Anschließend sind wir wieder zu Mike gefahren. Im Auto war es wieder so furchtbar heiß. Als wir bei Mike ankamen, war Cody eingeschlafen. Mike hat ihn dann geholt. Janel saß auf dem Sofa und hatte Lily auf dem Bauch. Sie war so süß und so zart.

Wir waren noch eine Weile dort und sind dann ins Motel gefahren. Das reichte auch für heute. Im Motel bin ich gleich unter die Dusche und habe mein Haar gewaschen. Dann haben wir ferngesehen, etwas getrunken und ich habe diesen Bericht geschrieben. Bier und Limo hatte Gunter ins Waschbecken gestellt, das gefüllt war mit Eis. Gunter wollte Oma anrufen und sagte nach dem wählen »Sorry«, irgendetwas hatte nicht geklappt.

13.07.04

Heute holte Mike uns um 09:30 Uhr ab, denn Gunter musste wegen seines Armes zum Arzt. Gefrühstückt haben wir bei ELMERS hier im Motel, ganz vorne zur Straße hin: vier Sausages, zwei scrambled Eggs, Hash-Browns und zwei Scheiben Toast, white, Coffee and Juice. Das war viel zu viel, aber es war so lecker!!

Kurz vor 09.30 Uhr kam Mike, ohne Cody. Ich bin derweil im Motel geblieben, weil Mike sagte, dass die Wartezeit sehr lang sei. Außerdem sollten Vater und Sohn auch mal ein bisschen allein sein. Wenn Gunter wieder hier war, wollten wir nach Florence.

Gunter war zurück um 11:30 Uhr mit einigen Anweisungen. Das Ziehen der Fäden hatte ihm sehr wehgetan, weil sie teilweise auch schon einge-wachsen waren. Wir sind dann nach Florence gefahren und am Pazifik spazieren gegangen. Es war so schön und die Sonne meinte es auch gut mit uns. Wir haben uns einen Augenblick am Strand auf einen Baumstamm gesetzt. Dann war mir die Sonne zu heiß und ich bin wenigstens mit den Füßen ins Wasser. Es war a…kalt, aber schön, und die Sonne brannte sehr, und wir sind wieder zum Auto gegangen und zu Weber's Fishhouse gefahren. Dort hatte Gunter eine Fischplatte mit gebratenem Fisch und Salmon gegrillt. Leider ist mir entfallen, was ich gegessen habe.

Dann sind wir zu Mike gefahren. Leider waren er und Janel nicht zu Hause, aber Cathie mit den drei Kindern. Sie war gerade dabei, Owen, der in seinem Hochstuhl saß, mit Nudeln und Hackbällchen zu füttern. Cody hat allein gegessen und Lily lag auf einem Kissen auf dem Sofa. Als die Kleine weinen wollte, hat Cathie sie mir gegeben, ich habe mich mit ihr in den Schaukelstuhl gesetzt und ihr etwas »erzählt«. Sie hat mich angelacht und gegluckst, so, als wollte sie mir antworten.

Cody hat später zu Opa Folgendes gesagt: »Opa, I have to tell you something. I already miss you and I think, I will see you again, when I'm a Dad by myself and you are a very old man.«

Zwischendurch hat Cathie mit Mike telefoniert, er war mit Janel und seinen Kollegen essen. Ich sollte meine Kamera bei ihm lassen, er würde mir die Bilder von heute mit auf die CD brennen, die er gestern schon gebrannt hatte, und sie uns ins Motel bringen.

Owen und Lily wurden so gegen 19:00 Uhr ins Bett gebracht, Cody geht um 20:00 Uhr schlafen. Irgendwann rief Mike noch mal an und sagte, dass sie in 10 Minuten zu Hause sind.

Cathie hat Owen ins Bett gebracht und vorher haben Cathie und Cody noch gesungen: »Good Night Owen, good Night Owen, good Night Owen, we love you very much.« Das war so süß und Owen hat gestrahlt.

Dann kamen Mike und Janel und Mike hat meinen Chip aus der Kamera mit in seine Garage genommen, wo sein PC stand, und die restlichen Bilder noch gebrannt, die ich heute aufgenommen hatte. Nach einer Weile haben wir uns dann verabschiedet und sind ins Motel gefahren. Dort haben wir noch ferngesehen und Coke getrunken.

14.07.04

Um 08:40 Uhr sind wir aufgestanden. Mein Frühstück bestand aus drei Cookies mit Schokolade und zwei Cups of Coffee. Und das alles vom Motel, gab es dort jeden Morgen. Abfahrt zum LAKE TAHOE war um 10:00 Uhr.

Wir sind auf der Interstate 5 South gefahren, über ROSEBURG, den Umpqua River, an WINSTON COOS BAY vorbei, durch DILLARD, WINSTON über den South Umpqua River, Boomer Hill Road, RIDDLE, CANYONVILLE;, MYRTLE CREEK. Wir haben ganz viele Trucks gesehen von FedEx, Wal Mart, Chevron und UPS. Dann weiter über AZALEA, GALESVILLE, GLENDALE (dort ging es sehr bergauf), WOLF CREES, SUNNY VALLEY, MERLIN, GRANT PASS, CRESCENT CITY, ROGUE RIVER, MEDFORD. Hier war der Übergang nach Kalifornien. Die Kontrolle für die Einfuhr von Pflanzen bestand nicht mehr. Weiter ging es durch YREKA, MONTAGUE, FORT JONES, ETNA, WEED. Hier haben wir eine kleine Pause gemacht und etwas gegessen: Gunter Sandwich mit Roastbeef, ich »a little Cup from the Soup of the Day«. Allerdings habe ich nicht gewusst, was für eine Suppe ich aß, denn es war nicht zu erkennen. Aber sie war gut.

Danach fuhren wir weiter: CASTELLE, LAKE SHASTA, CITY OF SHASTA LAKE, REDDING. **Um 15:45 Uhr haben wir den Sacramento River überquert.** Es ging weiter über RICHFIELD, CORING, das auch »Olive-City« genannt wurde, denn die Olivenbäume säumten die Straße, dann weiter durch HAMILTON CITY, ARBUCKLE, COLLEGE CITY. **Um 17:24 Uhr haben wir wieder den Sacramento River überquert.** An einem Auto haben wir folgendes Schild entdeckt: CONTROL YOUR CHILDREN, NOT MY GUNS.

Um 18:30 Uhr waren wir in PLACERVILLE. Dort haben wir eine Pause gemacht bis 18:52 Uhr. Und weiter ging es. Zwischendurch haben wir bei Chevron getankt. An der Straße war ein Schild angebracht: »SPEED INFORCED BY AIRCRAFT«. Hier wurde der Verkehr aus der Luft überwacht.

Am SOUTH LAKE TAHOE waren wir genau um 20:20 Uhr. Bevor wir uns ein Motel gesucht haben, haben wir bei Raleigh eingekauft. Gunter hat dann ein Motel gefunden: Tradewinds Resort & Spa, sehr klein, kein Vergleich zum Shiloh Inn.

<u>15.07.04</u>

Aus den Federn (nee, die haben hier keine), also aus der Decke sind wir gegen kurz nach acht gekrabbelt. Ich war noch sehr müde, denn die Fahrt war gestern doch sehr anstrengend , auch wenn ich nur auf dem Beifahrersitz gesessen hatte.

Gefrühstückt haben wir Kaffee und frische Donuts im Motel. Um 09:50 Uhr sind wir abgefahren nach Virginia City. Während der Fahrt leuchtete eine Lampe auf: »Check fuel Cap«, das bedeutete, **dass der Tankdeckel draußen hing**!!

Jetzt kam die Fahrt durch die Wüste. Oh Gott, war das heiß!! Und so endlos! Immer nur Sand, kaum Vegetation, also nichts! Der arme Gunter musste fahren. Virginia City erreichten wir um 11:05 Uhr. Hier haben wir bis ca. 14:00 Uhr in viele Läden geguckt, war sehr interessant und auch sehr gut besucht. Hier habe ich ein Shirt für Leni gekauft, mit Pferden (natürlich). Wir haben hier das Lokal gesucht, in dem wir schon einmal waren. Dort gab es ein Sandwich mit Pommes in einem Korb. Es war nicht mehr da! So mussten wir woanders etwas trinken.

Auf dem Rückweg haben wir ein Feuer in Carson City erlebt, weiße Wolken vom Löschwasser sind aufgestiegen, Brandgeruch lag in der Luft. Löschflugzeuge waren auch im Einsatz. Das Feuer war Gott sei dank weiter weg, aber es war etwas beängstigend, da hier alles so trocken war und die Häuser aus Holz gebaut waren.

Im Motel waren wir gegen 15:15 Uhr. Wir sind ein wenig durch die Straßen gebummelt. Ich habe natürlich einige Läden aufgesucht. Das war ein Muss. Anschließend sind wir zu HARVEYS gegangen und haben dort ein wenig an den Automaten gespielt. In dem Haus oben im Restaurant haben wir gegessen, und zwar das »Forest Buffett«. Das war ganz toll, wir hatten einen wunderschönen Platz am Fenster und konnten über die Stadt gucken. Das war besonders am Abend sehr schön mit den vielen Lichtern.

Nach dem Essen haben wir noch ein bisschen gespielt. Ich habe am Schluss $12,50 gehabt, nur $ 3,00 verloren. Gunter hingegen hat alles verspielt. Da hier die Staatengrenze war, haben wir in NEVADA gespielt und in KALIFORNIEN übernachtet.

16.07.04

Abfahrt war um 10:15 Uhr, durch CARSON CITY, Richtung FALLON. Hoffentlich war das Feuer unter Kontrolle. Am Stadtanfang stand ein Schild in Form eines Bären mit der Aufschrift: »Fire Danger today«. Als wir näher an Carson City kamen, haben wir wieder Löschflugzeuge gesehen.

Die Autofahrer waren hier sehr diszipliniert, parkten nur dort, wo es erlaubt war, denn sonst drohte ihnen eine hohe Strafe. Hier wachte die Highway Patrol, die man nicht sah und auch nicht hörte, aber auf einmal waren sie da.

Wir fuhren und fuhren, eine endlose Straße, immer eben und fast immer geradeaus, stundenlang, vorbei an einem wunderschönen See. Leider stand dort kein Schild, um welchen See es sich handelte.

In FALLON haben wir getankt, eine P...pause gemacht und auch etwas getrunken, und zwar bei »Jack in the Box«. Dann ging es weiter durch die Wüste, durch SCHURZ, vorbei am Walker Lake. Und weiter ging es durch HAWTHORNE Richtung TONOPA. Wir fuhren jetzt, um 14:00 Uhr, ein Stück im Schatten, war das schön!! Plötzlich regnete es um 15:06 Uhr. Um 15:30 Uhr waren wir dann endlich in TONOPAH, und zwar im Sonnenschein! Jetzt kam wieder die Motelsuche. Evtl. das »Best Western«? Gunter ist mal rein und hat gefragt. Jaaa, Zimmer 225, wunderschön und groß!

Wir haben uns ein wenig eingerichtet und sind dann mit dem Auto zum Supermarkt. Danach haben wir ein Restaurant gesucht, was gar nicht einfach war. Eines war geschlossen, McDonald's wollten wir nicht. Man musste dabei auch bedenken, dass die Lokale hier nicht nebeneinander lagen. Die Fahrerei war ganz schön nervig, denn die Straßen waren gut befahren. Dann haben wir doch noch eines gefunden: Marque's Restaurant & Lounge, ein mexikanisches Restaurant, innen sehr dunkel, aber das Essen war gut und sehr scharf. Eben mexikanisch. Nach dem Essen sind wir dann ins Motel zurück.

17.07.04

Um 08:45 Uhr sind wir aufgestanden und hatten ein Continental Frühstück im Motel. Abfahrt war um 10:20 Uhr und der Weg führte uns erst einmal zur Tankstelle und dann durch GOLDFIELD. Plötzlich stand »Check Transmission« auf dem Armaturenbrett. Was war das? Gunter war ratlos und hat jemanden gefragt, der das allerdings auch nicht wusste. Naja, es kam von selbst, vielleicht ging ja auch auf diesem Wege wieder weg. Mal sehen, was passierte.

In BEATTY haben wir wieder eine P...pause gemacht und dort »House-made Ice« gegessen. Das war hervorragend, aber viel, denn die haben hier andere Maße. Es hat ein wenig getröpfelt, was sehr schön und erfrischend war.

Nun lagen 115 Milen vor uns, denn wir wollten nach

LAS VEGAS !!!!!!!!

Und wieder lagen endlose Straßen vor uns: Es ging durch MERCURY (hier stand ein Schild NO SERVICES. Sehr freundlich, oder?), vorbei an CLARK COUNTY, was allerdings nicht zu sehen war. Jetzt fuhren wir an einem Gefängnis vorbei (Hitchhiking ist prohibited). Jetzt waren es noch 60 Meilen bis LAS VEGAS, wo wir um 14:00 Uhr angekommen sind.

Hier wollten wir in das Motel »Vagabond Inn«, direkt gegenüber dem Treasure Island, wo wir schon einmal waren und es uns so gut gefallen hatte, da es sehr zentral lag und auch die Zimmer gut waren. Auch hatten wir dort einen Balkon zur Straße hin , sodass wir abends noch auf das »Treasure Island« hatten gucken konnten. Leider war von dem Motel nichts mehr zu sehen, nur noch eine Riesenbaustelle: Man hatte unser schönes Motel abgerissen. Nun hieß es für Gunter, völlig umzudenken, denn ein anderes Motel musste gefunden werden. Nun musste man die Örtlichkeit kennen, um die Aussichtslosigkeit des Suchens zu verstehen. Es fuhren unzählige Wagen auf zwei Spuren, ein Abbiegen nach links war dort nicht möglich, ohne alle anderen zu verärgern oder sich und andere in Gefahr zu bringen. Wir sind wirklich viel hin und her und kreuz und quer gefahren, ohne ein Motel zu finden, es gab nur ein Hinweisschild auf das »Best Western«, was wir aber nicht gefunden haben. So hat Gunter einen Taxifahrer gebeten, uns zum »Best Western« zu lotsen. Leider hat er vorher keinen Preis vereinbart, denn als wir nach wirklich ganz kurzer Fahrt dort ankamen, wollte dieser Mensch von Gunter $ 20,00 haben. Naja, zahlen und durch. So waren wir also um 15:25 Uhr im Motel, dort in Zimmer 3119. Es war ein schönes Zimmer, zweigeteilt, in jedem Teil stand ein Bett.

Da Gunter keine Lust mehr zum Fahren hatte, haben wir im Hause, und zwar im »Best Western Mardi Grass«, gegessen. Dort hatte ich ein Riesenhacksteak, allerdings ungewollt, in der Karte stand Sirloin, aber es war schon gekaut. Dazu gab es Püree und eine schöne braune Soße. Die mag ich in den Staaten besonders gern. Gunter hatte ein Sandwich, und auch hier gab es dazu Pommes. Nach dem Essen standen wir etwas unschlüssig draußen vor der Tür. Dort stand nämlich ein Shuttlebus. Wir sind einfach eingestiegen, ohne zu wissen, wohin er fuhr. Aber die Busse fuhren meistens zu Casinos. Und wenn nicht, irgendwo werden wir schon landen. Der Fahrer gab Gas und fuhr u. a. auch zu »BALLY'S 's«, das war auch ein Spielsalon, unglaublich groß. Im ersten Stock haben wir gespielt und mal gewonnen und mal verloren. Einen Cocktail (Black Russian) haben wir auch bekommen. Mit dem Shuttle zurück hat nicht so recht geklappt, es war nämlich keiner da! So haben wir ein Taxi genommen und für $ 8,00 waren wir wieder im Motel. Zu Fuß wäre es sehr weit gewesen. Im Motel haben wir ferngesehen und mit Karin telefoniert.

18.07.04
Heute morgen haben wir mit Curt und Agnes telefoniert. Dort war es 17:00 Uhr.

Wir haben hier im Motel gefrühstückt und sind dann mit dem Shuttle wieder bis zu »BALLY'S 's« gefahren und haben – natürlich – wieder ein bisschen gespielt. Dann sind wir zu »NEW YORK NEW YORK«, MAN-DALAY BAY, LUXOR, EXCALIBUR, ALADDIN und MONTE CARLO . Alles Spielcasinos, ganz toll. Überall habe ich einen kleinen Becher, der eigentlich für die Spielmünzen bestimmt war, mitgenommen als Souvenir. Mit der Monorail sind wir wieder zum Excalibur (das war die Haltestelle) gefahren und dann zu MGM, auch ein Casino, gegangen. Dann haben wir etwas zu trinken gekauft und sind wieder zu Bally's, weil dort der Shuttle fuhr. Da wir noch warten mussten, hat Gunter innen im Bally's, wo ein italienisches Restaurant war, eine Pizza gegessen und ich habe einen Apfelsaft getrunken. Im Motel habe ich dann erst einmal ausgiebig geduscht. Das war wunderbar.

19.07.04

Frühstück wieder im Hause, dann Shuttle bis »CIRCUS CIRCUS «. Dort habe ich wieder einen dieser schönen Becher mitgenommen. Auf jedem stand nämlich, wo er »geklaut« wurde, in Farbe und meistens mit gezeichnetem Emblem des jeweiligen Casinos. Also schon sehr mitnehmenswert. Das war aber nicht Gunters Meinung.

Dann sind wir zum »TREASURE ISLAND«, wo wir uns voller Wehmut noch einmal die Baustelle des ehemaligen »Vagabond Inn« angesehen haben. Schade, dass es weg war. Nun sind wir zum »CAESARS PALACE«, »HARRAH'S« , »MIRAGE« und »IMPERIAL PALACE« gegangen. In jedem dieser Casinos waren wir an der Bar und ich habe natürlich auch überall wieder einen Becher mitgenommen. Das musste so sein. Einmal habe ich sogar einen Kugelschreiber und Streichhölzer bekommen. Das war im »Harrah's«, wo ein älterer Mann als Barkeeper fungierte. Der war aber sehr nett, und nicht nur, weil er mir einen Kugelschreiber geschenkt hatte. Gunter hat sich mit ihm gut unterhalten. Mit dem Shuttle sind wir von »Bally's« um 17:00 Uhr ins Motel gefahren, haben dort zu Abend gegessen (ich ein Steak, kein Hack!!). Dann ferngesehen und zwischendurch Mike und Gitta angerufen.

20.07.04

Aufgestanden um 09:30 Uhr und ohne Frühstück abgefahren gegen 10:10 Uhr. Unterwegs »Stau in der Wüste«, ca. eine halbe Stunde. Sind Richtung BARSTOW gefahren und sind dort um 12:50 Uhr bei »Burger King« (!!) angekommen. Lag direkt an der Straße und bot sich somit an. Dort haben wir eine P...pause gemacht und etwas getrunken. Von Barstow fuhren wir nach BAKERSFIELD , durch PASO ROBLES. Hier waren meine beiden Batterien für die Digi-Kamera leer! So ein Mist!! Um 18:00 Uhr sind

wir in MORRO BAY« angekommen. Dort wollte ich gerne wieder in das
»Blue Sail Inn«, wo wir vor zwei Jahren waren und ein ganz tolles Zimmer hatten, ganz oben und mit Balkon. Leider war in diesem Motel alles
besetzt. Sind dann im »Best Western« gelandet, mit einer Sch...aussicht
auf die nächste Mauer, aber immerhin waren wir in »Morro Bay«, das so
zauberhaft war.

Wir sind dann mit dem Auto zum Essen gefahren, obwohl »Morro
Bay« nicht sehr groß war, und im »Fishhouse« gelandet. Das lag im ersten
Stock in einem kleinen Einkaufszentrum. Ich hatte Prawns, Lachs und
Heilbutt. War sehr gut. Gunter hatte ein Steak mit Prawns. Dann sind
wir noch ein bisschen durch das Zentrum gebummelt, anschließend ins
Motel gefahren und haben dort noch ein wenig ferngesehen.

21.07.04

Heute sind wir erst um 09:15 Uhr aufgestanden. Es war ja schließlich
Urlaub. Wir haben gut geschlafen, denn wir waren doch sehr müde von
der langen Fahrt gestern.

Nach dem Frühstück sind wir zu dem Berg gefahren, der halb im Wasser vor dem Ort lag und rabenschwarz war. Dort haben wir einen kleinen
Spaziergang gemacht. Leider kann man nicht um den Berg herumgehen.
Wir sind dann weitergefahren und am Strand entlanggegangen. Es war
hier wunderschön. Wir sind bis zu den Häusern gegangen und dann den
Weg in den kleinen Ort, wo irgendwo »unsere« kleine Bar war. Gunter
würde sie schon finden. Hoffentlich war sie noch da. Sie war noch da,
nur Dagmar, die Inhaberin, nicht mehr. Schade! Jetzt war dort eine etwas ältere, aber ganz liebe Dame. Gunter konnte sich nicht entschließen,
welches Bier von den 17 vorhandenen er trinken möchte, so hat die Wirtin
ihn nacheinander vier verschiedene Sorten in kleinen Gläsern probieren lassen. Das war toll. Gunter hat dann aber doch wieder Budweiser
genommen. Ich hatte, wie immer, mein Wasser, und habe zwei kleine
Würstchen gegessen. Am Strand sind wir dann wieder zurückgegangen.
Es war so neblig, dass man nicht sehr weit gucken konnte. Es war richtig

unglaublich und auch unheimlich: vorne nix, links nix, hinten nix und rechts das Wasser. Vom Strand sind wir ins Motel gegangen, wo ich mich erst einmal restaurieren musste, denn die Haare waren nass vom Nebel.

Später hat Gunter mich an die Küste gefahren und ich habe dort die Läden inspiziert. Nach einer Stunde hat Gunter mich wieder aufgepickt und wir sind einen Cocktail trinken gegangen. Ich hatte einen Mai-Tai und Gunter einen Black Russian. Danach sind wir zu dem Chinesen gefahren, der das Chinesische Buffet hatte, welches wir schon kannten und von dem wir so begeistert waren. Darauf hatten wir uns schon gefreut und es war auch wieder wunderbar. Mit vollen Bäuchen sind wir dann ins Motel und haben ferngesehen.

22.07.04
Wir sind wieder erst um 09:10 Uhr aufgestanden. Nach einem kleinen Frühstück (zwei Kaffee, ein Cookie) sind wir losgefahren in Richtung SAN DIEGO. Zwischendurch habe ich bei Oma angerufen. Dort waren gerade Agnes, Tante Ilse und Erika. Wir haben lange geklönt, es ging allen gut.

In PISMO sind wir auf die »1«, die hier getrennt wurde von unserer bisherigen »101«. Bei diesen beiden Zahlen handelte es sich natürlich um die Bezeichnung der Highways. Wir sind weitergefahren durch GROVER BAY, GUADELOUPE und LOMPOC. Hier haben wir in Albertson's Supermarket Shampoo gekauft. Es war ein Angebot: Get 1 free. Die Kasse konnte die Ware aber nicht erfassen, so haben wir sie umsonst bekommen. Dann haben wir bei Baskin & Robbins Eis gegessen. Wir hatten den Laden von der Straße her gesehen und hatten gehofft, hier die Bonbons für Frau Göritz zu bekommen. Aber es war nur ein Eisladen. Weiter ging es über GAVIOTA BEACH und GOLETA . Dort war ein kleiner Stau, denn es wurde die Fahrbahn geteert. Dann kam SANTA BARBARA . Hier haben wir die falsche Ausfahrt genommen und sind durch den Ort gefahren. Der war sehr hübsch, aber das Meer haben wir nicht gesehen. Wir haben gefragt und mussten wieder auf den Highway und drei Ausfahrten weiter haben wir dann unseren Steg gesehen und im »Harbour View« nach einem Zimmer gefragt. Gunter kam zurück mit der Preisliste: Standard-Zimmer mit Ocean View $ 250,00. War ein wenig viel und wir sind weiter zum »Ala Mar Motel«, wo wir letztes Mal auch gewesen waren. Mal sehen, ob es hier klappte. Hat geklappt, Zimmer 104. Das war bisher auf dieser Reise das schlechteste Zimmer. Aber wir waren ja nur nachts hier und dann machten wir die Augen zu! Allerdings lag das Motel direkt an der Promenade. Das war ja auch von Vorteil.

Nach dem Frischmachen sind wir zu »unserem« Steg gegangen, auf dem ja auch Autos fahren konnten. Das kostete $ 2,00. In der Bar auf dem Steg haben wir einen Drink genommen, der wohlverdient war. Die Bar liegt im 1. Stock und wir hatten einen wunderbaren Blick auf Santa Barbara. Danach sind wir essen gegangen. Ich habe Swordfish mit Mashed Garlic Potatoes gegessen. War sehr gut. Mein Nachtisch waren Erdbeeren. Gunter hatte ein Tintenfischsteak, leider paniert, mit french fries. War nicht so gut, Gunter hatte sich das anders vorgestellt. Dann sind wir zurück ins Motel und haben ferngesehen.

23.07.04

Sind wieder spät aufgestanden. Habe nicht gut geschlafen, weil der Ventilator zu windig war. Als Gunter schlief, habe ich das Ding irgendwann nachts abgestellt. Das Frühstück war, wie das Motel, karg. Es gab zwar Kaffee, aber harte Brötchen. Auch die Butter würden sie wohl nicht besser machen, habe sie darum gar nicht erst probiert.

Nach dem Auschecken sind wir auf der »101« Richtung LOS ANGELES gefahren, durch OJARI, dann in OXNARD auf die »1«. Dort fuhr neben der Straße die Eisenbahn (Amtrak). Dort habe ich zwei Frauen fotografiert, die die Straße sauber hielten. Dann kann eine ganz unübersichtliche Kreuzung. Entweder nur rechts oder nur links, keine Hinweisschilder. Sind links gefahren, mal sehen, ob das richtig war. War richtig, denn auf einmal tauchte ein Hinweisschild auf die »1« auf. Es war hier recht diesig, die Bergkuppen waren nicht zu sehen. Weiter ging es durch THORN-

HILL , BROOME BEACH , SYCAMORE COVE , über den Mulholland Highway, durch LEO CARILLO STATE BEACG, EL PASCADOR STATE BEACH , EL MATADOR STATE BEACH nach MALIBU . Dort haben wir bei Gladstone gegessen. Hier habe ich mir wieder ein T-Shirt gekauft. Gegessen habe ich eine Crabb Soup und Gunter Tintenfisch, knusprig, mit Dips und Chips in einem großen Glas. Sah toll aus. Da Gunter nicht alles schaffen konnte, hat die Bedienung veranlasst, dass der Rest für uns eingepackt wurde. Es kam ein Mann mit einem kleinen Tisch und er begann, den Rest aus Gunters Glas auf eine Folie zu schütten. Dann formte er aus dieser Folie einen Schwan. Sah so toll aus. An anderen Tischen konnten wir vorher schon beobachten, dass er mit Folie andere Tiere geformt hatte. Klasse! Als »after table« habe ich mir ein Cappuccino-Ice geleistet.

Dann weiter auf dem Coast Highway Richtung SANTA MONICA , durch BAJONA , HERMOSA BEACH , REDONDO BEACH, getankt haben wir zwischendurch in TORRANCE . Dann weiter durch LOMITA, WILMINGTON , LONG BEACH , MONTEREY , ALAMITOS BAY , OAKWOOD, BOLSA CHICA , HUNTINGTON BEACH, CITY OF NEWPORT BEACH, BALBOA BEACH , CRYSTAL COVE BEACH , ORANGE COUNTY , LAGUNA BEACH, EMERALD BAY, ALISO BEACH oder Bay. Weiter auf dem Pacific Hwy durch RITZ COVE , SALT CREEK BEACH PARK , CITY OF DANA PORT CAPRISTANO BEACH.

Hier haben wir uns verfahren, denn auf einmal war die »1« weg. Dann auf der »Interstate 5 South« nach San Diego. Die »I 5« war sehr voll. Sind durch SAN CLEMENTE , SAN MATEO CAMP GROUND, SAN ONOFRE STATE BEACH, SAN LOUIS REY , SOLANA BEACH gefahren. Jetzt waren wir in San Diego Downtown, eine Abfahrt hinter dem Airport. Hier habe ich eine rote Straßenbahn gesehen!!

Im »Holiday Inn« waren wir um 18:50 Uhr. Gunter ist ins Motel, um zu fragen, ob was frei sei. Es war. Wir hätten auch ins »Harbour View Inn« gehen können, für $ 209,00 die Nacht. Dafür aber mit Balkon!

24.07.04

Aufgestanden sind wir gegen 09:00 Uhr. Kaffee hatten wir im Motel, extra für uns gemacht, ist sonst wohl nicht üblich. Anschließend sind wir zum Hafen gefahren und haben die »USS MIDWAY« besichtigt. War ein tolles Schiff. Es war aber sehr voll und wir mussten an den einzelnen Sehenswürdigkeiten wie die Brücke und die Mannschaftsunterkünfte sehr lange warten. Aber es hat sich gelohnt. Auf dem Achterdeck haben wir Kaffee getrunken. Ich habe mir hier eine sehr schöne dunkelblaue Jacke gekauft. Mit USS-»Midway«-Emblem.

Um 14:05 Uhr sind wir dann zurück nach Los Angeles. Hier haben wir die Abfahrt Broadway genommen, sind durch die Zoe Street, Florence Avenue. Nadeau Street, Manchester Ave., den Firestone Blvd. entlang. Im Supermarkt »Super Saver« haben wir eingekauft. Und für mich gab es nebenan ein Stück Fisch, weil ich so hungrig war. Dann sind wir zum Long Beach Blvd., weil hier viele Motels sein sollten. Gelandet sind wir im Travelodge, Zimmer 211, $ 89,00. Das Zimmer war okay, allerdings ohne Kühlschrank. Und das bei dieser Hitze! Gegessen haben wir bei Denny's. Hier habe ich endlich »mein« Pot Roast gegessen. War wunderbar. Das war Rindfleisch, gezupft, eine dunkelbraune, wunderbare Soße und Kartoffelmus. Dann zurück ins Motel.

25.07.04

Aufgestanden wieder um 09:00 Uhr, Kaffee und einen kleinen Kuchen im Motel gefrühstückt. Dann sind wir zu »KNOTT'S BERRY FARM« gefahren. Diese haben wir etwas schwer gefunden, weil die Autobahn 91 nicht zu finden war. Haben lange an der Kasse gestanden, die Schlange war endlos. Der Eintritt war schon mal gut: $ 43,00 pro Person!!

Zuerst kam das Rafting mit sechs Personen. War sehr erfrischend. Meine weiße Hose war auf der rechten Seite völlig durchnässt und auf dieser Seite nach dem Trocknen wieder ganz glatt. Dann haben wir etwas gegessen. Gunter: Chicken Wings, sehr scharf. Ich hatte Rindfleisch, Soße, darüber Kartoffelmus und das alles überbacken mit Cheddar. Dazu gab's

Pepsi und diese wurde immer wieder aufgefüllt, wie hier überall üblich. Gunter hatte zwei Bier und wollte gerne noch eines. Die energische Bedienung sagte, dass jeder nur zwei Bier bekomme. Dann hat Gunter das dritte für mich bestellt und das hat geklappt.

Nach dem Essen ist Gunter im »Ghostrider« gewesen. Das war eine Art Achterbahn auf einem Gestell aus Holz. Am Eingang stand sinngemäß, dass Leute mit Herzproblemen diese Bahn auf eigene Gefahr benutzten. Ich habe Fotos von Gunter gemacht, als die Bahn auf dem höchsten Stand war. Nun wollte Gunter in den »Big Shot«. Das war heftig, sehr hoch.

Dann sind wir mit einer Eisenbahn unter Tage gefahren, haben nachgestellte Bergarbeiter gesehen. War ganz witzig. Nun gingen wir in eine Art Kneipe, wo Gunter ein Bier wollte. Der »Wirt« nahm Gunter in Augenschein, ob er denn die Kriterien für das Biertrinken erfüllte, also das richtige Alter hatte, und bekam nach Begutachtung ein Stück Papier um sein Handgelenk. Das hieß, Gunter war über 21 und durfte Alkohol trinken. (Dies ist kein Witz, das waren wirklich ernstgemeinte Vorschriften.) Wir haben uns schiefgelacht. Auf dem Papier stand »legale age«. Hier waren nur alte Männer, die bedienten und hinter dem Tresen standen. Anschließend sind wir wieder mit einer Eisenbahn gefahren, aber über Tage. Die Fahrt dauerte acht Minuten. Es waren ganz alte Waggons, sehr schön.

Jetzt waren fünf Stunden rum, wir sind aufgebrochen und haben wieder die »91« nicht gefunden. Hier ist Gunter über eine rote Ampel gefahren. Nicht aus Versehen, sondern gewollt, weil es so lange dauerte und außerdem kein Verkehr war. Das hätte ich von meinem Mann nie gedacht.

Auf dem Rückweg haben wir im Supermarkt »4 less« eingekauft und Gunter ist dann ins Motel, das gleich nebenan lag, gefahren, ich bin im Supermarkt geblieben und habe mir dort alles angesehen. Dann bin auch ich ins Motel, um mit Gunter noch in einem Drugstore eine Schere zu kaufen, weil Gunters Bart zu lang geworden war und das Kürzen mit meiner mitgebrachten Nagelschere nicht so günstig war. Wir haben eine gute Schere gefunden. Hier habe ich versucht, Claudis und Katjas EdT zu bekommen. War aber leider nicht da.

Während ich dieses schreibe, esse ich zwischendurch immer mal von dem Joghurt (Krogers Lite Mixed Berry), den ich im Supermarkt unter 1 000 Sorten ausgewählt hatte. War super gut!

26.07.04

Heute sind wir um 09:15 Uhr aufgestanden. Gefrühstückt haben wir bei Denny's, der ist einfach der Beste.

Heute wollen wir zum Hard Rock Café, lag auf dem Beverly Blvd. Gunter hatte vorher auf der Karte nachgesehen, wie wir dort hinkamen. Hat auch gut geklappt, den Beverly Blvd. haben wir irgendwann gefunden, aber der endete bei der Hausnr. 5000 und etwas, das Hard Rock Café allerdings hatte die Hausnr. 8600. Wir sind gefahren und gefahren, aber die Hausnummer gab es hier nicht. Ich war schon ganz traurig, aber Gunter hat nicht aufgegeben.

Danach haben wir an einer Tankstelle, die nicht mal ein WC hatte, nach der Hausnr. 8600 gefragt und siehe da, die wussten den richtigen Weg. Wir mussten noch 45 Minuten fahren, denn der Berverly Blvd. war geteilt, was natürlich keiner von uns wissen konnte. Wir sind weitergefahren und haben ein Coffee-House entdeckt. Dort hatte ich Macciato, single. Das war genau ein Schluck und schmeckte ganz scheußlich. Gunter hatte Schokolade, gefroren, mit Sahne obendrauf. Nach der kleinen Pause sind wir raus aus dem Coffee-House und wollten zu Fuß das Hard Rock Café finden, denn der Coffee-Shop war Hausnr. 87... und etwas. Wir haben es auch tatsächlich gefunden. Es war sehr schräg links gegenüber. Dort lag auch das Cedar Sinai Krankenhaus. Habe im Hard Rock Café für Tom ein T-Shirt erstanden und natürlich für mich wieder ein Glas. Allerdings habe ich auch für mich ein T-Shirt gekauft, und zwar in blau. Ich habe einen Cocktail getrunken und Gunter ein Bier. Danach hat Gunter genau nach dem Rückweg gefragt und das hat dann auch, bis auf einen kleinen Ausfahrtfehler, gut geklappt. Haben dann noch in einem Supermarkt versucht, die Bonbons für Frau Göritz zu bekommen. Waren aber leider nicht zu finden.

Dann zurück ins Motel und ein wenig ausgeruht, denn auch das Mitfahren war anstrengend. Sind dann raus zum Essen, ohne Auto, zu Pizza Hut, gleich nebenan. War ein Reinfall. Es war kein schöner, ansprechender Laden und es gab auch nicht die Pizza, die wir von Pizza Hut auf Hawaii kannten. Dieser Pizza Hut war zusammen mit Jack in the Box. Wir sind dann ein Haus weiter wieder zu Denny's gegangen und haben dort ein T-Bone-Steak gegessen.

Auf dem Rückweg bin ich noch einmal allein in das Rite-Aid gegangen. Gunter ging ins Motel. Hier gab es außer Parfüm und Kosmetik auch noch alles andere (Duschvorhänge, Haken zum Kleben …). Habe noch einen kleinen Pill-Reminder in rund gekauft, toll! Dann bin auch ich zurück ins Motel.

27.07.04

Um 10:15 Uhr fuhren wir vom Travelodge Richtung Airport. Wir wollten hier ein Hotel für die letzte Nacht suchen, weil wir morgen wieder nach Hause fliegen.. Dies erwies sich als recht schwierig. Das MARRIOT (gab es gleich zweimal) war angeblich belegt, das CROWN PLAZA war auch belegt. Es waren überhaupt alle Hotels belegt. Das konnten wir allerdings nicht so recht glauben. Vielleicht lag es daran, dass wir nur eine Nacht bleiben wollten. Jetzt war Gunter im RADISSON. Mal sehen! Hurra, es hat geklappt!! Für $ 197,00 plus Steuer konnten wir bleiben. Ein schönes Zimmer. Und erst der Service. Das Gepäck wurde von einem Pagen mit einem Wagen ins Zimmer gebracht. Unser Zimmer war mit Blick auf den Flughafen. Ganz toll! Wir konnten die ankommenden Flugzeuge sehen. Es war ein wunderschönes Zimmer!

Nachdem wir ein wenig das Zimmer genossen hatten, sind wir losgegangen, um das Hotel anzusehen, den Pool, outside, die Bar, und im Restaurant haben wir etwas gegessen. Gunter wollte einen Burger mit Pommes und ich Huhn, gebraten auf Mashed Garlic Potatoes mit zwei Stangen grünem Spargel. Dazu Budweiser. Was will man mehr.

Anschließend sind wir in die Bar in der Lobby gegangen. Gunter hat sich einen Black Russian bestellt und bekam einen White Russian. Das war Kaluah mit MILCH, die Gunter so gern hatte. Als Gunter einen neuen bestellte, fiel es der Dame hinter der Bar auf und er bekam jetzt einen Black Russian, Wodka und Kaluah. Der war ja viel besser. Den anderen hat sie später nicht berechnet. Ich hatte eine Pink Lady bestellt, passend zu meinem Outfit, pinkes Shirt, weiße Hose und pinkfarbene Schuhe. Die Pink Lady war auch etwas eigenartig, aber nicht schlecht. Ich wollte gerne noch eine Kirsche haben für den Cocktail und bekam Erdbeeren, davon allerdings sechs Stück. Dann sind wir ins Zimmer gegangen, Koffer packen, denn die Bar im Penthouse öffnete erst um 17:00 Uhr.

Wir waren eine ganze Weile, , in der Penthouse Bar, ich habe dort noch eine französische Zwiebelsuppe gegessen. Als wir dann für die Rechnung einen Beleg bekamen, guckte Gunter auf das Datum und erschrak furchtbar. Es war der 27.07.!! Da sollten wir doch fliegen. Das haben wir nun verpasst! Gesehen hatten wir unseren Jumbo von der Lufthansa auch kurz nach 19:00 Uhr. Abflug sollte sein um 18:55 Uhr. Ich war so erschrocken. Gunter sagte, ich wäre ganz weiß geworden. Was für ein Wunder bei der Vorstellung, dass wir unseren Flieger verpasst hatten. Aber Gunter war auch sehr erschrocken.

Unten im Zimmer haben wir dann festgestellt, dass wir uns um einen Tag vertan hatten. Wir flogen doch erst morgen!!

Dann habe ich die Koffer endgültig gepackt. War nicht so einfach, aber es hat dann doch geklappt. Wie immer. Mal sehen, ob wir morgen Übergewicht haben würden. Nicht wir, die Koffer natürlich.

28.07.04

Aufgestanden sind wir um 09:15 Uhr, Check-out war 12:00 Uhr.

An der Rezeption bekamen wir unser Auto vor die Tür gestellt, das Personal brachte das Gepäck zum Auto. Schön, wenn man mal so umsorgt wurde. Gunter fragte nach der Wegbeschreibung zur Abgabe des Mietwagens am Flugplatz. Der sehr zuvorkommende Empfangschef legte ihm einen Plan vor und sagte: »It's really easy to find.« Der Karte nach sah es auch sehr einfach aus und wir fuhren los. Nach einigen Meilen stellten wir fest, dass es doch nicht so »easy« war, denn wir waren völlig verkehrt. An einer Werkstatt für Maschinen hielten wir und Gunter zeigte den dort arbeitenden Angestellten den ihm vom Hotel überreichten Plan und fragte, wo wir denn seien und wie wir zum Flughafen und dort zum Car-Return kämen. Die Leute waren sehr freundlich, erklärten uns, dass wir schon außerhalb dieser Karte wären, aber beschrieben uns den Weg. Dieses Mal klappte es. Auf Anhieb fand Gunter den Weg zur Autostation. Die Rückgabe ging sehr schnell und auch völlig problemlos. Nach wenigen Minuten befanden wir uns schon im Shuttle auf dem Weg zum Lufthansa-Terminal.

Dort angekommen begann das Einchecken. Die Kontrollen waren sehr streng und außerordentlich gründlich. Wir erhielten zwar am Schalter unsere Boarding-Cards, mussten aber unser schweres Gepäck noch zu einer anderen Stelle tragen, wo man den Inhalt unserer Koffer auf Pistolen, Sprengstoff und sonstige »Mitbringsel« überprüfte. Teilweise wurden die Koffer geöffnet und sehr intensiv durchsucht. Natürlich war mein Koffer dabei. Eine Beamtin kramte mit spitzen, gummibehandschuhten Fingern in meinen Sachen herum. Ich fand das nicht so schön, denn ich »liebte« solche Prozeduren.

Nach diesen Kontrollen wurden die Koffer wieder zurück zum Lufthansa-Schalter gebracht. Dies machte ein Angestellter, denn wir durften die geprüften Koffer nicht einmal mehr berühren, wir hätten zwischenzeitlich ja eine Bombe platzieren können. Trotzdem kam er meiner Bitte nach, den Koffer, der nur mit einer Zahlenkombination zu öffnen war, durch Verdrehen dieser Zahlen wieder zu verschließen.

So, die Koffer-Arie war beendet, jetzt kamen wir dran. Wir wurden total überprüft und durchleuchtet (Gürtel, Schuhe, im Grunde genommen der gesamte Mensch). Es war zwar nicht angenehm, aber Gunter und ich fanden das okay, denn lieber viel Sicherheit im Vorfeld als ein Problem in der Luft.

Nachdem wir diese Hürde auch genommen hatten, bekam ich, für Gunter wie immer unverständlich, furchtbaren Hunger. Im Gebäude, in dem wir uns jetzt befanden, gab es nur Fast-Food, d. h., Hamburger und sonstiges, was die Frikadellen-Schmiede (Gunters Bezeichnung) zu bieten hatte. Eine Kleinigkeit haben wir gegessen und zu meiner Überraschung war Gunter auch mit dabei, was sonst gar nicht so seine Art war. Nach dieser ausgesprochen hervorragenden Mahlzeit begaben wir uns zu unserem Terminal. Wir hatten bis zum Start unserer Maschine noch ca. fünf Stunden »totzuschlagen«. Was für ein grauenhafter Gedanke. Gunter dagegen sah das alles völlig entspannt. Seine Devise war, dass wir nach Erreichen des entsprechenden Gates innerhalb unseres Terminals uns in eine kleine verträumte Bar setzen, ein paar bunte Cocktails trinken und dann an Bord unserer Maschine schweben konnten. Ich fand den Gedanken auch ganz prima und so machten wir uns nach Erreichen unseres Abflug-Gates auf die Suche nach der kleinen verträumten Bar, die es tatsächlich auf vielen anderen großen Flughäfen gab.

Nun, immerhin befanden wir uns im Flughafen von Los Angeles, einem der größten Flughäfen der Welt. Da musste doch Gunters Traum von einer kleinen verträumten Bar in Erfüllung gehen. Jedoch war die Enttäuschung groß. Innerhalb dieses großen Terminals gab es so gut wie gar nichts. Das Einzige war ein sehr primitiver Selbstbedienungsladen, der lauwarme Biere in Dosen führte. Das war sogar für Gunter »unterhalb der Gürtellinie«, denn er liebte nur eiskalte Biere. Somit blieb dieses »Barvergnügen« aus und wir mussten die Zeit auch so totschlagen. Wir setzten uns in die vor dem Abflug-Gate befindlichen bequemen Stühle und hofften, dass die Zeit sehr schnell vergehen würde. Es war wirklich eine Tortur, aber wir schafften es. Endlich war Boarding-Time und dem Flug in die Heimat stand nichts mehr im Wege.

Ca. 10 Stunden und 30 Minuten später waren wir nach einem ruhigen Flug in Frankfurt und nach Pass- und Zollkontrolle und einem weiteren 90-minütigen Aufenthalt im Terminal für Inlandsflüge ging es endlich weiter nach Hamburg. Auch die letzte Etappe dieser Reise überstanden wir mehr oder weniger müde und landeten zur Mittagszeit in Hamburg. Wie wir es gewohnt waren, kam unser Gepäck auf dem Laufband als Letztes aus der Luke, sodass wir für uns noch eine »Zeit der Erholung«

hatten. Mit diesem Gepäck wollten wir schnellstens aus dem Gebäude und nach Hause. Leider hatte der Zoll etwas dagegen. Ein Zöllner sprach Gunter an und bat ihn, mit seinem gesamten Gepäck doch in einen besonderen Raum zu kommen. Dort befragte er Gunter, woher wir kommen würden, und Gunter in seiner grundguten ehrlichen Art, was ja auch richtig war, berichtete, dass wir gerade aus den USA kommen würden. Das war für den Zöllner genau die richtige Antwort. Er betrachtete unsere »Monsterkoffer« und fragte Gunter anschließend, ob wir in den USA etwas eingekauft hätten. Wahrheitsgemäß antwortete Gunter, dass sich Hosen, T-Shirts und einige kleine Andenken in den Koffern befinden würden. Jetzt wurde der Beamte neugierig und bat Gunter, seinen Koffer zu öffnen, der zur Sicherung auch noch mit einem Koffergut versehen war. Dieser Gurt ließ sich enorm schwer öffnen. Gunter, jetzt sichtlich gereizt, müde und nur von dem Wunsch besessen, endlich nach Hause zu kommen, antwortete dem Zöllner, dass er liebend gern für ihn sämtliche Koffer öffnen werde mit der einzigen Bitte, dass er ihm auch beim Wiederverschließen und Verstauen des Inhaltes der Koffer helfen möge. Das hat den Zöllner, aus welchen Gründen auch immer, so tief beeindruckt, dass er von seinem Vorhaben Abstand nahm und wir somit »endgültig wieder in Hamburg waren«.

Mit dem Taxi ging es in den Lehmweg und wir waren froh, als wir mit unseren »Monsterkoffern« endlich den 4. Stock erreicht hatten. Diese hat Gunter allerdings in Etappen allein nach oben getragen. Ich wäre schon nach der ersten Treppe »zusammengebrochen«. Somit endete auch diese schöne USA-Reise.

7. Aruba

Unser Urlaub 2005 ging nach A r u b a !!!!!!!!!!
Ich wollte so gerne mal einen Strandurlaub machen und da uns Mallorca und Teneriffa in keiner Weise reizen, haben wir ARUBA gewählt. Zugegeben, es war etwas exotisch und sehr weit weg, aber es sollte eben doch diese Insel sein.

Aruba gehört zu den Niederländischen Antillen wie auch Bonaire und Curacao. Man nannte sie auch die ABC-Inseln. Diese lagen oberhalb von Venezuela und waren außerhalb des Hurrican-Gürtels. Das hatte bei unserer Entscheidung eine große Rolle gespielt. Aruba war eine kleine Insel. Landschaftliche Reize hatte sie nicht zu bieten. Die Insel war staubtrocken und von Kakteen, Dornbüschen und windgepeitschten Divi-Divi-Bäumen bewachsen. Der höchste Berg maß keine 200 m. Die Hauptstadt war ORANJESTAD und wurde im niederländisch-spanischen Kolonialstil erbaut und wirkte stellenweise wie ein Freilufteinkaufszentrum im Nostalgielook. Nordwestlich von Oranjestad begann die Touristenmeile an den bis zu 150 m breiten weißen Sandstränden EAGLE BEACH und PALM BEACH. Der einzige Flughafen hieß »Reina Beatrix International« und lag ca. 5 km östlich von Oranjestad. Die Sprache der Einheimischen nannte man Papiamento und begrüßt wurde man mit »Bon Bini«. Aruba hatte noch eine Besonderheit: Es gab viereckige Münzen. Die Münzeinheit war der »Aruba Florin« und der Kurs orientierte sich am US-Dollar. Die Durchschnittstemperatur betrug das ganze Jahr über ca. 29 Grad Celsius. Es wehte immer ein leichter Wind, manchmal auch etwas mehr als leicht. Aber das tat gut bei der Hitze. Obwohl Aruba zu dem niederländischen Königreich gehört, genießt die Insel den »Status Aparte« und damit eine große innere Selbständigkeit.

01.10. 05

Am 1. Oktober 2005 ging es los. Flug von Hamburg: 11:50 Uhr. Das Taxi kam um 09:00 Uhr und am Airport waren wir um 09:20 Uhr, Terminal 1. Leider hatte ich Katja Terminal 2 genannt. Dort wollten wir uns um 10:00 Uhr treffen. Das schafften wir. Einchecken war ab 09:50 Uhr, da erst dann die Schalter geöffnet wurden. Wir haben uns dort angestellt, wo nicht so viele Leute waren. Es waren dann nur noch zwei Personen vor uns, das könnte von der Zeit her noch gut klappen.

Dann kam eine Horde von acht (!) Personen und wollte vor uns an den Schalter. Da meldete sich eine Frau, die sagte, dass sie den Platz für ihre Gruppe freigehalten habe. Na ja, auch das ging vorbei, aber die Zeit auch, und nun kam von Katja eine SMS: Wo seid ihr??? Habe zurückgesimst und Katja und Wolfgang kamen in den Terminal 1 und wir standen immer noch in der Reihe. Gunter wurde immer wütender, seine Halsadern traten bedrohlich hervor. Aber auch unsere Abfertigung war mal vorbei und wir gingen mit Katja und Wolfgang in den Terminal 2, um einen (oder zwei?) Cocktails zu trinken.

Nun hieß es Abschied nehmen, und wir haben um 10:20 Uhr eingecheckt. Wir sind auch fast pünktlich abgeflogen und in Amsterdam-Schiphol nach einem ruhigen Flug um 12:55 Uhr gelandet. Unser Weiterflug ging von einem Terminal, der am anderen Ende des Flugplatzes lag. Wir mussten uns beeilen, denn Boardingtime sollte um 13:25 Uhr sein. Nach einer Hetze durch den Airport kamen wir pünktlich um 13:20 Uhr an unserem Termin F 7 an, aber es tat sich hier noch absolut nichts. Und es tat sich lange Zeit nichts. Boardingtime war dann erst um 13:45 Uhr, eben KLM. Die hatten immer Verspätung. Das wusste Gunter aus Erfahrung.

Nachdem wir uns im Flieger in unseren kleinen und engen Sitz gepresst hatten, dachten wir, es ginge los. Aber dem war nicht so. Warum auch! Der Captain ließ über sein Bordmikro verlauten, dass sich im Gepäckraum des Flugzeuges Gepäckstücke befinden würden, die dort nicht hineingehörten. Na, wer machte denn so was? Es dauerte noch einmal ca. eine halbe Stunde, bis wir endlich starten konnten. Wir saßen eingeschnürt durch den Gurt in unserem engen Sessel, nach vorne kein Platz, für die Beine wenig Raum, und als mein Vordermann sich erlaubte, seinen Sitz nach hinten zu kippen, hatte ich seine Lehne an meinem Kopf, denn ich hatte gerade meinen Tisch abgeklappt und wollte Rätsel raten. Na toll, und das für fast 10 Stunden. Das Essen, wahlweise Pasta oder Hühnchen (wir nahmen Hühnchen), war gut. Es gab Torte als »after Table«. Und natürlich gab es etwas zu trinken. Kurz vor der Landung gab es noch einmal etwas zu essen. Wir bekamen ein Paket mit einem pizzaähnlichen Stück mit Käse gefüllt. Das war gar nicht schlecht. Anschließend hatten wir Früchte in einem kleinen Topf und einen Pudding. Der Flug verlief ohne Turbulenzen, aber mit Sonnenschein. Gelandet in Aruba sind wir gegen 18:00 Uhr.

Durch den Zoll und die Passkontrolle kamen wir ohne Probleme. In der Ankunftshalle stand ein Mann und hielt einen Zettel in der Hand, auf dem unser Name stand. Dieser Mann brachte uns zu einem Großraumtaxi. Als wir aus dem Gebäude kamen, schlug uns heiße feuchte Luft entgegen. Dabei hatte ich gelesen und gehofft, dass die Luftfeuchtigkeit hier niedrig sein sollte. Oh, oh, das konnte ja heiter werden. Noch vier weitere Gäste waren in dem Taxi, allerdings für ein anderes Hotel.

Wir waren eine Weile unterwegs, haben die anderen Gäste abgesetzt und wurden dann zu unserem Hotel gefahren. Im BUCUTI BEACH RESORT wurden wir in einer kleinen, aber gut gekühlten Empfangshalle mit Champagner begrüßt. Dieser befand sich in wohl extra für diese Zwecke angefertigten Gläsern, die erheblich kleiner, aber in der Form genau wie Sektschalen waren. Dann wurde uns das Zimmer gezeigt: ganz toll! Groß, hell, luftig! In einem Riesenraum standen zwei superbreite Einzelbetten. Am Kopfende war jeweils eine Holzwand mit je zwei Lampen. Kurz vor der Tür zur Terrasse stand ein Schreibtisch, ebenfalls aus schwarzem Holz, mit zwei »Designerstühlen«. Die Stühle waren toll, sie hatten eine

Rückenlehne, die von den beiden Stuhlbeinen vorne hochging und hinten im Rücken ein kleines Kissen hatten. Bildschön. Die Terrasse war so breit wie unser Zimmer. Dort standen zwei Liegen.

Gegessen haben wir abends im »Pirate's Nest«. Dieses Restaurant gehörte zum Hotel, lag am Strand und hatte einen Fußboden aus Holzbohlen. Jeder Tisch war schon eingedeckt, hatte eine rote Tischdecke, schwarze Stoffservietten und einen Sonnenschirm. Wir haben zu diesem Zeitpunkt noch nicht gewusst, dass wir für dieses – und weitere Restaurants auf der Insel – Gutscheine für die Abendessen hatten. So haben wir diesen Abend sehr viel Geld ausgegeben, dafür aber hervorragend gegessen. Es gab z. B. Fresh fillet of Red Snapper«, der mit $ 21,95 zu Buche schlug. Aber es war so hervorragend. Es gab hier nur Flaschenbier, und zwar einheimisches für $ 3,25.

Geschlafen haben wir in dieser Nacht, trotz des tollen Zimmers, nicht so gut. Es lag auch daran, dass die Aircondition nicht so recht funktionierte.

02.10.05

Das Frühstücksbuffet, das in einem nachgebauten Schiff auf uns wartete, war super. Es gab Champagner, Eier, die nach Wunsch frisch zubereitet wurden, je nachdem, wie man sie wollte. Aufschnitt, Käse, Früchte (frische Ananas, Maracuja, Papaya, Melone …). Auf einer Mauer, die das Schiff zum Strand abgrenzte, liefen Leguane aller Schattierungen herum. Sie waren bis ca. einen halben Meter lang und kamen nicht in das Restaurant, während die Vögel dies nicht so genau nahmen und sich an den Krümeln gütlich taten. Auf der anderen Seite des »Schiffes« war der Swimmingpool. Während des Frühstücks lief uns der Schweiß, unter anderem auch von der Stirn. Es war so furchtbar schwül.

Nach dem Frühstück haben wir den Strand erkundet. Der war super, schneeweißer feiner Sand, und gehörte zum Hotel. Es waren in großen Abständen Sonnenschirme aus Palmenblättern im Boden verankert. Dazu gehörten sehr bequeme Liegen. Handtücher bekam man gegen Vorlage der Chipkarte für die Zimmer neben dem Pool.

Habe dann meine Füße mit dem Wasser der Karibik bekannt gemacht. Sie haben sich sehr gefreut. Der Strand fiel zum Wasser hin etwas ab. Es gab aber keine Steine, sodass man ungehindert ins Wasser gehen konnte. Nur der Sand war ziemlich heiß und wenn man mit den Füßen ins Wasser ging, sank man gleich ein. Das war unangenehm und ich bin dann immer sofort wieder in den »rettenden« festen Sand gegangen.

Wir haben noch die Strandbar aufgesucht. Das war eine runde Bar, die am Ende des »Pirate's Nest« lag. Hier haben wir bei grellen Blitzen und Donner zwei Cocktails getrunken. Das Gewitter kam ganz unvermittelt. Der Himmel wurde plötzlich schwarz und los gings. Gott sei dank war das Gewitter weit weg. Haben zwei Schiffe auf Reede entdeckt, die sich gut von dem dunkelgrauen Himmel abhoben. Aber auch diese waren weit weg. Den Nachmittag haben wir auf der Terrasse verbracht. Als ich meine Liege etwas zurechtrücken wollte, kam dort blitzartig ein kleiner grüner Leguan hervor. Der hatte mehr Angst vor mir als ich vor ihm und hat sich ganz schnell verkrümelt. Wir hatten einen tollen Ausblick: durch den Garten mit seinem herrlich saftig grünen Rasen, über den zahlreiche Leguane liefen, hin zum tiefblauen Meer.

Zum Abendessen ging es wieder ins »Pirate's Nest«. Jetzt wussten wir, dass wir hier mit unserem Gutschein essen konnten. Wir durften alles aussuchen, nur bei den Gerichten, die einen Stern hatten, müssten wir $ 2,50 zuzahlen.

Als Appetizer haben wir uns beide den »Magellan's Shrimp Cocktail« ($ 10,95) ausgesucht. Der bestand aus vier Jumbo-Garnelen und einer scharfen Soße zum Dippen und war ganz köstlich. Als Hauptgericht hatte Gunter »Corsair's Mahi Mahi«, das war frischer Fisch und wurde serviert mit »sautéed onions, capers und lemon wedges«. Ich hatte »Red Snapper Pirate Style«, der wurde serviert »fried in sweet butter and with locally famous creole sauce«. Das war sehr lecker. Dann kamen wir natürlich nicht umhin, auch noch den Nachtisch zu probieren. Auch dieser war im Preis inbegriffen. Gunter nahm »Banana Split« und ich »Cherries flambè«, das waren große schwarze Kirschen in einer Soße aus Fruchtsaft und Cognac mit Vanilleeis, und das Ganze wurde »brennend« serviert.

Nach dem Essen waren wir zu keinem Spaziergang mehr in der Lage und zappten uns nur noch durch die Fernsehprogramme.

03.10.05

Nach dem Frühstück sind wir mit dem Bus, der vor dem Parkplatz der Hotelanlage hielt, nach Oranjestad gefahren. Der Bus war voll und stickig. Die Fahrt kostete hin und zurück 2 Aruba Florin pro Person. Wir fuhren ca. 10 Minuten, dann waren wir in der Hauptstadt der Insel, und zwar auf einem großen Bus-Terminal. Die Hauptstadt lag direkt am Wasser. Die Stadt war ein wenig rummelig, viele Leute, und es war ein bisschen schmutzig. Hier befand sich ein Laden neben dem anderen, und zwar in jeder Straße, von denen es nicht so sehr viele gab. Wir sind dann ein Stück auf der sogenannten Promenade entlanggegangen. Wir konnten im Bootshafen unzählige kleine Fische sehen, die immer hin und her schwammen. Dann mussten wir über eine Brücke. Unter dieser Brücke war Wasser und dieses Wasser führte vom Meer in ein Haus. Das mussten wir ja untersuchen. Dem Wasserlauf folgend kamen wir in das eben erwähnte Haus, wo das Wasser in einem großen Becken endete. Das Haus war ein Hotel und die Anlegestelle war für die Hotelgäste. Wir haben hier zwei Boote gesehen, die, wenn sie sich begegneten, sehr aufpassen mussten, dass sie sich nicht schrammten. Leider haben wir nicht herausgefunden, woher die Boote kamen.

Hier gab es ein wirklich riesengroßes Haus, das aussah wie aus Zuckerguss. Es war schön kitschig, denn es war rosa und hatte viele Verzierungen. Man ging hinein und war in einem großen Patio. Hier waren Geschäfte aller Art zu ebener Erde und in der 1. Etage. Es gab sogar eine überdachte Rolltreppe und einen Fahrstuhl.

Da es doch schon etwas später war, sind wir mit dem Bus zu einem Supermarkt gefahren, den wir auf der Hinfahrt entdeckt hatten. Dort haben wir etwas zu trinken gekauft, denn man musste hier viel trinken, weil man aufgrund der hohen Luftfeuchtigkeit sehr viel Wasser verlor. Getränke hätten wir auch im Hotel kaufen können, aber die Preise waren um ein Vielfaches höher als im Supermarkt. Das musste ja nicht sein. Wir sind dann mit dem Bus Richtung Hotel gefahren und mussten noch eine wirklich große Strecke laufen, was bei der Hitze nicht so angenehm war.

Nachdem wir uns im Zimmer ein wenig erholt hatten, gingen wir zum Abendessen. Die Vorspeise bestand bei uns natürlich wieder aus Shrimps. Wir haben beide »Sea Brass Picatta« gegessen, das war fresh fillet of Sea Brass grilles with a lemon, caper sauce. War total lecker. Gunter hatte als »After Table« wieder sein »Banana Split« und was ich hatte, habe ich leider nicht aufgeschrieben und weiß es jetzt natürlich nicht mehr. Aber es war auch sehr gut. Zum Essen hatten wir (ebenfalls auf unserem Gutschein) einen Chardonnay. Wir hatten einen Kellner, der – als er an unseren Tisch kam, um uns zu bedienen – wiederholt »loco loco« sagte und dabei fies grinste. Gunter hat dem Kellner geantwortet und der hat sich dann entschuldigt. Gunter erklärte mir hinterher, dass das spanisch war und so viel hieß wie »verrückt«. Dieser war über Gunters Spanischkenntnisse sehr überrascht und zugleich verlegen, damit hatte er nicht gerechnet. Er hat sich dann zwar entschuldigt, war aber für uns den Rest des Abends und auch für den restlichen Urlaub Luft. Er hat auch kein Trinkgeld bekommen. So etwas mussten wir nicht auch noch honorieren.

04.10.05

Heute sollten wir gegen 15:00 Uhr in unsere Suite umziehen. Das war so von vornherein vereinbart, da die Suite bei unserer Ankunft noch nicht frei war. Wir also unsere Klamotten zusammengepackt und im Zimmer gelassen. Die sollten abgeholt werden. Wir sind dann zum Strand gegangen und haben dort ganz nahe am Ufer ein Schiff gesehen, das hatte achtern eine gelbe Rutsche, die geformt war wie eine Wendeltreppe. Wir waren so gespannt auf die Suite, aber wir mussten uns noch gedulden. Ich war sogar im Wasser, aber die Strömung war so enorm, dass ich nur für einen Augenblick geblieben bin und wir den Pool dann vorgezogen haben. Dort waren wir die einzigen Gäste, was sehr angenehm war, denn ich blieb ja immer nur am Rand, weil ich doch nicht schwimmen konnte. Das war schon doof, aber Gunter hat mich ein paar Mal durchs Wasser gezogen, wenn auch nicht so gerne, aber immerhin. Dann hat Gunter die Chipkarte für unsere Suite geholt, für Nr. 301. Die war in dem großen Haus, das fast direkt am Strand lag. Unsere Suite lag zu ebener Erde mit einer Terrasse. Nach einem kleinen Stück Rasen begann der Strand. Unglaublich schön. Die Suite bestand aus zwei Zimmern. In dem vorderen waren ein riesengroßes Bett, ein Schrank, ein Sessel und ein Aircondition-Apparat, der auf dem Fußboden stand. In dem anderen Zimmer waren ein großes Sofa, ein Tisch, ein Sessel und natürlich ein Fernseher. Die Möbel waren alle aus dunklem Holz. In der »Küche« war auch eine Mikrowelle. Das Bad hatte ein vom übrigen Raum abgetrenntes WC und eine himmlische Dusche mit einer abklappbaren Bank!! Die Dusche trennte von dem Raum nur ein Vorhang, sodass man nirgends drübersteigen musste. Auf der Terrasse standen zwei Polstersessel. Leider konnten wir diese schöne Suite nicht behalten, denn Gunter und ich können nicht auf einer Matratze schlafen, denn wenn der eine sich dreht, wacht der andere auf oder wird seekrank. Darum zogen wir am nächsten Morgen noch einmal um. Hoffentlich ist die Suite auch so schön wie diese.

Plötzlich haben wir festgestellt, dass es im Raum sehr warm war, obwohl wir eine Aircondition-Anlage hatten. Das war das kleine Ding, das auf der Erde stand. Wir dieses angeguckt, Gunter hat mal hier, mal da was an- oder umgestellt, aber es tat sich nichts. Nun, wir haben die Rezeption angerufen und die versprachen, dass jemand komme. Es kam auch jemand, eine ganz nette Dame vom Roomservice. Die ging auf den Apparat zu, drehte ihn um und … schwupp, nahm sie hinten einen Plastikbehälter ab, der ganz mit Wasser gefüllt war. Dieser musste nur geleert werden, dann ging auch die Aircondition wieder. Ganz einfach, man musste es nur wissen.

Nun war schon wieder Zeit für unser Abendessen. Komisch, man tat den ganzen Tag nichts, aber Appetit hatte man doch. Die Vorspeise bestand natürlich wieder aus Shrimps. Wir hatten noch nicht genug von den Shrimps, sodass wir uns »Captain Kidd's Shrimp Treasure« bestellten. Das war ein Gericht mit einem Stern, d. h., wir mussten $

2,50 zuzahlen, denn das kostete $ 26,95. Das war ein tolles Gericht: Extra-extra large Jumbo Shrimps sauteed in a spicy chili sauce with garlic and herbs, flamed with Cognac and served in a creamy sauce. Der Nachtisch für Gunter bestand natürlich wieder aus »Banana Split«, meiner aus Vanilleeis.

Zurück in der Suite haben wir noch ferngesehen und Gunter hat auf dem Sofa geschlafen.

05.10.05

Unser Frühstück begann, wie jeden Morgen, wieder mit Champagner.

Heute war es besonders heiß und feucht, da es in der letzten Nacht geregnet hatte und dieser Regen jetzt verdampfte. Nach dem Frühstück haben wir unsere neue Suite bestaunt. Die war ja noch viel schöner als die andere im Tara-Haus. Diese Suite hatte zwei Räume, die durch Schiebetüren getrennt werden konnten, und Meeresblick!! Wunderschön. Über die ganze Front ging ein Balkon mit zwei weißen Korbsesseln und einem Tisch (mit Glasplatte). An der Wand befand sich ein Gestell zum Trocknen der Badesachen. Das Wohnzimmer hatte eine integrierte Küche mit einem Tresen und drei Barhockern sowie eine Ecke mit einem Sofa und einem Tisch. Über die ganze Breite der beiden Zimmer erstreckte sich eine »Fensterwand«, vor der im Wohnzimmer noch ein Tisch mit zwei Stühlen und eine Lampe standen. Das Schlafzimmer bestand aus zwei Kingsize-Betten und einem Schrank, in dem sich der Fernseher befand. Außerdem waren auch hier, wie im Wohnzimmer, zwei Stühle und ein Tisch vor dem Balkonfenster. Über diesem Tisch befand sich an der Wand ein großer Spiegel. Das Bad war auch sehr schön: groß, mit Telefon und einer Duschwanne.

Wir wollten gleich mit dem Bus in die Stadt. Auf den Bus mussten wir etwas länger warten, da wir viel zu früh losgegangen waren. Als der Bus kam, war er nicht so voll, sodass wir beide noch einen Platz bekamen. In der Stadt haben wir uns getrennt. Gunter wollte sich die Gegend ansehen und ich wollte in das tolle rosa Haus – natürlich handelte es sich dabei um ein Center mit vielen Läden – wo ich längst noch nicht alles gesehen hatte. Zeit und Treffpunkt waren ausgemacht und jeder ging los.

Es gab ja so viel zu sehen, meistens war es recht kitschig, aber nur das Angucken machte schon sehr viel Spaß. Ich war in viele Juweliergeschäfte gegangen, denn Uhren waren nun mal meine Schwäche und Silberschmuck liebte ich sehr. Ich habe viele wunderschöne Ringe entdeckt. Die Verkäufer wollten mir auch alle einen »Special-Price« einräumen, z. B. von $ 1.400,00 auf $ 1.000,00. Das war schon sehr »special«, denn der Ring war wirklich ein Traum: schmal, mit kleinen Diamanten und blauen Steinen (welche Steine das waren, habe ich leider nicht verstanden), immer fünf Diamanten und fünf blaue, in der Mitte eine kleine Platte, in die man seine Initialen eingravieren lassen konnte. Leider konnte ich auch dieses Angebot nicht annehmen, denn es sprengte meinen Rahmen um ca. $ 900,00. Der Ring war wirklich »mein« Traum, aber eben nur ein Traum. Jetzt, beim Schreiben, sehe ich ihn noch vor mir. Nachdem ich mich schweren Herzens von dem Ring getrennt hatte, musste ich noch einige Souvenirs kaufen. Gut, dass Gunter nicht dabei war.

Jetzt war es gleich 12:45 Uhr und ich musste zu unserem Treffpunkt eilen. Es war gar nicht so einfach, diesen wiederzufinden, denn das Gebäude war so groß, dass ich manchmal nicht wusste, wo ich reingekommen war. Natürlich bin ich auch diesmal am falschen Ende rausgekommen, denn ich wusste nun wirklich nicht, wie es außen aussah, wenn ich noch drinnen war. Ich musste fast noch einmal um das ganze Gebäude rumlaufen. Das war ganz schön weit, zumal bei der Hitze. Aber dann habe ich Gunter doch wiedergefunden. Wir sind noch ein wenig durch die Straßen gelaufen, weil Gunter mir noch einige mehr oder weniger hübsche Häuser zeigen wollte. Es gab z. B. ein Haus, das war knallblau angestrichen, ein anderes in einem mittleren Grün, wieder ein anderes in Gelb. Alles sehr bunt, aber recht hübsch. Vor einem Haus haben wir folgendes Verkehrszeichen entdeckt: **Halteverbot** und darunter stand »**Dienstauto**«.

Wir sind nach diesem Marsch in die Mitte des Einkaufszentrums gegangen, das dem, in dem ich gewesen war, gegenüberliegt, nämlich an der

Wasserseite, in deren Mitte sich eine schlecht besuchte kleine Bar befand. Dort haben wir unseren Flüssigkeitshaushalt auf Vordermann gebracht. Trinken sollte und musste man hier viel, aber zum WC erstaunlich wenig. Es wurde wohl alles durch die Poren abgebaut. Man nannte das auch Schwitzen, und das tat man hier reichlich.

Dann haben wir beschlossen, »nach Hause« zu fahren. Der Bus war furchtbar voll, aber für uns waren noch zwei Plätze da. Wie schön, endlich wieder sitzen. In letzter Minute haben wir während der Fahrt einen anderen Supermarkt entdeckt und bis wir uns entschlossen hatten, auszusteigen, war es fast zu spät. Wir konnten gerade noch durch die Tür flutschen, bevor sie geschlossen wurde. Es war ein Riesen-Supermarkt, mit ganz vielen Käsesorten in einer langen Theke mit Glas davor. Leider durfte man hier nicht fotografieren. Schade. Nach dem Einkauf waren wir schwer bepackt. Fast alles ging in den Rucksack. Armer Gunter. Auf den Bus mussten wir nur ein paar Minuten warten, aber der Weg von der Haltestelle zum Hotel war – wie immer – furchtbar lang.

Nach einer kleinen Verschnaufpause sind wir zum Abendessen gegangen. Die Vorspeise bestand natürlich wieder aus Shrimps. Die waren so gut, dass wir sie jeden Abend bestellten. Es wurde uns auch nicht zu viel. Dann haben wir »Beef Stroganoff« gewählt, das war »Delicious Beef Tenderloin cut small with a homemade stroganoff sauce, richly filled with onions, green peppers and Cognac«. Als Dessert hatte Gunter »Cherries flambè« und ich »Flan«. Das Essen hat heute etwas länger gedauert, weil weniger Personal da war. So hat es jedenfalls Jennifer erklärt. Jennifer gehörte zur Bedienung und war sehr niedlich.

Dann gingen wir in unsere »Super-Suite« und genossen ein wenig auf dem schönen Balkon den Abend. Unser Blick fiel unter anderem auf einen Pavillon, der ca. 50 m Luftlinie von uns entfernt war. Ich hatte da etwas Komisches gesehen, und zwar einen Mann, der auf einer Liege lag und der sich die ganze Zeit nicht bewegte. Er war allerdings nicht so gut zu erkennen und ich glaubte schon, eine Leiche entdeckt zu haben. Ich habe Gunter schon angesteckt mit meiner Fantasie. Dann habe ich unser Fernglas geholt und Gunter hat sich das mal aus der »Nähe« angesehen.

Allerdings konnte auch er nicht sagen, was da lag. Mussten wir also mit unserer Neugier bis morgen warten.

06.10.05

Beim Frühstück hatten wir wieder Zuschauer: Es lagen wieder einige Leguane auf der Mauer, Gott sei dank nicht auf der Lauer.

Nach dem Frühstück hat Gunter eine vierstündige Jeep-Safari für morgen gebucht und wir sind an den Strand gegangen: Blick auf weißen Sand, blaugrünes Meer und blauen Himmel, dabei ein leichter Wind, der auch mal etwas kräftiger blies. Das war sehr angenehm. Es war so wunderschön hier, schade, dass Aruba so weit von Hamburg entfernt lag. Den ganzen Tag haben wir hier verbracht, was man auch sehr gut aushalten konnte. Zwischendurch waren wir bei Marina an der Strandbar. Gunter wusste, welchen Cocktail er wollte, ich war noch unschlüssig und antwortete auf Marinas Frage, welchen Cocktail ich möchte, »I don't know!« Darauf sagte Marina: »I make you an »I don't know«. Da war ja wohl alles drin: Menthe, Blue Curacao, Bacardi brown, Säfte und dann frozen. Aber der Cocktail war sehr lecker! Nach den Cocktails sind wir wieder auf unsere Liegen, um Strand, Wolken und Meer zu genießen.

Um 18:15 Uhr sind wir mit dem Bus nach Oranjestad zum Essen gefahren. Wir wollten mal ein anderes Restaurant ausprobieren. Unser Restaurant, wo wir auch auf unsere Gutscheine essen konnten, hieß »Driftwood«, was so viel hieß wie »Treibholz«. Das Restaurant haben wir nach einiger Zeit gefunden, es lag in der Wilhelminenstraat und war ein recht großes Restaurant. Wir hatten einen Tisch in der Mitte des Raumes, was ich nicht so gerne mochte. Ich saß lieber am Rand. Die Vorspeise bestand bei Gunter aus »Coconut Shrimps« und bei mir aus einer »Clam Showder«, die ich sehr mochte. Das war eine ziemlich dicke Suppe mit Fischstückchen und Shrimps. Wunderbar. Als Hauptgericht hatten wir beide »Barracuda in Knoblauch« gewählt. Das Dessert: Gunter hatte Schoko-Eis mit Sahne, ich Flan mit Sahne und Karamell.

Danach sind wir mit dem Taxi ins Hotel zurückgefahren, für ganze 8,00 Aruba Florin.

07.10.05

Heute sind wir spät aufgestanden und nach dem Frühstück zog es uns ans Meer. Dort blieben wir bis 12:30 Uhr, denn wir sollten um 14:00 Uhr zur Safari abgeholt werden. Na, da war ich gespannt. Ein wenig komisch war mir ja, aber da musste ich nun durch. Um 14:25 Uhr kam der Jeep, der hatte zwei gelb gepolsterte Bänke, längs zur Fahrtrichtung. Und Gurte, die man sich um die »untere Hüfte« schnallen sollte. Mit diesem Jeep sind wir zur Agentur gefahren, wo wir die Tour bezahlen und einen Zettel unterschreiben mussten, dass wir auf jegliche Schadenersatzansprüche bei irgendwelchen Unfällen etc. verzichten würden. Na, da wurde mir erst recht mulmig. Wenn die schon so einen Zettel vorlegten, wie musste dann die Safari aussehen??

Nach einer Wartezeit ging es los, allerdings nicht mit dem Jeep, mit dem wir abgeholt worden sind. Mit uns waren noch vier andere Personen dabei. Unser Fahrer hieß Leroy. Es stellte sich nachher heraus, dass er ein exzellenter Fahrer war. Außerdem war er furchtbar nett und fröhlich. Aber er hatte eine laute Stimme.

Es ging also los, und zwar in einer außerordentlich schnellen Fahrt durch die City. Dann kam der absolute Hammer. Es ging in die »Berge«. Da war ein derart unwegsames Gelände, sodass der Jeep öfter mehr als sehr schräg lag, manchmal auch seitlich, sodass ich dachte, er kippe um. Hinzufügen muss ich noch, dass bei Gunters und meinem Sitz die Gurte nicht vorhanden waren, sodass ich mich einige Male nur noch an der oberen Stange, an der die Plane gegen die Sonne befestigt war, festhalten konnte und meine Beine im Innenraum des Jeeps waagerecht lagen.

Zuerst haben wir eine Ostrich-Farm besucht. Das waren Strauße und es war hier sehr interessant. Dann ging es weiter durch wieder sehr holperiges Gelände. Ich bin auch hier wieder einige Male ganz schön hoch geflogen und musste mich sehr festhalten. Aber der Fahrtwind war sehr erfrischend, was meiner Frisur allerdings nicht gefiel. Aber die anderen sahen nicht anders aus. Dann fuhr uns Leroy zum »Natural Pool«. Das war unten an der Küste eine Bucht mit einigen kleineren Bergen, in deren Mitte sich ein Pool befand. Es ging zwei steile Holztreppen nach unten und dann war man am Strand. Ich bin oben geblieben und habe schöne Fotos gemacht und mit viel Interesse die anderen beim Baden beobachtet. Allerdings musste man, um Baden zu können, erst ein kleines Gewässer überwinden und dann ein bisschen auf dem Felsen kraxeln. So hatte ich ein paar Minuten für mich, mit einem herrlichen Blick über das Meer und zur anderen Seite auf die »Berge«. Leroy war als Erster wieder oben. Ich habe ihn gefragt, ob wir denselben Weg zurücknehmen würden. Da hat er gelacht, mich in den Arm genommen und gesagt: »Ja, den anderen fahre ich nicht mit Touristen!!« Der andere Weg musste noch schrecklicher sein. Wir sind noch zur »Natural Bridge« gefahren, die leider vor drei Wochen eingestürzt war. Das war so ein Jammer, denn auf allen Postkarten, in allen Büchern, überall wurde auf diese Brücke hingewiesen. Und nun war sie weg! Dann haben wir uns den Rest der Brücke angesehen. Natürlich habe ich heftig fotografiert. Die Brücke war mal 10 Meter hoch und 30 Meter lang und das bizarre Lavagestein war von Wind und Wellen geformt.

Hier waren wir auch in dem kleinen Imbiss und haben dort ein junges Paar kennengelernt, das aus Ohio kam. Wir haben uns nett unterhalten.

Auf dem Rückweg fuhr Leroy so schnell und zweimal mussten wir anderen Wagen ausweichen, indem wir schräg an einen Felsen fahren mussten. Mir blieb wieder fast das Herz stehen, denn ich sah uns schon mit dem Jeep auf der Seite liegen. Und dann noch auf der Seite, auf der ich saß. Plötzlich bemerkte einer der beiden Männer, dass er seine Kamera vermisste. Dieser Typ, Mexikaner, war nicht sehr sympathisch und von der Statur her klein, und wir beide haben gehofft, dass er seine Kamera nicht wiederfinden würde. Hässlich, nicht? Aber er war auch ein Widerling. Während der Fahrt suchte er unter seiner Bank und unter unserem Sitz und wäre dabei fast noch gefallen, weil Leroy nicht gerade sanft gefahren ist. Leider hat er die doofe Kamera dann kurz vor seinem

Hotel doch noch gefunden, und zwar unter »seinem« Sitz. Komisch, dort war sie auch vorher schon, aber er hat sie nicht gesehen oder vielleicht gar nicht sehen wollen. Er musste sich eben ein bisschen in Szene setzen. Wir waren jedenfalls froh, als er endlich aussteigen musste. Seine Frau war übrigens sehr nett.

Als wir an unserem Hotel waren, hat Leroy mir vom Jeep geholfen, mich umarmt und mir ein Küsschen gegeben. Er war aber auch wirklich lieb. Vielleicht lag es aber auch an Gunters Trinkgeld. Na ja.

Wieder in der Suite waren wir fix und fertig, haben einen Drink genommen und sind dann essen gegangen, und zwar wieder ins Pirate's Nest. Als Vorspeise hatten wir beide, wie immer, Magellan's Shrimps Cocktail. Wir haben »Jolly Rogers Grouper« genommen, der an den anderen Abenden nicht vorrätig war, den wir aber unbedingt probieren wollten. Das war »The freshest Grouper Fillet from this side of the ocean. Grilled to your liking and served with our special garlic butter.« Das war super lecker! Das Dessert war bei Gunter wieder »Banana Split« und ich hatte warme Orangenscheiben mit Honig und eine Kugel Eis. Wunderbar.

Wieder in der Suite haben wir ferngesehen. Es gab »KING KONG«, den ganz alten Film.

08.10.05

Nach dem Frühstück sind wir wieder nach Oranjestad gefahren. Dort waren so schöne Geschäfte und man konnte Uhren kaufen bis zum Abwinken, für AF 10.00, wirklich hübsche Modelle. In einem Laden, der »Little Switzerland« hieß, gab es drei Vitrinen nur mit echten Breitling Uhren. Ich wäre bald ausgeflippt! Ich kam mit einer Verkäuferin ins Gespräch und habe ganz mutig Wilfrieds (ein Freund) Breitling als meine Uhr beschrieben. Sofort hat die Verkäuferin mir die neuesten Modelle gezeigt. Die waren wunderschön. Leider reichte auch hier mein Budget nicht aus. Aber dieser Laden hatte hübsche Plastiktüten, rot und weiß gestreift mit einer weißen Kordel. Der Namenszug war ebenfalls in Weiß. Davon hat sie mir zwei geschenkt. Natürlich habe ich vorher danach gefragt. So hatte ich doch wenigstens etwas aus diesem Laden, wenn auch keine Breitling. Leider.

Das Treffen mit Gunter war wieder für 12:45 Uhr angesetzt. Ich wollte gerade zum Treffpunkt Haupteingang aufbrechen, als es zu schütten begann wie aus Eimern. Ein Donnern war auch schon zu hören. Da das Einkaufszentrum nach oben hin offen war, war es im Moment nicht möglich, die gegenüberliegende Seite zu erreichen. Das Wasser stand in ganz kurzer Zeit bestimmt 2 bis 3 cm hoch. Es hatte wenig Möglichkeit, abzufließen. Die Geschäftsleute begannen, Matten vor die Türen zu legen. Die schienen das schon zu kennen. Ich habe eine Weile gewartet und als der Regen nicht nachließ, bin ich durch den Regen zum Fahrstuhl gelaufen und dann nach unten gefahren. Da ich dort aber im strömenden Regen stand, habe ich mich überwunden und bin zum Treffpunkt losgerannt. Gunter stand schon da. Wir sind trotz des Regens losgelaufen zur überdachten Rolltreppe. Oben war ein kleines Restaurant, nach vorne hin offen. Wir haben einen Platz vorne an einem langen Tresen zur Straße hin bekommen. Die Stühle an den Tischen hatten wunderschöne Rückenlehnen, geschnitzt in verschiedenen Motiven und bunt bemalt. Hier haben wir in aller Ruhe den Regen bei zwei Cocktails abgewartet und konnten beobachten, wie die Läden gegenüber ihre Waren mit Planen zudeckten. Auf der Fahrbahn waren riesige Pfützen und es gab richtige Fontänen, wenn die Autos dort durchfuhren.

Auf dem Rückweg waren wir wieder im Supermarkt. Wieder im Hotel ist Gunter zum Strand runter und ich bin im Zimmer geblieben, um mich ein wenig von der Sonne zu erholen, die nach dem Regen schnell wieder kräftig schien. Irgendwann war wieder das unvermeidliche Abendessen an der Reihe. Heute wollte Gunter mal eine »Caribbean Bouillabaisse« und ich wieder die Shrimps. Dann nahm Gunter wieder den Grouper und ich den Red Snapper. Das Dessert war wieder für Gunter »Banana Split« und für mich Cherries Flambè.

09.10.05

Heute sind wir spät aufgestanden und nach dem Frühstück an den Strand gegangen. Es hat geregnet, aber es war trotzdem schön, denn wir waren ja durch unseren Sonnenschutz, der aus Palmenblättern bestand, vor dem Regen sicher. Ich war sogar im Wasser und habe dann auf der Liege mit den Beinen in der Sonne gelegen und gelesen.

Abends sind wir mit dem Taxi essen gefahren. Wir haben uns ein Lokal ausgesucht, das leider geschlossen war. Nun standen wir mit dem Taxi davor und wussten nicht, wohin. Wir sind dann zum »Beach Bistro« gefahren, das direkt am Strand lag und innen sehr geräumig und wunderschön war. Alles aus dunklem Holz. Wir haben uns einen Platz ausgesucht, der draußen lag. Es gab einen schönen Blick auf das Meer. Gewählt als Vorspeise hat Gunter Lobster und Shrimps, nur waren sie nicht zu sehen. Es gab noch Brot und eine versalzene Soße. Ich konnte Gunter leider nicht dazu bewegen, dies dem Kellner mitzuteilen. Ich hatte eine französische Zwiebelsuppe, die ganz gut war. Gunter hat sich ein Sirloin-Steak bestellt. Nachdem er die Hälfte gegessen hatte, sage er mir, dass das Steak oben verbrannt sei. Warum er das erst jetzt sagte, wusste ich nicht, aber beschweren wollte er sich auch nicht. Wäre jetzt wohl auch nicht mehr so günstig gewesen. Mein Steak war gut. Dazu gab es french fries. Unser Dessert war gut: Gunter hatte Eis mit Choclatchips und ich Crème brûlée.

Nach dem Essen sind wir wieder mit dem Taxi ins Hotel gefahren und haben dort noch ferngesehen.

10.10.05

Wir haben wieder wunderbar gefrühstückt und sind dann mit dem Bus nach Oranjestad gefahren. Dort habe ich mir einen Ring mit einem rosa Stein gekauft. Das war eine Muschel aus der Karibik. Habe auch ein Zertifikat dazu bekommen. Außerdem habe ich auch noch den Preis um $ 5,00 heruntergehandelt. So allmählich lernte ich das Handeln. Dann habe ich mir noch zwei Taschen der Marke Burberry gekauft. Auch dort habe ich gehandelt. Es war nicht zu glauben, aber bisher hatte ich dabei immer gewisse Hemmungen gehabt. Den Preis wollte sie aber nur bei Barzahlung halten, so musste ich zum Automaten gehen. Leider konnte ich mit diesem Ding nicht kommunizieren, es wollte mich einfach nicht verstehen. So musste ich die Verkäuferin bitten, mir die Taschen zurückzulegen, bis ich Gunter treffen würde. Das versprach sie auch. Gunter habe ich um 13:00 Uhr wieder in der kleinen schlecht besuchten Bar in der Mitte des Centers getroffen und ihm von den Taschen erzählt. Er war nicht so recht fröhlich, dass wir da noch einmal hin mussten, aber es war nicht zu ändern.

Nachdem wir die Taschen geholt hatten, gingen wir zur Haltestelle im Busbahnhof. Der Bus war sehr voll und ich mit meinen Taschen war ein wenig eingequetscht. Ich habe mich durchgewühlt bis zum hinteren Ausgang und sogar dort noch einen Platz direkt an der Tür bekommen. Welch ein Segen, ich konnte auch nicht mehr stehen. Ich hatte somit natürlich großes Glück, denn ich konnte an unserer Haltestelle sofort aussteigen, während Gunter sich den Weg zur Tür regelrecht erkämpfen musste. Da der Bus lediglich ganz hinten einen Ausgang hatte, musste der Fahrer immer warten, bis sich die Leute von vorne nach hinten durchgewühlt hatten. Das dauerte, und dann bei der Hitze, denn die Busse hier hatten keine Aircondition, aber dafür alle Fenster geöffnet.

Wieder im Hotel ist Gunter zum Strand runtergegangen und ich auf den Balkon. Vor dem Abendessen hat Gunter eine E-Mail an sein Büro geschickt. Das hat auch geklappt. Ich habe auch eine E-Mail ins Büro geschickt. Hat ebenfalls geklappt.

Heute hat Gunter als Vorspeise Lachs, geräuchert, genommen und ich natürlich wieder die Shrimps. Als Hauptgericht hatten wir beide den Grouper. Mein Dessert war toll: drei Kugeln Eis, Sorbet, Passionsfrucht, Ananas und Mango mit einer Fruchtsoße. Gunter hatte wieder sein »Banana Split«. Den Abend haben wir mit einem Film ausklingen lassen.

11.10.05

Heute war unser letzter Tag und wir müssten eigentlich noch einmal umziehen. Wir hatten gerade gefrühstückt und es war immer noch keine Nachricht da, dass wir umziehen müssten. Wunderbar, also gingen wir an den Strand und es erwartete uns wieder blauer Himmel, wunderschöner weißer feiner Sand und ein herrliches Wasser, blau und türkis. Es war wirklich wie im Traum. Gegen 15:00 Uhr wurde noch ein Platz ganz unten am Wasser frei, sodass wir blitzschnell umgezogen sind. So hatten wir den freien Blick direkt auf das Wasser mit einem unglaublichen Wellengang. Einmalig schön. Gunter hatte es gewagt, bei dem Wellengang ins Wasser zu gehen. Er hat sich durch die Wellen gekämpft und ist auch mal umgeworfen worden. Diesen Traum haben wir bis 18:00 Uhr genossen. Ich bewunderte ja meinen Mann, der ein Bewegungsmensch ist, wie er immer sagtw, und der hier mit mir am Strand lag. Das war wunderschön und hat mich so sehr gefreut. Auch heute waren wir wieder bei Marina an der »Sandbar«. Ich musste doch noch mal ein Foto von ihr haben. Bevor wir in die Suite gingen, waren wir noch im Pool. Anschließend haben wir uns umgezogen und im Zimmer noch einen Drink genommen, bevor wir essen gegangen sind. Selbstverständlich bestand unsere Vorspeise wieder aus Shrimps. Dann haben wir uns beide für ein 400-g-Steak entschieden. Delicious. Natürlich bestand das Dessert bei Gunter wieder aus »seinem« »Banana Split«, während ich mich für Schokoladeneis entschieden habe. Nun wie immer: TV im Zimmer.

Das war leider unser letzter Urlaubstag!!

12.10.05

Aufgestanden sind wir heute gegen 09:00 Uhr. Nach dem Frühstück, mit einem »tränenreichen« Abschied von Luz-Maria, habe ich mich an die Koffer gemacht, denn um 12:00 Uhr mussten wir das Zimmer verlassen. Wir waren pünktlich fertig und ich habe sogar alles in die Koffer bekommen. Ich bin doch ein richtiges Packgenie. Wir gaben unser Gepäck an der Rezeption ab. Hier wurde es in einem abgeschlossenen Raum abgestellt.

Dann sind wir zur »Sandbar« gegangen. Vorher hatten wir noch mit Pam geklärt, dass wir unseren Gutschein, den wir am ersten Tag aus Unwissenheit nicht eingelöst hatten, in der »Sandbar« »verfressen« konnten. Erst hieß es, wir können auf diesen Gutschein lediglich essen, dann aber hat Marina nach telefonischer Rücksprache mit irgendjemandem auf die Gutscheine geschrieben, dass sie einen Wert von $ 43,00 hätten und jetzt waren auch die Getränke mit drin. Das war toll.

Auf dem Weg zu einer gewissen Örtlichkeit habe ich in dem kleinen Häuschen, wo es die Badehandtücher gab, einen Coin-Becher vom Casino Alhambra entdeckt. Ich habe Gunter gefragt, ob er mal in das Casino möchte und mir bei dieser Gelegenheit auch einen Becher mitbringen könne, denn ich hatte aus Las Vegas von jedem Casino einen Becher. Das wäre doch schön, wenn ich auch von hier einen mitnehmen könne. Erst war er nicht so ganz fröhlich über meinen Vorschlag, aber dann ist er doch gegangen. Während Gunter im Casino war, durfte ich zum Frischmachen in ein freies Zimmer. Das hatte ich auch bitter nötig, denn meine Haare waren völlig nassgeschwitzt und dementsprechend sah ich auch aus. Einer von den blaubeblusten Helfern des Hotels hat mich dann in Zimmer 214 gebracht und mir sogar ein frisches Handtuch gegeben. Im Zimmer habe ich mich erst einmal ausgepellt, es war hier so herrlich kühl. Dann habe ich meine Haare getrocknet, mich ein wenig erholt und mich gegen 15:45 Uhr wieder in die kleine Empfangshalle gesetzt, die ebenfalls so angenehm kühl war. Jetzt wartete ich nur noch auf Gunter, der noch im Casino war. Nach einiger Zeit kam er zurück und brachte mir zwei Coin-Becher mit. Vielen Dank, mein Schatz.

Um 16:45 Uhr wurden wir abgeholt. Die Fahrt zum Flugplatz dauerte nicht so lange und war wie ein kleiner Abschied. Wir mussten wieder zurück mit der KLM. Der Flug war, bis auf einige Turbulenzen, die sich aber in Grenzen hielten, und einer sturen Stewardess, die Gunter nicht ein Bier und einen Schnaps zusammen servieren wollte, was auf dem Hinflug ohne Weiteres möglich gewesen war, gut. Sie sagte, sie könne nur ein alkoholisches Getränk ausschenken. Nun gut, auch die Stewardessen der KLM haben wir überlebt. Nach einem Flug von 8 Stunden und 50

Minuten sind wir in Amsterdam gelandet. Dort erwartete uns ein großes Aufgebot an Zoll- und Polizeibeamten, die bereits ganz kurz hinter der Gangway Aufstellung genommen hatten. Sie musterten jeden Passagier und verzogen keine Miene. Das war schon irgendwie unheimlich. Zu Hause haben wir aus den Nachrichten erfahren, dass das mit der Suche nach Terroristen zu tun hatte. Gut, dass ich das nicht vorher gewusst hatte, dann hätte ich vielleicht hinter jedem Passagier einen Terroristen vermutet. Keine angenehme Vorstellung. Wir wurden alle mächtig kontrolliert. Ich wurde von einer Frau so gründlich abgetastet, dass es mir schon sehr unangenehm war. Aber es ließ sich nicht ändern, denn alle wurden so gründlich untersucht. Der Flug von Amsterdam nach Hamburg war recht ruhig. Wir waren jetzt aber auch froh, endlich in Hamburg zu sein. Dort wurden wir am Flugplatz von niemandem erwartet, so viel wir auch geguckt haben. Es war ja auch eine Zeit, zu der alle anderen arbeiteten, denn es war gegen 14:00 Uhr. So haben wir uns ein Taxi gesucht. Als wir eines gefunden haben, ist der Taxifahrer zwar noch ausgestiegen und hat sogar den Kofferraum aufgemacht. Aber das wars auch schon. Helfen wollte er beim Einladen nicht so recht, beim Ausladen schon gar nicht, denn er habe es im Rücken, wie er sagte. Das war überhaupt ein komischer Knopf. Vielleicht lag es auch an dem Trinkgeld, das Gunter ihm dann nicht gegeben hat. Er hatte es auch nicht verdient. Merkwürdig war, dass er wenige Meter, nachdem wir ausgestiegen sind, nochmals angehalten hat und beobachtete, in welches Haus wir gingen. Das wiederum habe ich beobachtet. Er hat so getan, als würde er im Kofferraum etwas suchen und hat immer zu uns geguckt. Gunter hat dann die Koffer raufgeschleppt, der Arme. Das war also der Urlaub 2005 auf ARUBA!! Und der war ganz ganz toll!! Wie schon gesagt, es ist schade, dass Aruba so weit von Hamburg entfernt ist.

8. Oregon

Bereits im letzten Jahr hatten wir beschlossen, im Januar in die USA zu fliegen. Dafür gab es zwei gute Gründe: Mike wurde am 19.01.06 30 Jahre alt und Gunter feierte am 29.01.06 seinen 55. Geburtstag. Allerdings sollte es vor Mike möglichst geheim bleiben, sodass nur Cathie und Barbara eingeweiht wurden. Die beiden mussten uns ja signalisieren, ob Mike dann auch zu Hause war. Als das feststand, wurden die Flüge für den 17.01.06 gebucht. Das würde eine große Überraschung geben, nicht nur für Mike, sondern sicherlich auch für die Kinder, die ihren Opa bestimmt sehr vermisst haben. Besonders Cody hing an seinem Opa. Er hatte aufgrund seines Alters wohl auch die meisten Erinnerungen an ihn. Opa und Cody waren schon bei unserem letzten Besuch ein Pott und ein Deckel.

17.01.06
Abgeflogen von Hamburg sind wir pünktlich, aber mit über einer Stunde Verspätung in Frankfurt gelandet, weil dort heftiges Schneetreiben herrschte. Weil wir so lange über FRANKFURT in der Warteschleife waren, gab es von den Stewardessen Pralinen. Ein Trost war das auch nicht, denn es war recht nervig, so eine Stunde in der Luft über Frankfurt. Wir hatten ja auch noch einen so langen Flug vor uns. Der Anschlussflug nach PORTLAND sollte um 09:55 Uhr gehen, abgeflogen sind wir allerdings erst um 11:00 Uhr. Es mussten erst die Tragflächen vom Eis befreit werden. Das konnte ich genau verfolgen, da wir unsere Plätze wieder in der 2er Reihe hatten. Es kam ein großes Fahrzeug mit einer Schwenk-

bühne. An dieser war ein langes Rohr, durch das eine Flüssigkeit auf die Tragflächen gesprüht wurde. Das hatte ich noch nie sehen können, da wir sonst immer im Sommer geflogen waren. Dann wurde vom Captain durchgesagt, dass ein Gepäckstück aus Sicherheitsgründen wieder ausgeladen werden müsse. Auch ein tolles Gefühl, wenn man bedachte, dass es schon im Flugzeug war. Habe lange darüber nachgedacht, wie so etwas angehen konnte.

Nach dem Start gab es eine Erfrischung in Form von Organgensaft. Später wurden Rindfleischstreifen mit Orangenkokos- und Ingwersoße serviert. War recht lecker und mal ganz etwas anderes. Eben Lufthansa.

Der Flug war ruhig. Gunter hat immer mal wieder geschlafen und auch ein wenig geschnarcht. Leider wurde er öfter geweckt, entweder von der Stewardess, die mich bat, die Fensterklappe zu schließen, weil es jetzt draußen dunkel wurde, oder von Leuten, die durch den Gang wollten. Zwischendurch wurden immer wieder Erfrischungen gereicht. Dann wurden zwei Spielfilme gezeigt, die Gunter sich angesehen hat. Ich nicht, hatte keine Lust. Ich habe lieber ein wenig gedöst oder Kreuzworträtsel gelöst. Gegen 07:00 Uhr (Ortszeit USA) gab es noch einmal warmes Essen, und zwar Gulasch mit Gemüsepüree. Das war sehr lecker. Der Nachtisch bestand aus einem Schokopudding. War auch nicht schlecht. Endlich waren wir dann in PORTLAND. Der Pilot hat sich alle Mühe gegeben, denn wir hatten eine weiche Landung.

Hier mussten wir unsere Koffer in Empfang nehmen und damit durch den Zoll. Es war immer so, dass im ersten Anlaufpunkt der USA die Koffer durch den Zoll gingen. Es ging alles glatt. Allerdings musste ich auch hier feststellen, dass mein Koffer geöffnet worden war. Der Koffergurt war anders geschnürt und der ganze Koffer war merkwürdig zusammengedrückt. Da hatte sich sicherlich jemand draufgelegt, weil er nicht zugegangen war. Na ja, mal sehen. Das wäre dann schon das zweite Mal, dass mein Koffer bei der Einreise in die USA geöffnet worden war. Man fand in solchem Fall ein nettes vorgedrucktes Formular im Koffer, mit dem um Verständnis für die Durchsuchung gebeten wurde. Ich weiß nicht, aus welchem Grund mein schöner blauer Koffer Anlass gegeben hat für eine

Durchsuchung. Das wird leider nicht mitgeteilt. Irgendetwas musste den Grenzbeamten nicht gefallen haben. In Los Angeles gab es auch solche Grenzbeamten, die meinen Koffer auf dem »Kieker« hatten. Da wurden die Sachen von einer Dame durchsucht, die hatte Gummihandschuhe an. Auch nicht so richtig toll.

Hier in PORTLAND mussten wir bei einem sehr netten Beamten auch unseren Fingerabdruck »hinterlassen«, und zwar jeweils den Ringfinger, den man auf einen kleinen Apparat legte. Auch ein Porträt wurde von uns angefertigt. Leider haben wir keinen Abzug erhalten. Dann mussten wir zusehen, dass wir unsere Koffer, die doch recht schwer waren, wieder loswurden. Aber das war Gott sei dank kein Problem. Jetzt hatten wir genügend Zeit, zwei Stunden, die wir auf den Weiterflug nach EUGENE warten mussten, die auf so einem kleinen Flugplatz echt lang werden konnten. Wir haben wieder in der Bar gesessen, wo wir schon bei unserem letzten Aufenthalt waren. Hier haben wir etwas getrunken (Coca Cola kann man immer wieder nachfüllen. Man kaufte praktisch nur den Becher) und ich habe einen Hot Dog gegessen, d. h., nur das Brot mit dem Würstchen. All das andere mochte ich nicht. Da auch die zwei Stunden mal vorbei waren, mussten wir zum Gate E 6, das auf derselben Ebene lag wie das Rollfeld. Auch das kannten wir schon. Als wir unten ankamen, war nur ein Mann da und wartete. Als der Flug endlich aufgerufen wurde, hatten sich schon eine Menge Leute angesammelt. Ich hatte ja gehofft, dass es nicht so viele werden und wir dann wieder jeder eine Reihe für uns hätten. Hoffen konnte man ja, aber da die Flugzeit nur ca. 35 Minuten betrug, konnte ich es auch ein bisschen enger gut aushalten. Zum Flugzeug ging es durch einen langen Gang, der zwar überdacht, aber nur an einer Seite geschlossen war. Das war bei dem Regen nicht so toll. Dann mussten wir über das Rollfeld zum Flieger und sind doch noch nass geworden. Es war eine kleine zweimotorige Maschine für ca. 25 Personen. Ich hatte den ersten Einzelplatz ganz vorne neben dem Propeller. Dass der kleine Propeller mit dem auf der anderen Seite zusammen das Flugzeug in der Luft hielt, fand ich erstaunlich. Gunter hatte einen Platz neben dem Gang am Fenster. Mein Sitz hatte die Wirkung einer Massage, er hat unheimlich vibriert. Die ersten paar Minuten war das ganz angenehm, nachher allerdings nicht mehr. Da habe ich dann mehr aufrecht gesessen. Obwohl der Flug nur 35 Minuten dauerte, gab es eine Erfrischung. Ich wollte aber keine, denn ich hatte Befürchtungen, dass der Saft bald wieder raus wollte und ich dann keine Gelegenheit hatte. Das wäre schrecklich unangenehm. Es war ein sehr ruhiger Flug. Ich hatte eine tolle Aussicht, denn der Flieger war wegen der recht kurzen Entfernung auch nur auf einer geringeren Höhe. Ich konnte also alles sehr gut sehen, z. B. die überschwemmten Straßen und Felder, die durch den tagelangen Regen, wie Mike uns nachher erklärte, völlig aufgeweicht waren. Nach der weichen Landung gingen wir unser Gepäck holen. Zu unserem größten Erstaunen waren unsere beiden Koffer unter den ersten Gepäckstücken. Sonst waren unsere Koffer immer die Letzten. Der AVIS-Schalter war leicht gefunden. Unser Auto auch. Es war ein CHEVROLET Malibu, ganz in Weiß, viertürig. Einfach nur wunderschön !!

Nun mussten wir nur noch unser MOTEL SHILO INN finden, was uns nicht gleich gelang. Wir sind noch ein bisschen umhergefahren. Dann haben wir es doch entdeckt und hier das Zimmer 252 bezogen. Das lag in der 1. Etage, war sehr schön geräumig und hatte zwei breite Einzelbetten. Als wir die Tür öffneten, blieb uns gleich die Luft weg: der Raum war knallheiß, sodass wir gleich das Schiebefenster aufgemacht haben. Leider gab es nur eines davon. Vorher hatten wir aber noch ganz schnell die Heizung gesucht und komischerweise nicht gefunden. Es war nur eine Klimaanlage an der Wand. Na, irgendwann werden wir mal an der Rezeption nach der Heizung fragen. Die werden das ja wohl wissen. Dann haben wir ein bisschen ausgepackt (nicht alles, denn wir wollten ja nach Mikes Geburtstag noch weiter) und ich habe festgestellt, dass mein Kofferinhalt zum Teil ein wenig nass war. Das lag sicherlich daran, dass mein Koffer ein Stoffkoffer war und dieser irgendwo im Regen gestanden haben musste. So musste ich nachts ein Unterhemd von Gunter anziehen. Das war nicht so gut, ging aber für eine Nacht.

Wir hatten eine ganze Menge Geschenke für alle mitgebracht, nicht nur für das Geburtstagskind. Diese Geschenke haben wir oben auf die Ablage in der eingebauten Garderobe gelegt. Das sah richtig toll aus! Danach sind wir noch Essen gegangen. Ich hatte nicht mehr viel Lust, aber ins OUT-BACK ging ich sehr gerne. Auch dieses Steak-House kannten wir schon. Wir konnten von unserem Motelzimmer aus die Leuchtreklame sehen und sind losgegangen. Auf halbem Weg war auf einmal das Reklameschild weg! Was nun? In welche Richtung mussten wir gehen? Wir haben es dank dem Orientierungsgenie Gunter doch noch gefunden und im Restaurant auch nach ein paar Minuten einen Platz bekommen. Das war pures Glück, denn dieses Lokal war immer proppevoll und man musste richtig lange warten. Man hatte mir meinen Hunger wohl angesehen! Gunter hat sich natürlich ein Rib Eye bestellt. Ich habe gegrillten Lachs auf einem Gemüsebett mit Ananas gegessen. War sehr gut.

Nach dem Essen sind wir wieder ins Motel gegangen. Der Hin- und Rückweg war ein bisschen abenteuerlich, denn wir mussten auch eine Straße überqueren und Fußgänger gab es hier eigentlich recht wenig, sodass man nur bei einer Fahrzeuglücke über die Straße sprinten konnte. Ich war im Motel so fix und fertig, dass ich nicht mal mehr geduscht habe. Ferkel!

18.01.06

Ich war schon um 05:00 Uhr wach, aber es war zu früh, um aufzustehen. Wir sind um 08:20 Uhr aufgestanden und zum Frühstück zu Denny's gefahren. Darauf freute ich mich jedes Mal in den USA. Da war es aber auch zu schön! Und erst das Frühstück! Gunter hatte ein T-Bone-Steak und ich ein Farmer-Steak. Beides war – wie immer – sehr gut. Danach wollten wir ins Einkaufs-Center, immer auf der Hut, dass uns ja Mike nicht entdeckte. Das wäre sehr schade, dann wäre die Überraschung weg. Wir sind zu SAFEWAY gefahren, denn ich hatte einiges auf dem Zettel, was ich hier kaufen wollte. Wir haben das Center nicht gefunden und sind in ein anderes Einkaufs-Center gefahren und haben dort einiges angesehen, unter anderem war dort ein Stand von AVON. Die Frau wollte mir einen Katalog mitgeben, was ich aber abgelehnt habe. Gunter fragte:

»Warum nicht?« So habe ich den mitgenommen und später im Motel festgestellt, dass das ein ganz toller Katalog war. In dem Center war alles sehr sauber. Es standen hier auch Bonbon-Automaten, und zwar aufgereiht in der Mitte des Ganges, mit 48 Kugeln voller verschiedener Candies. Dann überkam mich ein menschliches Rühren und ich suchte nach einer entsprechenden Örtlichkeit. Diese habe ich nach Anfrage auch gefunden und gestaunt: Es gab ein Familien-WC!! Dort war neben dem großen ein niedriges WC-Becken und ein eben solches Waschbecken neben einem großen. Das fand ich toll. Außerdem habe ich mich hier massieren lassen, von einem Sessel!! Die standen hier zu viert und es kostete einen Dollar. Das war ganz toll, als ob unter dem Leder zwei Hände waren, die einen massierten. Nachdem wir noch ein bisschen in dem Center herumgelaufen waren, wollten wir wieder weiter. Leider haben wir unser Auto nicht gefunden. Nach einer ganzen Weile des Suchens, wir sind die Parkreihen immer auf- und abgelaufen, war ich davon überzeugt, dass das Auto geklaut worden war. Und meine schwarze Jacke war auch noch drin. So ein Jammer. Gunter hat ab und zu mal auf einen Knopf auf dem Schlüssel gedrückt. Zu hören war nichts, auch die Blinker gingen eigentlich an, aber zu sehen war nichts. Wir haben immer wieder den Riesenparkplatz abgesucht, und das im Regen, aber zu sehen war unser schönes weißes Auto nicht. Nachdem wir beide der Meinung waren, dass das Auto wohl einen neuen »Besitzer« gefunden hatte, stellte Gunter plötzlich fest, dass es der falsche Parkplatz war, auf dem wir suchten. »Unser« Parkplatz war um die Ecke herum, und – Gott sei dank – da stand unser schönes Auto. War ich erleichtert. Das kommt davon, weil hier alles so gleich aussah. Wir sind dann ins Motel zurückgefahren.

Gegen 18:00 Uhr sind wir zu dem Chinesen gefahren, der ein »Chinesisches Buffet« anbot. Das Restaurant hieß auch »The China BUFFET« und war ganz toll. Lunch kostete dort $ 6,25 und Dinner $ 9,25. Es war beides, für das, was geboten wurde, wirklich sehr günstig. Wir sind danach ins Auto gerollt und ins Motel gefahren. Man isst doch immer mehr, als man eigentlich wollte. Auch den Nachtisch (Eis) hatte ich noch probiert. Noch beim Schreiben läuft mir das Wasser im Munde zusammen.

19.01.06

Heute war der große Tag der Überraschungen! Ich war schon so gespannt.

Frühstück gab es wieder bei Denny's und es war, wie immer, ganz großartig. Der Kaffee schmeckte uns hier auch gut, er war so (dünn?), dass ich kein Sodbrennen davon bekam. Dann sind wir Richtung SPRINGFIELD zu Mikes Haus gefahren. Vorher haben wir noch eingekauft, und zwar bei SAFEWAY. Die haben unglaublich viele Gänge, z. B. mit Chips, Bier, Eis, Pudding, Joghurt, auch mit Barbie-Puppen und Kleidung dazu. Leider dufte ich hier nicht fotografieren, jedenfalls nicht öffentlich. Ich habe es ein bisschen verdeckt dann doch versucht.

Gunter hat den Weg zu Mike gut gefunden und wir waren gegen 10:55 Uhr in der G-Street. Cathie hatte uns vorher gesagt, dass Mike gegen 11:00 Uhr Cody von der Vorschule abholen würde. Wir wollten dann, wenn er weg war, schnell ins Haus und dort auf seine Rückkehr warten. Gunter hatte ein Haus beobachtet, bei dem das Auto draußen vor der Garage stand. Wir sind ausgestiegen und haben dann festgestellt, dass das Haus, das von uns so intensiv beobachtet worden war, gar nicht Mikes Haus war, haben es dann aber zwei Häuser weiter doch gefunden und dort stand auch kein Auto, also war Mike nicht im Haus. Wir haben geklopft, denn am Haus stand ein Schild, dass man nicht klingeln sollte, weil hier »Babys schlafen«. Cathie hat geöffnet und Lily und Owen kamen zu Opa gerannt. Die beiden waren überhaupt nicht fremd. Lily war noch so zart wie vor zwei Jahren, als sie gerade vier Monate alt war. Sie war süß und hatte blonde Locken. Es war schön, Cathie wiederzusehen. Nach einer Weile kamen Mike und Cody. Cody kam als Erster rein und wir haben uns in seinem Zimmer, das er mit Owen und Lily teilte, versteckt. Cathie hat ihn in das Zimmer geschickt und als er reinkam, stand sein Opa vor ihm. Er konnte es nicht fassen, seine Augen wurden vor Staunen immer größer und sein kleiner Mund blieb offen. »Opa, I missed you« waren seine ersten Worte. Dann lagen Opa und Enkel sich in den Armen. Das war sehr süß und ich habe jetzt noch feuchte Augen, wenn ich an dieses Bild denke. Bis Mike endlich aus der Garage kam, dauerte es noch Minuten, aber diese waren schier unerträglich. Dann war es endlich so weit:

Das Geburtstagskind stand im Zimmer, groß, breit und erstaunt, seinen Dad zu sehen. Nachdem sich das Begrüßungsgewusel, die Kinder waren immer um Opa herum und natürlich recht laut, ein wenig gelegt hatte, gab Gunter seinem nun 30-jährigen Sohn unser Geburtstagsgeschenk. Über das Amulett (8-eckig, 585er Gold, mit Gravur, vorne eine 30 und hinten drauf LOVE DAD und das Datum) hat Mike sich sehr gefreut und es gleich an seine Kette, an der sich auch sein Ehering und ein Football befanden, gehängt.

Dann haben wir die anderen Geschenke verteilt: für Cody und Owen je eine Baseballkappe der Wasserschutzpolizei Hamburg und einen Fußball. Das waren allerdings keine Werbegeschenke, sondern die habe ich käuflich in unserer Pressestelle erworben. Für Lily hatten wir ein Kuscheltier (das war von Karstadt), ganz weich, aber sie hat sich später mehr für die Baseballkappen der Jungen interessiert, was Geschrei auslöste, denn Owen wollte seine Kappe nicht hergeben. Für Cathie und Janel hatten wir von Biotherm, Eau Vitamineé, das Duschgel mitgebracht. Ich wusste, dass zumindest Cathie das mochte. Mike hatte sich zurückgezogen, denn er war aus dem Nachtdienst gekommen und natürlich sehr müde. Wir haben, bis die Kinder ihren Vater um 16:30 Uhr weckten, ein wenig mit Cathie geklönt und mit den Kindern gespielt, was ganz schön anstrengend war. Gegen 17:00 Uhr sind Mike und Gunter nach Portland gefahren, um Barbara vom Flugplatz abzuholen. Cathie und ich haben derweil wieder mit den Kindern gespielt. Ab und zu saßen sie vor dem Fernseher, der hier den ganzen Tag lief. War anstrengend, war ich gar nicht gewohnt. Und dann auch noch drei und die sind nicht gerade ruhig. Außerdem habe ich von den Kindern reichlich Fotos gemacht, damit Curt und Agnes nachher viel zu gucken hatten, denn leider werden sie ihre Urenkel nicht sehen, es sei denn, diese kommen nach Hamburg.

Irgendwann hörte ich mal ein Baby schreien. Als ich Cathie fragte, was das denn nun sei, sagte sie mir, das sei Parker, ein 11 Monate alter Junge, den sie an be-stimmten Tagen auch betreue. Der lag in ihrem Zimmer in seinem »Zwinger« und weinte nun. Dann hat sie ihn geholt. Der war ja süß: kleine stämmige Arme, ebensolche Beinchen, kurze Haare wie eine

Klobürste, und ein Gesichtsausdruck, bei dem man nicht wusste, ob er weinen oder lachen wollte. Aber so süß!! Er kam in seinen Lauflernstuhl. Gegen 18:00 Uhr kam Janel und auch ihr habe ich unser Geschenk gegeben. Ich glaube, sie hat sich auch gefreut. Cathie hatte vormittags schon eine Gulaschsuppe gekocht, von der wir alle gegessen haben. Bis zum Eintreffen von Barbara, Mike und Gunter gegen 22:00 Uhr haben wir ferngesehen. Wir haben noch eine Weile mit Barbara, Mike, Janel und Cathie zusammen gesessen und sind dann – völlig geschafft – wieder ins Motel gefahren.

20.01.06

Heute haben wir lange geschlafen und sind zum Frühstück wieder zu Denny's gefahren und danach gleich Richtung Springfield. Gunter hat mich um 11:00 Uhr bei ALBERTSON'S abgesetzt und ist zu Mike gefahren. ALBERTSON'S ist auch ein Supermarkt. Hier wollte ich mich mal richtig lange und ungestört umsehen, denn es gab hier sehr viel zu sehen, was wir in Deutschland nicht kannten. Gunter wollte mich um 13:00 Uhr wieder aufpicken. Leider kam er erst um 13:25 Uhr, sodass mir draußen doch ein wenig kalt war. Geregnet hat es auch. Wir sind aber trotzdem noch zum Autzen-Stadium gefahren, wo Mike früher Football gespielt hatte. Hier konnten wir auch die oberen Räume, wo die ganzen Pokale ausgestellt waren, besichtigen. Mikes Name war auch auf einem Pokal eingraviert. In dem Shop haben wir etwas gekauft, ich einen Kugelschreiber mit der Aufschrift OREGON und Gunter ein T-Shirt. Abends haben wir dann alle, Gunter, Mike, Janel, Cathie, Barbara, Cody und ich im OUTBACK gegessen. Dorthin hat Gunter eingeladen anlässlich Mikes Geburtstag. Wir waren auch pünktlich, aber es waren alle schon da und tranken bereits Cocktails. Hier haben wir sehr gut gegessen. Gegen 22:00 Uhr sind wir nach Hause bzw. ins Motel gefahren. Das war ein wirklich schöner Abend.

21.01.06

Auch unser heutiges Frühstück war bei Denny's, weil es so gut war.

Wir wollten heute an die Küste, nach FLORENCE. Es hat geregnet, aber das machte nichts. Auf der Fahrt dorthin sind wir an einem Haus vorbeigefahren, dort stand WALTON STORE. Hat mich ein wenig an die Serie »Die Waltons« erinnert. Als wir in Florence ankamen, war es trocken und wir sind ein bisschen an der Küste spazieren gegangen. Dann fing der Regen wieder ganz heftig an. Wir haben zugesehen, dass wir zum Auto kamen, aber es war ein weiter Weg und der führte uns auch noch durch große Pfützen. Da Gunter eine dünne Jacke anhatte, war er durchnässt bis auf die Haut. Ich hatte eine etwas dickere Jacke mit Kapuze, war natürlich ideal, aber meine Hosenbeine waren durch und durch nass. Na gut, auch das trocknete wieder, allerdings nicht so schnell, denn die Sonne fehlte.

In Florence haben wir Fisch gegessen, und zwar in einem Lokal direkt am Wasser. Es hieß »International Food Marketing«. Das stand jedenfalls auf den Streichhölzern. Wir hatten einen sehr schönen Tisch am Fenster. Wir sind nach dem Essen in Richtung EUGENE und haben ins mächtig verfahren. Unterwegs haben wir an einem Liquer-Shop gehalten. Gleich daneben war ein Laden, der verkaufte Dinge aus Versicherungsschäden. Der war sehr interessant. Was es hier alles gab, kann man sich nicht vorstellen: von Schuhcreme bis zur Nachtcreme, Nippesfiguren, Frischhaltebeutel usw. Sogar auch TEMPO-Tücher, die ich schon gesucht hatte, denn die einheimischen Papiertücher waren sehr dünn. Hier fand ich sie also, und zwar in Pocket-Form. Und so preiswert: 18 x 8 Tücher kosteten 99 amerikanische Cent. Auch habe ich Radiergummis gekauft, unsere im Büro waren so sandig und die guten kosteten in Deutschland das Stück 1,95 Euro. Hier bezahlte ich für 8 Stück $ 1,00. Das fand ich unglaublich.

Jetzt waren wir wieder bei den Kindern. Als Janel nach Hause kam und Mike nach dem Nachtdienst aufgestanden war, fuhren die beiden gegen 19:45 Uhr zum Einkaufen für das Abendessen. Für Gunter hat Mike Bier mitgebracht. Cathie hat für sich Huhn mit Pommes und für mich Chicken Nuggets mit Pommes gemacht. Irgendwann hat Janel mal für mich einen Kasten mit Karten für alle Gelegenheiten mitgebracht, und zwar in einem türkisfarbenen Kasten. Den hatte ich bei ihr gesehen und fand die Karten, die darin waren, so wunderschön. Ich habe mich furchtbar gefreut und war selig. So was mochte ich ja! Gegen 21:40 Uhr sind wir ins Motel gefahren.

22.01.06

Nachdem wir im Motel Cookies und Kaffee zum Frühstück hatten, fuhren wir zu Mike, denn Barbara flog heute zurück nach San Francisco. Als wir dort ankamen, waren Janel und die Kinder nicht zu Hause. Sie waren ein Geburtstagsgeschenk kaufen für einen Freund von Cody. Die vier kamen nach etwa einer halben Stunde und es war wieder Leben in der Bude. Mike begann, alles draußen für ein Familienfoto aufzubauen. Es wurden einige Aufnahmen gemacht. Dann hat Mike Barbara zum Flugplatz nach Portland gefahren und wir sind auch gegangen. Heute wollte Gunter mit Mike eine Nachtschicht mit dem Streifenwagen fahren. Er wird im Motel um 21:00 Uhr von Mike abgeholt und fährt vielleicht bis 03:00 Uhr, je nachdem, wie müde Gunter war. Mittags waren wir bei Denny's. Ich habe Pott Roast gegessen. Das war wieder wunderbar. Gunter hat sich für ein Steak mit gebackenen Zwiebeln entschieden, mit Pommes und Knoblauchbrot. Gegen 12:45 Uhr hat Gunter mich bei TARGET abgesetzt. Das war ein riesengroßer Supermarkt. Ich habe mir hier alles ganz in Ruhe ansehen können: Lebensmittel, Schuhe, Kleidung, Spielwaren, Schmuck, Uhren, Kosmetik und vieles mehr. Ich hätte den ganzen Laden leer kaufen können, es gab so viele schöne Dinge, die wir in Deutschland nicht hatten. Aber da wir kein zweites Flugzeug haben konnten, habe ich mich auf das Nötigste beschränkt, jedenfalls so ziemlich. Gunter hat mich hier um 15:00 Uhr wieder abgeholt. Dann mussten wir auf dem Rückweg noch mal zu SAFEWAY, da ich mir für heute Abend eine Kleinigkeit zu Essen holen wollte. Gunter hatte ja heute Mittag gegessen und dann gingen wir eben abends auch nicht mehr essen. Basta. Anschließend sind wir ins Motel gefahren, wo Gunter gegen 21:00 Uhr von Mike abgeholt wurde. Ich habe TV gesehen und noch ein wenig den Inhalt der Koffer umgestaut.

23.01.06

Da Gunter heute früh erst um 05:30 Uhr wieder im Motel war, schliefen wir bis gegen 11:00 Uhr. Gunter ist dann zum Tanken gefahren und hat mich anschließend im Motel abgeholt. Gefrühstückt haben wir heute mal im IHOP, das heißt »International House of Pancake«. Aber es gab dort auch andere Speisen, sonst wäre Gunter dort nicht hingefahren, denn er mochte keine Pfannkuchen. Ich musste sie wenigstens probieren. Gunter hat – wie konnte es auch anders sein – ein Steak gegessen und ich ein normales Frühstück mit Scrambled Eggs, Bacon und zwei Pfannkuchen »German Art«. Auf die Dinger war ich gespannt. Sie waren wunderbar, ganz dünn, mit einem Klacks Butter, den man ja nicht essen musste, und zwei Spalten Zitrone. Das war ungewöhnlich.

Nach dem Frühstück haben wir eine »Probefahrt« zum Airport gemacht. Ging wunderbar, Gunter hat alle Straßen gleich gefunden. Danach sind wir zu Mike gefahren. Es waren nur Cathie und die drei »Chaoten« da. Mike hat noch geschlafen und Janel musste arbeiten. Wir haben dann Kaffee getrunken. Kuchen gab es auch und ehe wir reagieren konnten, saß Lily mit ihrem kleinen Mors im Kuchen. Da es »nur« Puffer war, war der Schaden nicht so groß, er war nur ein bisschen platt. Aber das hat hier auch niemanden gestört. Gehört wohl zum Alltag. Cody ging dann in die Garage zum Computer und hat gespielt. Die drei waren ja sehr süß und ich habe auch viele Aufnahmen gemacht, aber es war auch sehr anstrengend und nach zwei Stunden waren wir froh, wieder zu gehen.

24.01.06

Heute sind wir zum Safari-Park, zur Wildlife Safari, nach WINSTON gefahren. Wir mussten 68 Meilen fahren, durch mal weniger und mal mehr dicken Nebel. Aber als wir an dem Park ankamen, war strahlender Sonnenschein. Der Park war riesengroß, aber sehr enttäuschend. »Wilde« Tiere haben wir hier überhaupt nicht gesehen, bis auf drei lahme Löwen, die in der Sonne dösten und denen es egal war, ob wir da waren oder nicht. Nicht mal ein Willkommensgebrüll. Nein, es war nichts zu machen, sie rührten sich nicht einmal. Vielleicht waren es ja auch Attrappen. Wer weiß. Ganz putzig waren die Emus. Einer kam dicht an unser Auto, guckte mich an, riss seinen Schnabel auf und gähnte. Mit meiner Kamera habe ich genau in diesem Moment seinen Schlund geknipst. Ein anderer ging fortwährend um unser Auto herum, prüfte, ob nicht doch irgendwo ein Spalt offen war. Er pickte dabei immer an die Scheiben, war richtig aggressiv. Er hielt sich lange an Gunters Seite auf. Beim Weiterfahren mussten wir aufpassen, dass wir den Emu nicht anfahren, denn er kam ein ganzes Stück mit uns. Dann haben wir noch zwei schwarze Schwäne mit roten Schnäbeln gesehen. Hier war unsere Rundfahrt zu Ende und am Ausgang waren noch weitere Tiere, z. B. Schlangen, ein kleiner Affe und Ziegen. Wir hätten noch eine weitere Runde drehen können, aber so toll war es nun auch wieder nicht. Wir wollten noch in das »White Rhino Restaurant«, aber es war nur eine Art Imbiss und das gefiel uns nicht.

Dann sind wir weiter gefahren in Richtung Springfield, haben unterwegs noch etwas zu trinken gekauft und haben die Flaschen ins Motel gebracht, bevor wir wieder für ca. zwei Stunden zu den »Chaoten« fuhren. Wir haben auch Mike noch gesehen, der kurz vor 17:00 Uhr aufgestanden ist. Lily lief sofort zu ihrem Daddy, der sie auf den Schoß nahm. Das war ein süßes Bild: die kleine zarte Lily und der große breite Mike.

Der Rest wie üblich: Motel und TV.

25.01.06

Wir sind spät aufgestanden, denn es war Regenwetter. Gefrühstückt haben wir bei »Elmers«, das gehörte zum Motel. Dann hat Gunter mich kurz vor 12:00 Uhr beim Wal-Mart »Supercenter« abgesetzt. Ich habe mich auch hier gründlich umgesehen, es war eine unglaubliche Vielfalt an Waren aller Art. Ich hatte bei meinem Rundgang schon schwarze Hemden mit halbem Arm gesehen. Die hatte Gunter so gerne bereits zu Hause haben wollen, aber die gab es in Hamburg im Winter nicht. Als Gunter gegen 15:00 Uhr kam, musste er erst mal dringend eine gewisse Örtlichkeit aufsuchen. Danach konnte ich ihn mit einiger Mühe zu den schwarzen Hemden locken, die er für gut befunden hat und auch probierte. Wir haben die letzten drei in seiner Größe erstanden. Mit den Tüten sind wir zum Motel und gegen 16:00 Uhr wieder zu den drei »Chaoten«. Vorher waren wir noch mal wieder bei »Walgreens«. Die drei waren, wie immer, sehr süß und sehr laut. Als Abendessen gab es für die Kinder ½ Würstchen und ein paar Pommes – Cody bekam ein ganzes Würstchen – und das alles in einem »Basket«, einem ovalen Plastikkörbchen mit einer Serviette drin. Hier habe ich heute drei Video-Clips gemacht, die ganz süß geworden sind. Ich hoffe, dass Curt und Agnes sich darüber freuen werden. Mike hat uns noch am PC erklärt, wie wir morgen nach Florence und von dort nach Newport kommen und die Seite ausgedruckt. Dann wieder Motel und TV.

26.01.06
Heute wollten wir 11 Meilen nördlich von Florence zu den Seelöwen. Die Fahrt von den Bergen ab fand im Regen statt. Vor den Bergen war Sonne. Der Eingang zu den Seelöwen war in einem Haus direkt am Felsen. Von diesem Haus muss man noch einen ca. 200 m langen abschüssigen Weg zum Fahrstuhl gehen, bei heftigem Wind und Regen. Man hatte hier eine wundervolle Sicht auf das graue tosende Meer. Es war trotz des Wetters wunderschön. Zu den Seelöwen führte ein Fahrstuhl 200 feet in die Tiefe. Dort konnte man die Seelöwen sehen, die in einer Art Grotte waren, mit einem Ausgang zum Pazifik. Von dort kamen mächtige Wellen mit großem Getöse in die Grotte. Wir standen oberhalb der Grotte an einem Aussichtsfenster ohne Glas davor. Es war toll, viele Seelöwen lagen dort, mindestens 100. Leider durfte man nicht mit Blitz fotografieren, sodass meine Bilder sehr dunkel wurden. Im strömenden Regen mussten wir zurück. Gunter hatte leider keinen Schirm dabei, sodass er schon vorweggelaufen ist. Ich habe mir trotz des Wetters etwas Zeit gelassen, den Blick auf das Meer genossen und sogar einige Aufnahmen gemacht, und zwar einhändig, damit wir beide, die Kamera und ich, nicht nass wurden.
Dann sind wir nach NEWPORT gefahren. Dort sollte ein Aquarium

sein. Mike hatte es uns empfohlen. Wir kamen dort, wie soll es auch anders sein, im Regen an. Nachdem wir unsere Eintrittskarte gekauft hatten, ging es los. Es war wie ein Park, also nichts überdacht. Ganz toll bei dem Regen. Denn ich hatte meinen Schirm im Wagen gelassen, in der Annahme, dass Aquarium sei überdacht. Zuerst kamen wir zu den Schmetterlingen, die aber nicht da waren, weil Winter war. Dann ging es weiter zu den Ottern, alles im Freien und wir schon ganz nass. Nach einer Weile fanden wir das Aquarium, so, wie ich es mir auch vorgestellt hatte, in einem großen Raum und o h n e Regen. Dort waren Fische aller Art zu sehen, auch über und unter uns. Toll. Aber mir war kalt, weil ich so nass war. Nun wollten wir zum Ausgang, denn wir dachten, das sei alles gewesen. Gunter hat mir den Weg auf der Karte gezeigt und ich bin los, in der Annahme, Gunter sei hinter mir. Aber das war er nicht. Ich habe mich noch einige Male umgesehen und bin sogar ein Stück zurückgegangen, um Gunter zu suchen, aber er wurde nicht mehr gesehen. Da es immer noch heftig regnete, bin ich losgegangen und habe auch den Eingang wiedergefunden. Aber Gunter war nicht da! Was nun? Ich habe einige Zeit gewartet, und als eine Frau, die zum Aquarium gehörte, kam, habe ich zu ihr gesagt, dass ich meinen Mann suchen würde. Da hat sie mir gezeigt, dass es noch einen weiteren Ein- bzw. Ausgang gab. Nun bin ich immer zwischen diesen beiden hin- und hergependelt, in der Hoffnung, irgendwann Gunter zu begegnen. Nach einer Weile kam die Frau wieder und hat Gunter mitgebracht. War ich froh! Jetzt kam das Beste: Wir fanden einen Raum mit vielen Bassins mit Fischen und Schlangen, und was das Allerbeste war, in der Mitte des Raumes stand ein Riesenbassin mit Jelly-Fish, das waren Quallen. Die waren so wunderschön, ich war ganz fasziniert. Hier habe ich tolle Aufnahmen gemacht. Dann sind wir im Galopp zum Auto und waren wieder klitschenaß. So ein Schiet. Nun wollten wir zu Mike und den Kindern, im strömenden Regen, es war eine furchtbare Fahrt. Bei Mike haben wir ein bisschen mit den »Chaoten« gespielt und sind dann zum Essen zum »Round Table«, eine Pizzeria. Dort haben wir uns eine Large Pizza bestellt. Man musste an einem Tresen bestellen und auch gleich bezahlen. Die Kassiererin hat uns $ 7,00 nachgelassen, weil wir beide eine Large Pizza bestellt hatten. Mit den Getränken haben wir zusammen $ 39,00 bezahlt. Gunter verstand $ 19,00 und war erstaunt über $ 39,00. So eine teure Pizza hatten wir noch nie gehabt. Na ja, als sie dann serviert wurde, haben wir uns über den Preis nicht mehr gewundert, denn jede der beiden Pizzen hatte einen Durchmesser von ca. 50 cm!!! Davon hat Gunter drei Stücke und ich immerhin vier gegessen! Jede Pizza setzte sich immerhin aus mindestens acht Teilen zusammen. Den Rest haben wir mitgenommen, das haben wir zwar noch nie gemacht, aber wir hatten auch noch niemals eine so große Pizza. Es war einfach zu schade, sie zurückgehen zu lassen. Von dieser Pizza haben wir noch zweimal Abendessen gehabt. Anschließend sind wir ins Motel gefahren.

27.01.06

Ganz spät sind wir heute aufgestanden und nach dem Frühstück losge-fahren zum Mohawk Blvd., dann zu Mike. Mike ist uns vorausgefahren zu einem anderen Wal Mart, weil ich dort so ein Massageding kaufen wollte, das Mike hatte. Leider gab es das dort nicht mehr. Nun gingen wir zum 1-Dollar-Shop. Dort gab es z. B. von Scotch einen Abroller mit Magic-Tape, zwei für $ 1,00. Die musste ich natürlich mitnehmen, denn auch diese waren in Old Germany wesentlich teurer. Wir sind wieder zum Motel gefahren. Dort habe ich ein wenig Rätsel geraten und gelesen, während Gunter ein bisschen geschlafen hat. Er wird nachher von Mike abgeholt, weil Cody seine »Praxis« hat im Baseball und da sollte Opa mit. Ich blieb im Motel und werde mich schon mal um die Koffer kümmern, nachdem ich gestern bei Walgreens noch zwei wunderschöne und ganz weiche Fleece-Decken gekauft hatte. Eine für Claudi und eine für mich. Die mussten doch unbedingt noch in den Koffer passen.

28.01.06

Aufgestanden sind wir wieder ziemlich spät, uns hetzte ja auch keiner und Termine hatten wir auch nicht. Das Frühstück war wieder bei Denny's.

Ich hatte »Moons over my Hammys«, das waren zwei Scheiben Toast mit Schinken und Käse und in der Mitte mit Rührei. Dazu gab es Hash-Browns. Das war lecker! Kaffee gab es ohne Ende und der schmeckte!

Heute sind wir nach SALEM, das ist die Hauptstadt Oregons, gefahren. Wieder im strömenden Regen, der allerdings kurz vor Salem aufhörte. Einige Meilen vor Salem sahen wir einen Laden, der hieß »Kessel's Gift Shop«. Der war außerordentlich interessant und wir haben dort eine ganze Weile verbracht, denn es gab sehr viel zu sehen. Das war eigentlich mehr was für mich, es war wohl überwiegend ein wenig Kitsch. Den kaufte ich auch nicht, aber ansehen mochte ich ihn nur zu gerne. Gunter hat aber tapfer durchgehalten. Gleich zu Anfang habe ich gefragt, ob ich hier fotografieren dürfe. Die nette Frau musste erst ihren Chef fragen und als der kam, hat er »Ja« gesagt. Er erzählte uns, dass er aus Deutschland komme und wie lange er schon hier sei. Das habe ich aber vergessen. Einen Hund hatte er auch. Gott sei dank war der eingesperrt. Herr Kessel hatte in seinem Laden unglaublich viele Vitrinen, edle Teile und es war lange nicht alles Kitsch. Weihnachtsartikel waren auch noch da. So habe ich mir hier meine zweite x-mas-Kugel von Coca Cola gekauft und mich riesig gefreut. Außerdem noch einen x-mas-Mann aus Metall, auch für den Weihnachtsbaum. War ich glücklich, denn ich hatte im Motel ja noch eine Kugel, ebenfalls von Coca Cola, die ich schon vorher in einem anderen kleinen Geschäft erstanden hatte. Ich hatte auch noch großes Glück, denn x-mas-Artikel waren 40 % off. In Salem hatten wir strahlende Sonne. Das war eine schöne Stadt. Sehr sauber und gepflegt. Jedenfalls das, was wir gesehen haben. Wir sind durch einen Park gegangen. Auf dem Weg dort waren Platten eingelegt mit Städtenamen. Habe ich natürlich auch fotografiert. Außerdem haben wir eine kleine Kirche besichtigt. Auf dem Rückweg sind wir wieder zu den Chaoten gefahren. Es war aber nur Mike zu Hause mit den beiden Kleinen. Lily und Owen waren wieder sehr süß. Danach, kaputt vom Tag, an dem wir eigentlich nichts Besonderes gemacht hatten, wieder ins Motel.

29.01.06

Heute war Sonntag, Gunters Geburtstag. Geweckt wurden wir morgens um 08:15 Uhr. Die Kinder haben Opa am Telefon etwas vorgesungen, sie konnten nicht mehr warten. Danach haben wir noch ein wenig gedöst und nachher gefrühstückt bei Denny's. Ich hatte ein Country Fried Steak & Eggs, serviert mit einer tollen weißen Soße und Hashbrowns. Gunter hatte Sandwiches mit Pommes und wir beide wieder Kaffee ohne Ende. War schön. Dann sind wir nach Florence gefahren, natürlich wieder im Regen. Aber dort konnten wir ein bisschen spazieren gehen, ohne Regen! Wir haben hier eine Bar gefunden, sehr gemütlich. Über einem Billardtisch hing eine »Lampe«, die aussah wie eine Stange Eis mit einem Flaschenverschluss vorne dran. In dieser Stange Eis war wiederum eine Flasche. Das sah toll aus. Es gab einen Laden, der war allerdings leider geschlossen, der hatte in seinem Schaufenster ein Teelicht in Form eines Pumps. Das sah so witzig aus. Wenn der Laden geöffnet hätte, hätte ich das Ding mit großer Sicherheit gekauft. Am Hafen haben wir so viele Möwen gesehen wie noch nirgends auf einem Haufen. Hier war auch sonntags alles geöffnet, meist rund um die Uhr. Auf dem Rückweg mussten wir noch mal bei TARGET halten, denn ich musste aufs Klo. Dabei habe ich kurz vor der Kasse noch etwas ganz Niedliches entdeckt: einen Untersatz für Seife, hier nannte man das Soapdish. Das Ding war hohl, mit Wasser gefüllt und darin schwammen einige kleine Seepferdchen und Seesterne. Außerdem war noch Glitzer darin. Sah niedlich aus, liegt jetzt bei uns im Badezimmer und ich finde es super.

Dann zurück ins Motel und gegen 17:45 Uhr wieder los zu Mike zur Spaghetti-Geburtstags-Party. Später werde ich eine Nachtschicht mit Mike mitfahren. Das wird toll und ich freute mich so sehr darauf. Wir kamen also bei Mike an und die Kinder gratulierten noch einmal ihrem Opa. Cathie hatte für Opa einen Kuchen gebacken und Kerzen draufgesteckt. Die Kinder und wir scharten uns also um den kleinen Tisch, Cathie zündete die Kerzen an und alle haben noch einmal »Happy Birthday, Opa« gesungen. Das war ganz niedlich und nun wollte jeder die Kerzen auspusten. Cody war schneller und so musste Cathie die Kerzen noch einmal anzünden, damit auch Owen und Lily diese auspusten konnten. Als die Kerzen gelöscht waren, nahm Owen den ganzen Kuchen in beide Hände und wollte hineinbeißen, als Cathie ihn gerade noch zurückhalten konnte. Nun war allerdings der Puderzucker überall, auf Owen und auch auf Tisch und Teppich.

Später, als auch Janel von der Arbeit zu Hause war, gab es Nudeln mit einer Soße, im Ofen gebacken, nach einem Rezept von Janel. Das schmeckte nicht schlecht. Ich habe immer heimlich auf die Uhr geguckt, ob es nicht endlich für Mike und mich Zeit war, zu gehen. Aber der Uhrzeiger wollte und wollte nicht so recht weiter. Als es dann endlich so weit war, war mir doch ein wenig eigenartig zumute. Ich kletterte in Mikes Van und los ging es. Da wir spät dran waren, fuhr Mike dementsprechend schnell. Und es war ein weiter Weg, er musste also sehr schnell fahren. Das tat er auch, aber ich war tapfer und habe mir meine Angst nicht so anmerken lassen. Das ging ja auch überhaupt nicht, dass ich jetzt schon Angst hatte, wie soll das denn nachher erst werden? Wir waren dann endlich an Mikes Dienststelle. Das Polizeirevier war ein großes Haus und wir mussten durch viele Flure. Ich musste noch ein Formular ausfüllen, in dem ich versicherte, dass keine Ansprüche gestellt würden, wenn mir etwas passieren sollte. Endlich kamen wir in einen größeren Raum, in dem schon Mikes Kollegen warteten. Sein Chef sprach ihn gleich darauf an, dass er ein wenig spät dran sei. Ich glaube, Mike hat das mit mir entschuldigt, bin aber nicht so sicher. Dabei war ich gar nicht schuld an der kleinen Verspätung. Die Kollegen waren sehr nett und haben sich alle vorgestellt, nachdem sie wussten, wer ich war. Der Chef kam zu mir, gab mir die Hand und nannte seinen Vornamen, den ich leider vergessen habe. Ich war ja auch ein wenig aufgeregt. Mike und seine Kollegen bekamen einen Zettel mit den gestohlenen Fahrzeugen in die Hand und dann ging es los. Wir mussten mit dem Fahrstuhl in den Keller. Mike machte mir dort schon klar, dass das gemacht wird, war er sagte, er war der Boss. Klar, Boss! Wir fuhren also in den Keller. Mikes Wagen war nicht da. Kollegen erzählten, dass da etwas nicht in Ordnung und er zur Reparatur in der Werkstatt sei. Nachdem Mike seine vielen Sachen in den Kofferraum eines anderen Streifenwagens gepackt hatte, fuhren wir los, um zu sehen, ob sein Fahrzeug bereits fertig war. Zur Reparaturwerkstatt gehörte ein großer Parkplatz, auf dem Mike seinen Streifenwagen fand. Er prüfte, ob alles in Ordnung war, lud seine Sachen und mich um und dann wurde die Sirene angestellt. Das war toll. Außerdem hat er mich im Streifenwagen geknipst. Wer hat schon so ein Bild? Ich!!! So, nun ging es los. Ich hatte ein Band mit einem Schild um den Hals, auf dem stand Eugene Police Observer. Oh, war ich stolz. Ich durfte Streifenwagen fahren und dann noch in den USA, wo die Polizei so ganz anders war als hier in Germany. Das war schon ein tolles Gefühl. Mein Beifahrersitz war ein wenig eng, denn hier fuhren die Wagen nur mit einem Polizisten. Links neben mir hatte Mike seinen Computer mit dem Keyboard. Das nahm natürlich Platz weg. Schräg darunter befand sich sein Sprechfunkgerät. Ein anderes hatte er links auf seiner Schulter. Hinter meinem Sitz war eine richtige Zelle, rundherum mit Plastik. Dort kamen die »bösen Buben« rein. Wir sind durch die Straßen gefahren, es war »leider« alles ruhig. Dann kam über Funk, dass ein Auto als gestohlen gemeldet wurde. Da sind wir hingefahren. Es war ein Einzelhaus an einer etwas abschüssigen Straße. Mike sagte, ich könne gerne mit reingehen. Das habe ich mir ja nicht zweimal sagen lassen. Die Leute dort waren recht eigenartig. Mike hat sich lange mit ihnen unterhalten und einiges notiert. Draußen sagte auch er, dass die etwas merkwürdig seien. Bevor wir wieder zum Streifenwagen gingen, bin ich den Kantstein runter und auf einmal kam ein Schwall Wasser aus dem Kantstein. Ich habe nach dem Schreck näher hingesehen und im Kantstein ein kreisrundes Loch entdeckt, aus dem das Wasser kam. Mike sagte, das seien keine Abwässer, sondern frisches Wasser. Nur, wo das herkam, wusste er auch nicht. Auf dem Weg zum Wagen kamen wir an einem Auto vorbei, das Mike wohl irgendwie komisch vorgekommen sein musste, denn er leuchtete hinein und prüfte über seinen Computer im Wagen das Kennzeichen. Siehe da, es war gestohlen. Über Funk meldete er dies dann weiter und vom Stützpunkt aus wurde versucht, den Halter zu erreichen. Dies gelang und der Besitzer wurde mit einem anderen Streifenwagen gebracht. Das dauerte etwa 20 Minuten. Der Eigentümer, ein Ägypter, kam mit seiner Frau und seiner Tochter. Er war unheimlich froh und sehr dankbar, dass das Auto wieder da war, denn seine Tochter würde es benutzen und hatte es schon vermisst. Er sagte immer und immer wieder, wie froh er sei, dass er das Auto wieder habe. Als die Familie weg war, sagte Mike, dass es schön sei, wenn man auch mal so etwas erlebe.

Wir fuhren wieder weiter zu einem Park, in dem bekannterweise mit Drogen gedealt wurde. Leider waren heute keine Junkies da. Es war ein dunkler Park und ich war froh, als wir diesen wieder verließen. Die Wege waren auch so schlecht zu erkennen, denn es ging nicht nur geradeaus, sondern auch rauf und runter. Nachdem wir eine Weile durch die Straßen fuhren, fiel uns (ja, mir auch) ein Auto auf, das ohne Licht fuhr. Mike fuhr vor das Auto, machte seine Blinkleuchte auf dem Dach an und wies das Auto zum Halten an. Der Fahrer oder die Fahrerin, das konnte man noch nicht so erkennen, fuhr auf den Parkplatz eines geschlossenen Lokals. Bevor Mike ausstieg, sagte er zu mir, dass ich ruhig mitkommen könne. Auch hier bin ich sofort ausgestiegen und habe mir die beiden Leute angesehen. Der Fahrer war eine Frau, sie hatte keinen Führerschein und war auch noch nicht volljährig. Der männliche Beifahrer hatte ebenfalls keinen Führerschein. Mike hätte die beiden abholen lassen können, hat sie aber nur verwarnt. Als wir dann wieder eine Weile durch die Straßen gefahren sind, kam ein Einsatz, dass in einer Kneipe eine Schlägerei war und ein Mann blutete. Wir fuhren hin und auch hier durfte ich mit aussteigen und auch mit in die Kneipe. Die Kneipe war sehr verraucht und proppevoll von grölenden Jugendlichen. Ich immer in Mikes Windschatten hinter ihm her. Die Leute haben mich alle angesehen. Ich fühlte mich aber so gut hinter Mike. Wir gingen durch die Kneipe, die sehr langgestreckt war, auf den Hinterhof. Dort waren einige junge Leute, einer von denen blutete im Gesicht. Viele riefen durcheinander. Er wollte aber keine Hilfe, sondern mit seiner Freundin in ihrem Auto nach Hause fahren. Okay, damit war der Einsatz beendet und wir gingen wieder zum Wagen.

Einige Zeit später wurde es spannend. Kollegen von Mike hatten ihn als Verstärkung angefordert, da in einem Motel ein Junkie gestellt worden war und der andere flüchtig war. Diesmal durfte ich nicht aussteigen. Danach war mir auch eigentlich nicht wirklich zumute. Mike ging raus, wurde von seinen Kollegen informiert und machte sich mit auf die Suche nach dem flüchtigen Junkie. Der andere wurde zu mir in den Wagen gesetzt. In die Zelle, direkt hinter mir. Ein Polizist stand an der Fahrerseite und passte auf, dass er sich benahm. Er stank ganz erbärmlich, was ich trotz des »Käfigs« gerochen habe. Deshalb hat Mikes Kollege mir die Fenster aufgemacht. Als ich mich zufällig ein wenig nach links drehte, sah ich das Gesicht des Mannes, das war ganz platt an die Scheibe gedrückt und sah schrecklich aus. Er starrte mich an. Ich war richtig erschrocken, denn er grinste ganz fies. Mike, komm bitte zurück!! Er kam dann auch bald und wir sind mit einem anderen Streifenwagen zusammen zum Gefängnis gefahren, um den Burschen hinter mir abzuliefern. Ich durfte sogar mit in das Gefängnis. Wir fuhren erst durch ein Tor und noch einmal durch eine Schleuse. Dann sind wird ausgestiegen und in das Gebäude gegangen. Hier gingen wir in einen kleinen Raum, wo dem Festgenommenen von Mike und seinem Kollegen die Sachen abgenommen wurden. Dann gingen wir wieder durch eine gesicherte Tür und kamen in einen großen Raum, wo hinter einem Tresen einige Beamte beschäftigt waren. Vorne an der Rezeption saß eine etwas füllige Dame, die Mike zu kennen schien. Sie unterhielten sich eine Weile, dann kam ein Beamter des Gefängnisses, durchsuchte noch einmal den Mann, fummelte ihm die Schuhbänder raus und nahm ihn mit. Für uns war damit auch alles erledigt und wir sind wieder zum Streifenwagen gegangen.

Mike und ich sind dann noch durch die Straßen gefahren, mal sehr schnell und mal weniger schnell. Gegen 03:00 Uhr habe ich Mike gebeten, mich wieder im Motel abzusetzen, wenn es einsatzmäßig passt. Er hatte zwischendurch schon immer mal gefragt, ob ich schon müde sei. Aber dafür hatte ich keine Zeit, denn es war aufregend und spannend gewesen. Da es jetzt gut passte, fuhr Mike mit einer mörderischen Geschwindigkeit über den Highway. Er sagte, wenn die Strecke länger gewesen wäre, wäre er noch schneller gefahren. Ein bisschen mulmig war mir ja, aber da Mike ein sehr sicherer Fahrer war, hielt sich meine Angst in Grenzen. Er hat mich an der Rezeption abgesetzt. Die haben vielleicht geguckt! Dachten sie, ich hätte was ausgefressen? Als mir dieser Gedanke kam, habe ich sie schnell aufgeklärt und bin dann durch die einsamen Gänge zu unserem Zimmer. Dort habe ich mehrmals geklopft, rufen konnte ich aus Rücksicht auf die anderen Motelgäste ja nicht. Als sich lange nichts rührte, bin ich die einsamen Gänge wieder zurück und habe an der Rezeption nach einer Ersatzkarte für die Zimmertür gefragt. Statt Ersatzkarte begleitete mich nun ein junger Mann, der mir das Zimmer aufgeschlossen hat. Mit Erstaunen stellte ich fest, dass Gunter nicht schlief, sondern fernsah. Er war ganz erstaunt, mich zu sehen, er habe das Klopfen nicht gehört, sagte er. Ich habe noch eine Weile von den Einsätzen erzählt und bald darauf war ich so müde, dass ich sofort eingeschlafen bin.

30.01.06

Ganz spät aufgestanden sind wir heute, weil ich doch so müde war von der langen Nacht. Ich war es ja auch gar nicht gewohnt, so spät bzw. früh ins Bett zu gehen. Aber es war so toll , da nahm ich das gerne in Kauf.

Gefrühstückt haben wir wieder mal bei Denny's, es war ein Abschiedsfrühstück, darum habe ich auch ein T-Bone-Steak genommen. Als die Bedienung hörte, dass wir morgen ganz früh abreisen würden, haben mich alle drei, die uns auch sonst bedient haben, umarmt. Da war ich ganz gerührt und ich denke, dass sie das auch so herzlich gemeint haben. Ich habe von Shelley noch eine kleine Speisekarte bekommen. Wir haben noch einmal eine Abschiedsrunde durch die Gateway-Mall gedreht. Bei AVON habe ich mir von meinen letzten Münzen noch zwei kleine Fläschchen Body Lotion gekauft.

Dann sind wir zu Mike gefahren, wo mittlerweile auch ein »Baby-Hund« zu Hause war. Den hatte Janel gekauft. Er hieß »Miss Maisy«. Niedlich war er ja, aber als wir kamen, hatte er gerade sein großes »Geschäft« in der Wohnung verteilt. Das war ja was für mich, wo meine Nase so empfindlich war. Na ja, auch das ging vorbei. Mike ist dann auch aufgestanden. Gestern hatte Opa die Kleine »gerettet«. Lily hatte aus allen Rohren geschrien und Opa, haste nicht gesehen, so schnell war er bei Lily, sie lag auf dem Bauch im Kinderzimmer und der Hund oben drauf und hat ihr in den Hals gebissen. Aber bei Opa auf dem Arm war der Schmerz bald vergessen. Dann kam der Abschied, aber die sind alle nicht so rührselig wie ich, sodass der Abschied schnell vorbei war. Lily sagte immer »Bye bye« und lief schon zur Tür. Sie war noch zu klein, um den Abschied zu verstehen. Nachdem bei mir die letzten Tränchen versiegt war0en, fuhren wir zum OUTBACK. Dort haben wir wunderbare Steaks gegessen. Es war ein sehr schönes »Abschiedsessen«.

Im Motel haben wir dann unsere Rechnung bezahlt, $1.065,00 (ca. 1.690 Euro) für die Übernachtungen. Die Telefonate wurden nicht berechnet. Das war doch großzügig. Wir haben dann noch gebeten, uns um 03:45 Uhr zu wecken. Ja, richtig: 03:45 Uhr!! Sch...zeit. Aber unser Flieger ging so früh.

31.01.06

Das Aufstehen hat gut geklappt. Um 03:45 Uhr war ich hoch! Abgefahren sind wir gegen 04:30 Uhr. Am Flugplatz haben wir alles gut gefunden. Das Auto sollten wir einfach auf dem Parkplatz von AVIS abstellen und die Schlüssel mit Angabe der gefahrenen Meilen in einen Kasten werfen. Das war ja wirklich sehr unkompliziert. Ob das bei uns auch gehen würde??

Die Gepäckabfertigung war auch einfach, jedenfalls für uns. Unsere beiden Koffer wurden von den Sicherheitskräften übernommen und Gunter musste noch seine Zahlenkombination nennen, damit der Koffer geöffnet werden konnte. Sollten beide Koffer geöffnet werden, hatten die Leute ein Problem, sie wieder zu schließen. Das war mir ja kaum gelungen. Mal sehen, wie die Koffer in Hamburg ankommen würden.

Dann sind wir nach unten zum Gate und wurden pünktlich aufgerufen. Wir mussten ein Stück über das Rollfeld, denn unsere Maschine war wieder ganz klein und bei diesem Flug mit nur neun Passagieren besetzt. Der Flug war etwas lebhaft, aber gut. Wir hatten wieder schöne Plätze wie auf dem Hinflug. Pünktlich um 07:25 Uhr landeten wir in Portland. Jetzt hatten wir jede Menge Zeit, denn unser Weiterflug ging erst um 13:00

Uhr! Das war heftig. Wir sind zum Gate D 15. Davor war eine unglaubliche Menge an Platz, ein riesengroßer Raum am Ende des Gebäudes. Wir haben uns in die erste Reihe gesetzt. Da Gunter nicht so lange sitzen mochte, ging er ein wenig umher. Ich habe mir unseren Rucksack, die Jacke und meine Tasche unter den Kopf gelegt und tatsächlich ein wenig geschlafen. War das schön!

Nach einiger Zeit kamen vier japanische Frauen, zwei davon im Rollstuhl. Es war nun wirklich so viel Platz hier und die setzten sich ausgerechnet drei Plätze von mir entfernt hin. Unglaublich. Die Sprache war eigenartig und manchmal auch sehr laut, sodass es mit meinem Schlaf sowieso vorbei war. Plötzlich hatten sie wohl Hunger, denn sie holten Speisen in Plastikgefäßen aus ihrem Gepäck. Als sie die Behälter öffneten, bin ich ein paar Sitze weiter geflohen, denn der Geruch war sehr eigentümlich, aber nicht appetitlich. Und wie das ausgesehen hat! Als ich auch hier anfing, zu würgen, ging ich ganz weit weg, hinten ans Fenster. Ab und an zog auch hier eine Wolke vorbei, aber das war auszuhalten.

Unser Flug verspätete sich leider um 25 Minuten, der Start war dann um 13:50 Uhr. Nach einigen Turbulenzen wurden Erfrischungen gereicht. Mittags gab es Rindfleisch, Reis und grüne Bohnen. Das war gut. Gunter mochte es nicht und hat mir seine Portion gegeben. Da diese nicht groß waren, habe ich beide geschafft. Dann wurde der Bordverkauf durchgeführt und anschließend das Licht gelöscht. Wir flogen ja in die Nacht. Gunter hat sofort geschnarcht und auch ich habe ein wenig gedöst.

Im Übrigen hatten wir großes Glück , denn der Flieger war nicht ausgebucht, sodass wir beide eine 2er-Reihe für uns hatten. Das war wirklich wunderschön, wir konnten uns richtig ausbreiten. Auf so einem langen Flug von immerhin noch ca. 9 Stunden war das schon toll.

Zum Frühstück gab es Rührei, Blattspinat und so platte Dinger, die nach Kartoffeln schmeckten. Dazu wieder ein Brötchen, Butter und Marmelade. Es war ein sehr ruhiger Flug und auch die Landung in Portland war in Ordnung.

Bei der Personenkontrolle musste Gunter seine Schuhe ausziehen, weil es beim Durchqueren des Detektors immer gepiept hat. Außerdem musste er seinen Gürtel ablegen, das Kleingeld aus der Hosentasche graben und das Portemonnaie in einen kleinen Behälter legen. Die Schuhe wurden in einen Korb gelegt und liefen durch den Röntgenapparat. Dort war zu sehen, dass in jeder Sohle ein Metallstück eingearbeitet war. Der Sicherheitsbeamte brachte Gunter die Schuhe zurück und sagte fast ehrfurchtsvoll: »Gute Schuhe, nur die über 100,00 Euro haben solche Metalleinlage.« Gelacht haben wir erst draußen, denn die Schuhe waren von Deichmann und hatten nicht annähernd 100,00 Euro gekostet.

Jetzt mussten wir noch auf unseren Anschlussflug nach Hamburg um 11:50 Uhr warten. Inzwischen hatte ich bei Oma angerufen, die war aber leider nicht da, dann an Claudi, Karin und Gitta gesimst.

Der Flug nach Hamburg war auch sehr angenehm und ruhig. Vom Flugplatz sind wir dann mit dem Taxi nach Hause gefahren.

Dieses waren nur ein paar kleine Einblicke in die tollen Reisen, die wir gemacht haben und die wir bestimmt nicht vergessen werden.